## ■ 이 책에 대한 세계 언론들의 찬사

인턴 열풍은 부유한 학생들에게 기업에 취직할 수 있는 기회를 주는 반면, 가난한 학생들을 평생 아무 전망도 없는 비정규직에 묶어놓고 있다. 이 책은 이러한 불합리한 현실을 깊이 있게 조망한다. **뉴욕 타임스**

화이트칼라 노동이 어떻게 변화하고 있는지에 관해 매우 명료하게 서술하고 있다. 여러 시사점과 함께 입을 쩍 벌리게 할 정도의 놀라운 통찰을 보여주는 이 책은, 오늘날의 노동 착취 현장을 고발한 나오미 클라인의 저서 『노 로고』 옆에 함께 놓여야 할 책이다. **가디언**

이 책에서 말하고 있다시피 그 많은 인턴십들은 정말로 형편없는 직장이다. 게다가 우리는 그곳에서 무슨 일이 벌어지고 있는지조차 제대로 알 수 없다. 사람들이 인턴십에 대해 진지한 관심을 갖지 않는 것은, 단지 그것이 우리의 눈에 보이지 않기 때문이다. **더 타임스**

눈이 번쩍 뜨이게 만든다. 이 책은 제멋대로 뻗어 나가고 있는 인턴십의 불공정한 현실에 대해 뛰어난 솜씨로 강렬한 비판을 제기한다.

**워싱턴 포스트**

미국의 기업은 인턴에게 최저임금조차 지불하지 않음으로써 연간 20억 달러의 돈을 절약한다. 로스 펄린은 이 책에서 바로 이런 사실을 폭로하고 있다. **이코노미스트**

인턴으로 일하는 학생 중 절반은 아무런 대가도 받지 못한다. 또한 이들은 인종 차별이나 성희롱에 어떤 법적인 보호도 없이 노출되어 있다. 과연 인턴십은 공정한 제도인가? 이것이 펄린이 우리에게 제기하는 물음이다. **월스트리트 저널**

이 책은 무보수 인턴십, 곧 기업의 청년 노동력 착취가 노동 시장의 모든 이들에게 얼마나 해로운 영향을 미치는지에 대해 분명하게 비판하고 있다.

**로이터**

로스 펄린은 디즈니를 포함하여 세계의 가장 큰 대기업들이 행하고 있는 인턴십 실태를 해부한다. 또 그는 정규직 노동자들이 저임금을 받는 인턴들로 대체되고 있는 현실을 고발한다. 우리는 그를 통해 인턴십이 전형적인 노동 착취의 예라는 것을 알 수 있게 되었다.

**파이낸셜 타임스**

펄린은 대부분의 인턴십이 노동법에 비추어볼 때 불법적인 것이라고 주장한다. 왜냐하면 인턴들은 정규직과 정확히 똑같은 노동을 하고 있기 때문이다. 인턴에게 주어지지 않은 것은 노동자라는 이름과 그에 합당한 임금뿐이다.

**뉴요커**

로스 펄린은 청춘의 노동력을 착취하는 인턴십의 현실을 적나라하게 폭로하며, 이를 용인하는 사회 구조를 강력하게 비판한다. 이 책은 인턴십을 통해 직업 세계에 입문하려는 수백만의 청춘들이 반드시 읽어야만 하는 책이다.

**퍼블리셔스 위클리**

인턴 문제에 관한 최고의 책이다. 이 책은 이 주제에서 하나의 랜드 마크다.

**런던 리뷰 오브 북스**

인턴십이라는 겉모습 아래 행해지고 있는 청춘 착취의 현실을 고발하는 시의적절한 책!

**허핑턴 포스트**

# 청춘 착취자들

너의 노동력을 공짜로 팔지 마라!

# 청춘 착취자들

## 너의 노동력을 공짜로 팔지 마라!



**로스 펄린** 지음 | **안진환** 옮김

초과근로는 자주 하나요?

없음 62
가끔 27
매일 6
한 주에 한 번 5

**한 주에 40시간 이상 혹은 하루에 8시간 이상**

당신은 시간당 보수로 얼마를 받고 있나요?

**●무보수, 학점인정 못 받음 ●무보수, 학점인정 받음 ●최저임금 이하 ●최저임금 수준 ●최저임금 이상**

38 34 17 7 4

**부모님께 생활비를 지원받고 있나요?**

'커피 셔틀'이나 '간식 셔틀'을 해 본 적이 있나요?

무보수 인턴으로 생활하면서 따로 '알바'를 해야 하나요?

YES 75
NO 25

대학을 다니면서 인턴십에 한 번 이상 참여했나요?

YES 75
NO 25

사월의책

청춘 착취자들

1판 1쇄 발행 2012년 5월 20일
1판 2쇄 발행 2012년 6월 30일

지은이 로스 펄린
옮긴이 안진환
펴낸이 안희곤
펴낸곳 사월의책

편집 박동수 | 디자인 한승연
마케팅 현명하

등록번호 2009년 10월 20일 제300-2009-128호
주소 서울시 종로구 삼청로 75-1 (우 110-220)
전화 02)733-4491 | 팩스 02)733-4494
이메일 aprilbooks@aprilbooks.net
홈페이지 www.aprilbooks.net
블로그 blog.naver.com/aprilbooks

ISBN 978-89-97186-26-6 03330

* 책값은 뒤표지에 있습니다.
* 이 도서의 국립중앙도서관 출판시도서목록(CIP)은 e-CIP홈페이지(http://www.nl.go.kr/ecip)와 국가자료공동목록시스템(http://www.nl.go.kr/kolisnet)에서 이용하실 수 있습니다.
(CIP제어번호: CIP2012001969)

# 차례

**일러두기**

한국 독자들을 위해 원서에 없는 소제목을 추가하였으며 한국 실정과는 너무 동떨어진 불필요한 내용은 일부 삭제하였습니다.

# 청년을 위한 나라는 없다

일곱 살 되던 해 8월의 어느 무더운 토요일, 나는 처음으로 장사라는 걸 해보았다. 가게는 체리나무 아래 펼쳐놓은 테이블이었고, 상품은 오븐에서 구운 쿠키 몇 접시와 다디단 레모네이드 한 통이었다. 매직펜으로 직접 쓴 가격표도 잘 보이게 펼쳐놓았다. 얼마 후 내 이름으로 된 통장도 갖게 되었다. 나는 통장 속의 숫자가 계속 늘어가기를 바랐다. 그래서 돈을 벌 수 있는 일을 찾아다녔다. 이웃집 마당의 잡초도 뽑고 오래된 인형이나 싫증난 축구카드도 팔았다. 기회가 있을 때마다 부모님께 용돈을 올려달라고 조르는 일도 잊지 않았다. 그리고 여러 해가 흐른 뒤 나는 한동안 다우존스 주가지수의 등락을 매일 지켜보았다. 하룻밤 새에 엄청난 액수의 돈을 벌고 잃는 일이 내게는 무척이나 신기했다.

아직도 나에게 일이란 정확히 규정할 수 없는 모호한 개념이다. 하지만 정해진 법칙을 지켜가며 열심히 일하면 결실을 얻을 수 있다는 것만은 알고 있다. 즉 노동에는 보상이 따른다는 것이 일에 대한 나의 신념이다.

"나중에 커서 뭐가 되고 싶니?" 대학에 들어가기 전까지 부모님은 사랑과 기대가 담뿍 담긴 눈빛으로 내게 물으시곤 했다. "가치 있는 인생을 살아야 한다. 어려운 환경에 처한 사람에게 베풀고 또 베풀어라." 교회에서는 귀에 못이 박이도록 설교를 들었다. "즐길 수 있는 일을 하면서 돈도 버는 게 최고다." 인생 경험이 많은 주위 어른들로부터는 이런 충고를 수도 없이 들었다. "번듯한 직장을 잡기는 정말 어렵다. 일찍부터 준비해야 해." 나이 차가 몇 살 나지 않는 여러 선배들은 간곡히 당부하곤 했다.

서로 다른 충고 속에 언제나 빠지지 않는 사항이 한 가지 있었다. 인턴 과정은 반드시 거쳐야 한다는 것이었다. 하지만 나는 처음엔 그들의 충고를 귀담아듣지 않았다. 대신 부족한 공부와 여행, 아르바이트를 하면서 몇 번의 여름방학을 보냈다. 그러나 런던 대학 석사 과정에 들어가던 해, 마침내 주변의 압력에 굴복하게 되었다. 아니 솔직히 말하자면 스물세 살을 먹도록 텅 비어 있는 이력서가 너무도 불안해졌기 때문이었다.

인턴십(인턴 과정)은 선택적 특권인가 아니면 불가피한 노예 계약인가? 실제 직업인가 아니면 직장 생활을 위한 연습 단계인가? 왜 장학생들은 학교 구내식당이나 도서관에서 일하는데, 부잣집 아이들은 일류 신문사나 대기업, 유명한 비영리 단체에서 인턴으로 근무하는 걸까? 무엇보다도 내가 해왔던 캠프 카운슬러, 베이비시터, 과외 선생 같은 일이 취업 시장에서 경력으로 간주될까? 일단 인턴십에 참여하고 나면 모든 의문이 풀릴 것 같았다.

첫 번째 인턴 자리는 어느 비정부기구였다. 반년 동안 일주일에 이틀씩, 좁은 골목 사이로 허름한 비정부기구 사무실들이 밀집해 있는 런던 북부 이슬링턴으로 출근했다. 보수는 없었고, 다만 점심값과 교통비 명목으로 용돈을 약간 받았다. 웹사이트에 각종 중국어 정보를 영어로 번역해서 올리는 것이 주 업무였다. 번역거리가 없을 때에는 온라인 포럼에 의견을 올리기도 하고 수업 준비를 하기도 했다. 그해 크리스마스 전체 회식 자리에서 진행자가 우리 인턴들의 노고를 치하하며 박수를 청했다. 곧이어 장내에는 웃지 못할 일이 벌어졌다. 참석자들이 박수를 보내면서 저마다 목을 빼고 영광의 주인공들을 두리번거리며 찾는 것이었다. 누가 인턴인지 아무도 몰랐던 것이다. 얼마 후 인턴들끼리의 조촐한 점심 자리에서 동료 한 사람이 이런 얘기를 건넸다.

"인턴십의 가장 큰 장점은 돌아간다는 거야."

처음에 나는 이 말의 의미를 정확히 이해하지 못했다. 하지만 그 여운은 오랫동안 머릿속에 남아 있었다. 그가 옳았다. 인턴십의 세계는 돌고 도는 것이다. 인턴십이 돌아야 하는 까닭은 아무도 모른다. 인턴십은 현재 세계적으로 확산되고 있지만 그 속성이나 팽창하는 양상이 너무도 파행적이라서 어떤 법칙이나 기준으로 규정할 수가 없다. 인턴이라는 단어부터 의미가 모호하고 범위가 포괄적이다. 50~60년 전까지만 해도 인턴은 의료계에서만 주로 쓰는 단어였다. 그러나 지금은 다르다. 나는 이 책에서 '인턴'을 다루고 있지만 연수생, 임시직, 시간제 아르바이트 등 청년층을 대상으로 한 모든 불안정 직업 형태를 대표하는 단어로서 '인턴'을 이야기하려고 한다. 따라서 인턴은 직업 자체라기보다 직업의 성격을 규정한다고 보는 것이 옳다.

오늘날 인턴 과정은 고등교육과 직업 세계를 이어주는 통로 역할을 하고 있다. 미성년자의 노동력 착취를 엄격히 단속하게 된 이후로 선진국들은 젊은이들을 강의실에서 사무실로 인도할 수 있는 가장 효율적인 방법을 모색해왔다. 그와 동시에 산업계에서는 숙련된 인력을 고등교육 기관에서 양성하고 조달해주기를 기대했다. 결국 정부와 업계의 전폭적인 지지를 업은 인턴십 제도는 짧은 역사에도 불구하고 오늘날 화이트칼라 세계에 입문할 수 있는 가장 확실한 방법으로 자리매김하게 되었다.

인턴이라고 하면 커피 심부름이 연상되는 것이 사실이다. 하지만 제3세계의 난민보호소, 혹은 인간게놈연구소에서도 인턴은 한몫을 담당하고 있다.[1] 또한 인턴이 곧 시간제로 일하는 대학생이라는 고정관념도 잘못된 것이다. 정식으로 취업하지 못한 졸업생들이나 전직을 마음먹은 중년들도 인턴십의 세계에 뛰어든다. 물론 모두 임시직 일자리와 형편없는 임금, 심지어 무보수까지도 각오한 사람들이다. 그러나 대학을 졸업했건 안 했건 인턴 대다수가 30세 이하의 젊은이라는 점은 분명한 사실이다. 이런 이유 때문인지 사실상 기성사회는 인턴을 너무나 함부로 대하고 있다.

사무실에서 인턴은 한마디로 노예와 같은 취급을 당한다. 인격적 모욕은 당연하고 성희롱 대상이 되는 일도 드물지 않다. 게다가 온갖 허드렛일은 죄다 그들 차지이다. 그중에는 황당하기 짝이 없는 심부름도 있다. 뉴욕 극장의 어느 인턴은 사장의 소변 샘플을 병원에 가져다준 적이 있다. 매니저의 지시로 질질 새는 쓰레기봉투를 차 트렁크에 싣고 쓰레기통을 찾아 낯선 거리를 한참 동안 헤맨 인턴도 있다. 어느 공공기관의 인턴은 몇 년 동안 사용하지 않은 창고를 혼자 청소해야 했다. 그녀의 평소 업무는 사무실 화초관리와 정직원들의 생필품 장보기, 짐 나르기 등이었다. 현재 그녀는 등에 생긴 만성통증을 치료하고 있다. 네덜란드에서는 기막힌 사건이 벌어진 적도 있다. '사회적 인턴십' 경험을 쌓으라는 학교 과제를 잘못 이해한 십대 소녀 두 명이 홍등가에서 매춘부 생활을 했던 사건이다.[2]

심지어 노동분쟁 소송을 전문으로 하는 로펌들 가운데서도 노동법령을 비웃듯이 교육적인 측면이 거의 없는 무보수 인턴십 프로그램을 운영하며 인턴의 노동력을 착취하는 경우가 드물지 않다. 지난 수십 년 동안 인턴십은 세계 모든 국가에서 산업계 각 분야로 확산되었다. 덕분에 대학 취업센터들은 정신없이 바빠지고 인턴십 관련 사업체들은 대박이 나고 있다. 인턴십을 판매하는 인턴십 박람회, 인턴십과 연관된 이벤트 행사 개최가 신종 고수익 사업이 된 것이다. 심지어 몇몇 굵직한 '인턴 동문회'들이 그동안 축적된 네트워크를 바탕으로 수익 사업을 벌이는 현상까지 나타나고 있다. 지난 30년 동안 구겐하임 미술관의 인턴 과정을 거친 사람들의 모임인 '페기 구겐하임 인턴 모임'이 대표적이다.

이렇듯 인턴십은 상업적으로까지 적극 활용될 만큼 붐을 이루고 있지만, 아직 규모나 방향을 가늠할 수 있는 구체적이고 종합적인 자료 하나 제대로 마련되지 않은 실정이다. 물론 인턴십이 확산되는 속도가 너무나 빠르고 인턴십의 존재가 너무도 당연하게 받아들여지고 있다는 구실은 있을 수 있다. 실제로 요즘 젊은이들은 인턴십

없는 세상을 상상조차 하지 못한다. 하지만 학계 인사들이나 정책 입안자들마저 인턴십 포화 현상에 대해 침묵을 지키고 있는 현실은 이해하기 어렵다. 지금의 인턴십이 태어난 곳이 학계이고 성장한 곳이 바로 정계이기 때문이다. 지난 반세기 동안 인턴십 제도의 혜택을 톡톡히 누려온 비영리 조직들도 꿀 먹은 벙어리이다. 인턴십 제도 덕분에 직접적인 수익을 누려온 사기업들은 한술 더 떠서 불법적이고 편법적인 인턴십 운영 관행을 고착시키려 하고 있다.[3]

현재 미국 사회 각 부문의 중요한 위치는 거의 다 인턴 출신들이 차지하고 있다고 해도 과언이 아니다. 상원의원들이나 정부 고위 각료들은 대부분 워싱턴 인턴으로서 정치 인생을 시작한 사람들이다. 월스트리트를 장악하고 있는 경제계의 큰손들도 인턴으로 보냈던 몇 번의 여름을 기억 속에 간직하고 있다. 문화계의 거목들도 마찬가지다. 인턴 출신의 저명인사들이 자신들의 인생을 성공으로 이끄는 계기가 되었던 인턴십을 옹호하는 것은 너무도 당연한 일이다. 결국 인턴십 붐은 심화될 수밖에 없고 인턴 과정을 거치지 않고 화이트칼라 세계에 진출할 가능성은 갈수록 희박해지게 되었다.

실제로 인턴십이 아닌 일반 산업 현장에서의 경험은 더 이상 이력서에 기재할 수 없는 사항이 되고 말았다. 쉽게 말해서 웨이터나 캠프 카운슬러, 영업사원으로 일하면서 보낸 여름은 최소한 취업 시장에서는 인정받지 못하게 된 것이다. 이제 대학 졸업장이 기본이 된 취업 시장에서 경쟁의 관건은 인턴십이 되었고 자연히 경쟁의 양상은 하루가 다르게 치열해지고 있다. 미시간 주립대학 대학생취업연구센터 책임자로서 지난 30년 동안 인턴십 포화 현상을 지켜본

필 가드너Phil Gardner는 이렇게 단언한다. “인턴 경력 없이는 ‘괜찮은’ 직장을 잡을 수 없는 세상이 되고 말았다.”

인턴십은 미국의 노동과 교육의 본질을 변화시키고 있다. 오늘날 인턴십은 화이트칼라 세계로 통하는 가장 빠른 지름길이 되었다. 고작 수십 년에 불과한 역사에 비해 눈부신 성장이다. 하지만 성장의 이면에는 엄청난 문제점들이 도사리고 있다. 상당수의 고용주들이 임금과 관련해서 불법 혹은 편법에 해당하는 인턴십 프로그램을 운영하고 있다. 무보수, 혹은 최저임금에도 미치지 못하는 인턴십은 노동법에 저촉되는 명백한 불법 행위이다. 특히 무보수 인턴십은 평등법에도 어긋난다. 보수 없이 일할 수 없는 사람들에게는 기회조차 주어지지 않기 때문이다. 또한 빈곤층이나 중산층 출신 젊은이들은 무보수 인턴으로 근무하면서 이중 삼중의 생활고를 겪어야 한다. 결국 인턴십, 특히 소위 ‘명문 인턴십’plum internship은 자금줄과 연줄이 든든한 상류층 젊은이들의 독차지가 된다.

현재 미국 4년제 대학 재학생 수는 950만 명에 달한다. 그 가운데 무려 75퍼센트가 졸업하기 전에 적어도 한 차례 이상 인턴십 프로그램에 참여한다. 1960년대만 해도 인턴십은 의료계의 실무수습 제도의 성격이 강했다. 1970~80년대에 들어서서도 인턴십 제도는 그다지 활성화되지 않았다. 공공 부문이나 일부 대기업, 특수 분야에서 인재 양성의 수단으로 활용하는 수준이었다. 하지만 오늘날 인턴십은 선진국의 대학 재학생들 사이에서는 하나의 필수 과정이 되었다. 이제 인턴십 붐의 초기 단계인데도 이 정도이다. 인턴십 붐 현상에 대한 구체적인 통계 자료가 없는 까닭에 정확하진 않지만 미국에서 연간 인턴십 프로그램에 참여하는 인원은 대략 100만 또는 200만 명으로 추산된다.[4] 세계적으로는 물론 그 몇 배가 될 것이다. 그 가운데 상당수의 인턴들이 무보수나 최저임금, 연장근로수당 없이 노동력을 착취당하고 있다. 게다가 노동자의 권리를 인정받지 못하기에 의료보험이나 산재보상은커녕 노동소송 당사자로서 법정에 설 자격조차 부여받지 못하고 있다. 그러나 인턴은 엄연한 노동자이며 따라서 노동관계법령이 규정하는 모든 권리와 혜택을 누릴 자격이 있다. 문제는 사법 당국이나 행정 당국이 인턴에 관한 관계법령의 취지를 구현할 적극적인 자세를 보이지 않는다는 데 있다.

사실 대부분의 인턴십 프로그램은 외형적으로는 그다지 문제될 게 없어 보인다. 나 역시 비정부기구에서 무보수 인턴으로 300시간 이상을 일했지만 장학금이 있었기에 생계유지에 급급하지 않을 수 있었다. 장학금을 받지 못한 동료 인턴들은 가족들로부터 지원을 받거나 그동안 모아온 돈으로 생활하는 것 같았다. 하지만 충분한 자격이 있으면서도 밀어줄 배경도 저축한 돈도 없는 수많은 젊은이들은 어쩔 것인가? 무보수 인턴십이 필수 전제인 한 그들은 이슬링턴의 비정부기구 사무실 골목에 발을 들여놓지 못할 것이며 결국 그 부문으로의 취업은 포기해야 할 것이다.

사회복지국가를 자랑스럽게 표방하는 미국 사회는 그동안 학교와 사회, 법정에서 기회 불평등을 몰아내기 위해 많은 노력을 쏟아왔다. 인턴십은 돈과 연줄이 없는 대다수 젊은이들의 기회를 박탈함으로써 그 모든 노력을 수포로 만들고 있다. 물론 인턴십 프로그램에 참여한다고 해서 무조건 취업 기회가 보장되는 것은 아니다. 교육적인 측면이 없다시피 한 인턴십 프로그램을 통해 반드시 필요한 업무 능력을 익힌다는 건 현실적으로 불가능한 일이다. 칼자루를 쥐고 있는 것은 결국 고용주들이다. 국가, 노동조합, 학교, 혹은 그 어떤 누구의 도움도 기대할 수 없다. 일단 인턴 세계에 뛰어들었으면 그 세계의 규칙에 따라 '돌고 도는' 것이다. 어떤 일이든 주어지는 대로 하다가 떠나면 그뿐이다. 사실 근무 현장에서는 인턴십 프로그램 관리 담당자와 인턴 사이에 은연중에 담합이 이루어진다. "업무고과표를 멋지게 써줄 테니 커피나 열심히 타라"는 식이다. 청운의 꿈? 인격 함양? 실무 경험? 현재와 같은 불법적 인턴십 운영 관행이 지속되는 한 모두 헛소리다. 돈 한 푼 못 받고 허드렛일만 죽도록 하는데 신바람이 난다면 오히려 이상하지 않은가. 오늘날 인턴십은 본연의 취지를 상실한 채 이력서를 채우는 수단으로 전락하고 말았다. 하지만 또 어쩌랴. 꽉 채워진 이력서가 취업 시장에서 통하는 현실을. 결국 젊은이들은 이력서를 만족스럽게 채울 때까지 인턴 세계를 돌고 돌게 되는 것이다.

인턴십이 일으키고 있는 모든 문제점에 관한 한 고용주, 학부모, 대학 당국, 정부기관, 그리고 인턴들까지, 관계 당사자인 우리 모두가 책임을 느껴야 한다. 노동의 신성함을 평가절하하고 사회적 불평등 구도를 악화시키며 젊은이들에게 취업에 대한 환상을 심어주는 인턴십 붐을 일으킨 장본인이 바로 우리들이기 때문이다. 이제라도 모든 파행적인 관행을 근절하고 인턴십 제도를 바로잡아야 한다. 그러기 위해서는 우선 인턴십의 역사를 태동기부터 면밀히 살펴야 한다. 또한 특권인 동시에 속박이기도 한 인턴십의 속성을 명백히 파악하기 위해 많은 노력을 기울여야 한다. 아울러 인턴들은 물론 인턴십 옹호론자들과 인턴십 거래업자, 인턴십 제도를 향상시키기 위해 애쓰는 극소수 인사들과 인턴 세계로의 접근을 원천봉쇄당한 대다수 젊은이들의 이야기를 두루 귀담아 들어야 한다. 그때에야 비로소 현행 인턴십 제도의 모순과 부조리를 일소하고 인간적이고 합법적인 대안들을 새로이 마련할 수 있을 것이다.

이 책을 위한 자료 조사를 시작한 것은 2008년이었다. 나의 접근 방법은 경제학자, 사회학자, 고용주, 취업 전문가, 그리고 다른 누구보다도 엄청난 숫자의 전직, 현직 인턴들과 진행한 인터뷰였다. 인터뷰를 할 때마다 새롭게 알게 된 인턴십의 흉측한 모습에 좌절과 분노를 느끼곤 했다. 하지만 개인적인 감정이 책 내용 속에 스며들지 않도록 최선을 다했다. 그와 동시에 인턴들의 분노 또한 최대한 여과시켰고, 강 건너 불구경하는 듯한 일부 사회학자들의 책상머리 이론들은 과감히 던져버렸다. 아울러 인턴 세계에 입문하는 방법이나 특정인, 또는 특정 기업에 관한 정보는 이 책에서 결코 찾아볼 수 없다는 걸 미리 밝혀둔다.

책을 엮어가는 동안 나와 동료들은 이미 탈선해버린 현재의 인턴십 제도에 대해 시종일관 비판적이고 풍자적인 태도를 유지하려고 노력했다. 전체적으로는 그동안 세간의 주목을 받지 못했던 사안들을 나름대로 면밀하게 파고들었으며, 그 과정에서 본연의 인턴십 제도가 지닌 특장점들을 재조명하고 개선 방향까지도 감히 어림해보았다.

이번 작업은 인턴십이라는 한 가지 제도에 관한 한 현재로서는 최장의 분석 자료이다. 그와 동시에 실제로 운영되고 있는 다양한 유형의 프로그램들을 망라하여 검토한 최초의 시도이다. 따라서 독자들은 모범적, 불법적, 편법적 인턴십 프로그램의 차이를 파악할 수 있고, 제대로 구성된 프로그램과 주먹구구식 프로그램이 일으키는 상반된 결과를 확인할 수 있으며, 몇 주 남짓의 단기 프로그램과 1년 정도의 장기 프로그램의 장단점을 비교할 수 있다.

이 책에 수록된 인턴들의 연령대는 10대부터 50대에 걸쳐 있으며 기업체들의 규모와 내력 또한 다양하다. 독자들의 빠른 이해를 돕기 위해서는 '인턴십'이라는 단어를 명확히 정의하는 과정이 필수적이겠지만, 우선은 인턴십의 문제점을 검토하기 위해 현황부터 살펴보기로 한다(사실 인턴십의 개념은 너무도 모호하고 현실적으로도 마구 혼용되고 있어서 각 경우에 따른 귀납적인 접근 방법이 유리하다).

이 책은 다음과 같이 구성되어 있다. 1장에서는 디즈니 월드가 운영하고 있는 세계 최대 규모의 인턴십 프로그램에 대해 살펴보고, 그다음 장에서는 인턴십 붐이 야기된 경위에 관해 개괄적으로 알아보며, 또한 아직 명맥을 유지하고 있는 인턴십 제도의 원조 격인 수습 제도를 분석한다. 이어지는 장에서는 현행 인턴십 제도의 불법적 운영 실태를 추적한다. 그 이후로는 인턴십과 경제, 인턴십의 세계화 추세 등 인턴십에 관한 현안들을 차례로 분석하고, 맨 마지막 장에서는 인턴십의 미래와 개선 방향에 대해 의견을 나눈다.

이 작업이 진행되는 동안에도 불법적 인턴십 프로그램은 불경기를 오히려 호기로 삼아 더욱 기승을 부리고 있다. 실업난이 지속되면 인턴십의 악영향은 더욱 두드러진다. 정규직의 일자리를 인턴이 차지하고, 적정한 보수가 따르던 인턴십은 무보수 인턴십으로 대치된다. 고용주들이 인턴십 프로그램을 최대한 활용하여 손실을 최소화하려는 전략을 펼치기 때문이다. 적법성 여부를 떠나 윤리적으로 손가락질을 받아 마땅한 그런 관행을 아무도 지적하지 않는 현실이 안타깝기만 하다.

취업이 점점 더 어려워지면서 갈수록 많은 대졸자가 인턴십 시장으로 몰려들고 있다. 이제 인턴십은 재학 기간뿐 아니라 졸업 후에도 거쳐야 하는 필수 관문으로 자리매김하고 있다. 현행 인턴십 제도의 명백한 결함에도 불구하고 갈수록 많은 대학이 인턴 과정을 졸업을 위한 필수 과정으로 요구하고 있다. 정부 당국은 한술 더 떠서 범국가적 인턴십 프로그램을 시행하고 있다. 그 프로그램의 일환으로 정부는 연간 수십만 명의 국제 인턴들을 대기업에 무상으로 공급하면서 제반 경비를 국민의 혈세를 통해 충당하고 있다. 한편 인턴십 열풍은 이제 고등학교에까지 불어 닥치고 있다. 그런가 하면 중년층이나 심지어 은퇴자들까지도 인턴십 세계에 뛰어들고 있다.[5] 인턴십 붐은 갈수록 심화될 것이고 그에 따라 불법적, 편법적 운영도 더욱 기승을 부릴 것이다. 이대로 가다가는 정직한 노동에 적절한 보수가 따르는 건강한 노동 시장은 완전히 붕괴되고 말 것이다.

이 야만적인 현실 속에서 모두가 게임의 법칙을 준수하게 되는 그날을 조금이라도 앞당겨보고자 우리는 세상에 이 책을 내민다.

# 01
# 디즈니랜드, 인턴의 왕국

디즈니랜드는 공상의 세계를 추구한다.
우리로 하여금 미국의 나머지 지역은 따분한
현실이라는 사실을 깨닫게 하기 위해서.

**장 보드리야르**

디즈니 월드가 개장한다. 눈길 닿는 곳마다 인턴이다. 함박웃음을 짓고 있는 예쁜 검표원, 시속 64킬로미터로 모노레일을 모는 기관사, 늘어선 대열을 정리하느라 분주한 놀이기구 직원, 미키마우스 귀 모자와 솜사탕을 파는 행상, 햄버거와 핫도그를 굽고 있는 스낵바 점원, 플로리다의 뙤약볕 아래 디즈니 만화 주인공 가면을 쓰고 비지땀을 흘리고 있는 배우까지 모두가 인턴이다.

최근에 매직 킹덤을 다시 찾았을 때, 나는 '출연진'(디즈니랜드에서는 놀이동산은 무대, 직원들은 출연진이라고 부른다)의 물결 속에서 파랑과 하양이 반씩 섞인 앞가슴의 명찰들을 훑으며 그들이 다니는 대학을 어림해보았다. 오하이오의 켄트 주립대학, 펜실베이니아의 록 헤이븐 대학, 브롱크스의 리먼 대학, 마이애미-데이드 대학, 뉴저지의 킨 대학, 네브래스카 대학 등….

공립과 사립을 망라하고 세계 굴지의 연구소를 자랑하는 명문대에서부터 지역 사람이 아니면 이름을 들어본 적조차 없는 지방 대학에 이르기까지 미국 전 지역의 대학생들이 모여 있다. 미국 대학생들만이 아니다. 최소한 19개국 출신의 젊은이들도 같은 색깔의 명찰을 달고 있다. 일을 시작한 지 일주일 됐다는 상하이 출신의 대학 2학년생 인턴은 생기 넘치는 눈빛으로 디즈니 월드 중심가의 상점 앞에서 손님들을 맞이하고 있었다. 수백 명에 이르는 중국인 인턴 가운데 한 사람이라고 밝힌 그녀는 자신의 힘으로 대학을 마치고 싶다고 했다.

하지만 매직 킹덤에서 만나는 인턴은 빙산의 일각에 불과하다. 매직 킹덤 말고도 세 군데의 놀이동산과 두 곳의 워터파크, 스물네 개의 호텔, 헤아릴 수 없이 많은 식당과 상점, 각종 공연 등에 종사하는 인턴이 있다. 40제곱마일에 걸쳐 펼쳐진 디즈니 왕국의 국민은 대부분이 인턴이다. '무대 밖'과 보이지 않는 곳에서 일하는 인턴의 숫자까지 생각해보면 누구든 내 주장에 수긍할 것이다. 창고나 주방에서 일하는 숫자만도 어마어마하지만, 총면적 9에이커에 달하는 지하 본부에서 퍼레이드를 비롯한 각종 공연을 기획하고 불꽃놀이의 타이밍을 조절하며 광대한 네트워크 시스템을 관리하는 인력 대부분도 인턴이기 때문이다. 열악한 보수를 받고 있는 이 국민은 왕국의 명령에 따라 네 군데 기숙사에서 생활하고 있다.

디즈니의 인턴십 프로그램은 세계 최대 규모를 자랑한다. 연간 7,000~8,000명에 이르는 대학생들 혹은 갓 졸업한 학생들이 디즈니 왕국에서 최저 시간급을 받으며 온갖 잡다한 업무에 종사하고 있다. 일반적인 근무 기간은 4~5개월 정도지만 소위 '특별 혜택 프로그램'에 따라 7개월까지 근무할 수 있다. 자연히 정규 학기와 겹칠 수밖에 없다. 디즈니의 인턴십 프로그램은 방학 기간을 이용한 전통적 인턴십이라기보다 실제 회사 운영에 필요한 노동력을 확보하는 프로그램이다. 따라서 인턴들은 학교를 휴학하든지, 아니면 일하면서 학교에서 요구하는 필수 학점을 따야 한다. 디즈니의 인턴은 엄격한 규율에 따라 회사에서 시키는 일은 무엇이든 해야 한다. 휴가나 병가는 달콤한 꿈이고 애로사항에 관한 소원 수리는 다른 세상 이야기일 뿐이다. 성희롱이나 부당 대우에 관한 적절한 보상 대책조차 마련되어 있지 않다. 근무는 대개 12시간 교대제이지만, 실제로는 오전 6시에 시작하고 자정을 넘겨 끝나는 경우가 대부분이다. 계약서에 사인할 때 인턴들은 자신이 해야 할 일이나 보수에 관해 아무런 통보도 받지 못한다. 물론 보수가 최저임금 수준이라는 사실을 모르고 지원하는 사람은 없지만 말이다.

## 꿈같은 디즈니랜드의 엿 같은 일상

"인턴이 없다면 자신의 휴가가 뒤죽박죽되리라는 사실을 그 많은 관람객 가운데 한 사람이라도 알고 있을까?" 한때 디즈니에서 인턴으로 일했던 웨슬리 존스Wesley Jones는 그의 책 『쥐와 고양이의 나라』 *Mousecatraz*에서 이런 질문을 던지고 있다.[1]

디즈니에서 인턴으로 일한다는 것은 노동자의 권리를 포기해야 한다는 것을 의미한다. 당장 유니폼조차 지급되지 않는다. 명찰만 없다면 디즈니 인턴을 일반 관람객과 차림새로 구분하기는 불가능하다. 그러면서도 디즈니 왕국 내의 어느 장소, 어느 시간에서든 일하고 있는 직원의 절반 이상이 인턴이다. 그들이 하는 일은 정규직 업무와 같다. 그러나 경험이 없는 인턴들이 효율적으로 업무를 수행할 수 있도록 뒷받침해주는 어떤 적극적인 연수 프로그램도 존재하지 않는다. 물론 명목상으로는 비슷한 프로그램이 있기는 하다. 하지만 일주일에 서너 시간 정도인 그 프로그램에서는 업무가 아니라 학점을 쉽게 따는 방법을 가르치고 있다. 휴학하지 않은 인턴들에게 네트워킹이나 원거리 학습을 통해 학교에서 요구하는 학점을 따는 가장 쉬운 방법을 가르치는 것이다. 이렇듯 엄밀히 말해서 디즈니에는 인턴을 위한 어떤 교육도 없다. 디즈니에서 그런 연수 프로그램을 운영하지도 않고 그런 연수를 요구하지도 않는다. 하기야 하루 12시간의 고된 일과를 마치고서 공부가 될 리도 없을 것이다.

미국 내의 다른 많은 기업처럼 디즈니 역시 정규직 업무의 상당 부분을 인턴의 노동을 통해 소화해내고 있다. 하지만 디즈니의 인턴십 프로그램은 너무나 그럴듯하게 포장되어 있어서 지원자는 물론 학부모나 대학, 나아가 사회 전체에서 환영받고 있다. "우리는 관람객들에게 햄버거나 팔려고 여기 있는 게 아닙니다. 우리는 마법을 창조하고 있는 겁니다."[2] 디즈니 놀이동산의 스낵하우스에서 일하는 어떤 인턴은 AP통신과의 인터뷰에서 디즈니 인턴의 자부심을 내비쳤다. 디즈니의 인턴십은 인턴들이 자부심을 느끼기에 충분할 만큼 최소한 표면적으로는 아주 바람직하게 구성되어 있다. 설사 '마법'이 일어나지 않을 때에도 그 프로그램은 전문적인 직장 생활에 대한 가치 있는 경험을 약속하고 있는 듯이 보인다. 더구나 인턴 기간에 무슨 일을 했건 디즈니라는 이름만 가지고도 이력서의 몇 줄이 두드러질 수 있을 테니 말이다. 그러나 디즈니에서 교육과 연수는 뒷전일 뿐이다. 젊은이들은 그저 값싼 임금으로 노동 현장에 투입되는 것이다. '마술' 같은 인턴십 프로그램에 홀려서 먼 길을 달려온 어린 친구들이 최저임금을 받아가며 호텔 객실을 청소하고 어린아이들을 돌보며 자동차들을 주차하고 있는 것이다. 숙소가 제공되는 것도 배려라기보다는 계산속이다. 결국 회사의 근간을 구성하는 노동력을 24시간 관리하고 통제하기 위한 하나의 수단일 뿐이다. 출퇴근 차량이 제공되는 기숙사 제도는 인턴으로 복무했던 기간을 재미난 추억으로 만들어줄 수는 있다. 하지만 심하게 말하자면 집단농장 같아 보이는 것 또한 사실이다. 회사 건물에서 먹고 자며 회사가 지시하는 일을 무조건 따라야 하니 말이다.

디즈니의 인턴십 프로그램은 사회적으로도 이례적인 대우를 받고 있다. 단순히 각계각층의 열렬한 호응만을 말하는 것이 아니다. 사회학자 어빙 고프먼Erving Goffman의 용어를 빌리자면 디즈니는 '초법적 조직'이다.[3] 30년이 넘는 세월 동안 그 엄청난 덩치를 파행적으로 운영해오면서도 정부로부터 단 한 차례도 정밀한 감사를 받아본 적이 없기 때문이다. 그러나 인턴십을 통해 디즈니의 정규직이 되는 것은 한마디로 하늘의 별 따기다. 무수한 인턴 가운데 대학을 마친 사람에 한해서 그것도 정말 극소수에게만 기회가 생긴다. 인턴십 홍보 자료에 은근슬쩍 곁들여져 있는 내용과는 전혀 다르다. 다시 말하자면 대학들마저 적극 가담해서 산학협동이라는 가장무도회가 펼쳐지는 것이다. 당연히 무도회의 수익은 모조리 디즈니에 돌아간다. 대학생이라는 지적이고 열정적인 젊은 인력을 최저임금만 주고 마음껏 공급받을 수 있기 때문이다. 더구나 오로지 자기네 명령에만 복종하는 인력이다. 결국 노동조합은 조롱당하고 지역 경제의 질서는 무너지고 만다. 사실 '인턴십'이라는 단어는 많은 의미를 지니고 있다. 하지만 디즈니에서 인턴십이란 언제든 수급 조절이 가능한 값싼 노동력만을 의미할 뿐이다. "지구에서 가장 행복한 곳"에서 "마술적이고 교육적"으로 고급 인력들이 기꺼이 햄버거를 굽고 있는 것이다.

## 사이비 대학에 오신 것을 환영합니다

많은 대기업의 경우와 마찬가지로 디즈니 역시 교육과 연수 부문에 많은 배려를 하는 이미지로 주목받고 싶어한다. 1955년 자체 연수 프로그램의 하나로 출범한 디즈니 대학은 맥도널드의 햄버거 대학과 모토로라 대학 같은 여타의 대기업 산하 대학을 모든 면에서 월등히 능가하며 현재에 이르고 있다. 앤드루 로스Andrew Ross의 표현을 빌리자면 디즈니 대학은 "교육기관의 학술적 역량과 지식 기반 기업의 노하우의 융합을 가장한 사이비" 대학이다. 1996년부터 지금까지 세계 전역에서 디즈니의 "탁월한 브랜드 관리 기법"을 배우고자 디즈니 대학으로 몰려든 수강생은 모두 수십만에 달한다고 한다.[4] 디즈니에는 또 다른 교육 프로그램들도 있다. '디즈니 사회생활 첫걸음 프로그램'은 맞춤형 교육을 대대적으로 홍보하고 있는 덕분에 고교 중퇴자나 고졸자들에게 인기가 높다. 고교 재학생 대상의 '꿈꾸는 사람들의 아카데미'는 매년 디즈니의 마법에 흠씬 취한 졸업생을 100명씩 배출하고 있다. 이렇듯 증서를 받고 디즈니의 문을 나서는 것은 인턴만이 아니다. 결국 디즈니 왕국의 국민은 모든 인종과 연령대를 망라하고 있는 것이다.

디즈니라는 이름은 그 자체만으로도 그 왕국의 국민이 되고 싶어 하는 사람을 매료시킬 만큼 신비롭다. 하지만 원래 디즈니 왕국에는 마법은커녕 속물스럽기 그지없는 이름이 있었다. 리디 크리크 개발구역Reedy Creek Improvement District, RCID, 이것이 2만 5,000에이커의 늪지대였던 디즈니 왕국의 본래 이름이었다. 1967년 5월, 당시 플로리다 주지사에 의해 합법적으로 승인된 RCID 계획은 사실상 정부와 사기업의 담합이었다.[5] 월트 디즈니 사에 플로리다 중부의 늪지대를 개발할 수 있는 전권과 함께 그 지역에 대한 자치권을 부여한 이 전무후무한 조치는 결국 엄청난 특혜였음이 나중에 밝혀졌다. 사실 월트 디즈니는 플로리다 주 정부의 승인을 받기 3년 전부터 비밀리에 수만 에이커에 달하는 토지를 사들여오고 있었다. 주 정부는 물론 지역 사회에서조차 디즈니가 '플로리다 프로젝트'라는 이름 아래 토지를 사들이는 진정한 목적을 알지 못했다. 유령 회사들을 전면에 내세워 계획 자체를 철저히 은폐했기 때문이다.

RCID는 겉모습만 정부 주도 사업이었을 뿐, 실상은 월트 디즈니의 개인 사업이었다. 실제로 월트 디즈니 사는 모든 면에서 정부에 준하는 권한을 구사했다. 모든 준비 과정에 대한 세금마저 다른 누구도 아닌 자신에게 납부하는 특혜를 업고 어떤 제약도 없이 마음껏 늪지대를 메우고 다듬었다. 사실 그러한 특혜는 지난 20여 년간 디즈니 월드의 팽창에 가장 크게 이바지해오고 있는 두 가지 요인 중의 하나다. 다른 하나는 바로 산학협동이라는 이름으로 마음껏 부릴 수 있는 값싸고 젊은 노동력이다.

1978년 던컨 딕슨Duncan Dickson을 비롯한 디즈니 출연진 관리 부서의 책임자들은 실험적 미래도시 '엡콧'EPCOT, Experimental Prototype Community of Tomorrow의 구축을 발표하며 계획을 실행하기 위한 인력 수급에 총력을 기울이기 시작했다. 필요한 인력은 5,000~6,000명, 더구나 값싸면서도 고급 인력이어야 했다. 하지만 던컨 자신도 술회하고 있듯이 그 지역에서 그만한 인력을 충당하기란 불가능했다. 그때 전면에 떠오른 인물이 해리 퍼처스Harry Purchase였다. 해리는 당시 뉴욕 주 북부에 있는 폴 스미스 대학의 호텔경영학과 학과장이었다. 그는 디즈니 고위 인사들과의 친분에 힘입어 1972년부터 매년 여름방학마다 자신의 학생들에게 매직 킹덤에서 현장 실습을 하게 했다. 던컨 딕슨과 그의 동료들은 바로 여기서 실마리를 얻었다. 대학생 인턴십, 디즈니의 가장 중요한 인력 조달 전략이 탄생한 순간이었다.

1980년 초 던컨은 수십 명의 대학 관계자들을 초청했다. 명목은 디즈니의 '대학 프로그램' 설명회였다. 결과는 대성공이었다. 대학 측 인사들은 단지 학생들의 기숙사, 그리고 일과 수업을 병행할 수 있는 여건을 마련해줄 것만을 조건으로 내세웠고 물론 그 조건은 그 자리에서 수락되었다. 설명회 이후 디즈니의 인력 조달 문제는 깨끗이 해결되었다. 디즈니의 '대학 프로그램'은 산학협동이라는 이름 아래 대학 당국의 적극적인 협조를 통해 젊은 인력을 대량으로 그것도 값싸게 공급받는 방법을 제도화하고 합법화한 성공적인 전략이었다. "학문적 부분을 강조한 대학 프로그램 덕분에 대규모의 대학생 인력을 수월하게 조달하게 된 것은 물론이고, 놀이공원의 계절 수요에 맞춘 인력 조절까지도 가능해졌다."

딕슨이 자랑스럽게 회고하고 있는 '디즈니 대학 프로그램'에 따라 1980년 여름, 매직 킹덤 대학이 개강했다. 첫 수강생들은 미국 남동부 소재의 대학에 다니는 대학생 200명이었다. 디즈니에서는 당시 성수기였던 봄, 여름에는 그 숫자를 400명까지 늘리고 가을에는 다시 200명 선을 유지할 계획을 이미 마련해놓고 있었다. 인턴들은 저렴한 모텔 밀집지역에 자리 잡은 '백설공주 마을 캠프촌'에서 거주했다. 현재와 마찬가지로 당시에도 회사에서 마련한 공간에 주거하는 것은 인턴들의 의무였으며 그 비용은 월급에서 원천 징수되었다. 그런 강제적 원칙을 합리화하려는 딕슨의 설명 속에는 오히려 디즈니의 치밀한 장삿속이 여실히 드러난다. "기껏 애를 써서 마련한 기숙사에 학생들이 입주하기를 거부한다면 결국 회사만 손해 보는 게 아닌가."

디즈니 대학 프로그램은 갈수록 규모가 커지면서 30년째 이어지고 있는데, 거쳐 간 대학생 숫자만 해도 현재 모두 5만 명을 넘어서고 있다. 똑같은 프로그램을 시행하고 있는 홍콩과 파리의 디즈니 놀이공원 인턴들은 제외한 숫자다. 디즈니 대학 프로그램은 원래 조리를 전공한 학생들을 위한 프로그램이었다. 하지만 1980년대 말부터 디즈니 월드의 호텔 객실 수가 1만 실 이상 늘어나면서 디즈니는 인턴들을 호텔과 연관된 잡다한 업무에 투입하기 시작했다. 디즈니 인턴십에 더 이상 전공 제한이 없어진 것이다. 이제 뜨거운 기름에 닭고기를 튀겨내는 역사학도나 인명구조원 조끼를 입고 있는 심리학과 학생의 모습은 디즈니 왕국에서 흔히 볼 수 있게 되었다. 1990년대 말부터는 이민법이 느슨해짐과 동시에 국제 인턴십 프로그램이 활발하게 전개되기 시작했다. 현재 디즈니 인턴십에 참여하는 외국 학생들의 숫자는 매년 1,000명을 넘어서고 있다. '문화 교류' 목적의 'J-1 비자'와 '한시적 노동 허가'로 입국자들의 활동을 제한하는 'H2B 비자'를 디즈니가 멋대로 해석했기에 가능한 결과이다.

광범위하고 치밀한 대학생 인턴십 프로그램을 바탕으로 필요한 노동력을 값싸게 공급받으려는 디즈니의 속셈은 더 이상 놀랄 일이 아니다. 하지만 디즈니의 불순한 의도가 공공연히 드러난 상황에서도 디즈니 대학 프로그램을 열렬히 지지하는 대학 관계자들의 태도는 놀랍기 그지없다. 1995년까지 프로그램을 이끌던 딕슨은 현재 로젠 대학 서비스경영학과 조교수로 재직 중이다. 그의 입장에서만 보자면 현장 경험이 교수직으로 이어지는 바람직한 경우일 수 있겠다. 하지만 이제 디즈니는 또 한 사람의 든든한 아군을 학계에 심어놓은 셈이 되었다. 또한 대학 프로그램의 실무자였던 켄트 필립스Kent Phillips가 최근 미국산학협동위원회로부터 공로상을 받은 것도 같은 맥락이다.

실제로 수많은 학계 인사들이 대학생 인턴십을 활용한 디즈니의 인력 조달 전략에 힘을 실어주고 있다.

"디즈니는 단순히 일을 하는 장소가 아니다. 그곳에 몸을 담으면 다른 어떤 곳에서도 찾을 수 없는 귀중한 경험을 얻게 된다."

"디즈니 대학 프로그램은 전공을 불문하고 모든 학생에게 혜택을 주는 아주 바람직한 인턴십 프로그램이다."

"디즈니 대학 프로그램의 가장 훌륭한 점은 학생들의 자존감을 북

돌아 준다는 사실이다."

"디즈니 대학 프로그램을 통해 학생들은 바람직한 인간관계를 맺는 법과 책임의식, 그리고 창의적인 결정권자가 되는 법을 배운다."

"디즈니 대학 프로그램은 최소한 미국 내에서는 단연 최고이다."

위와 같은 주장을 공공연하게 펼치고 있는 인사들은 과연 디즈니의 속셈을 모르고 있단 말인가? 교무처장을 포함한 스물두 명의 대학 고위직 인사와 인턴십에 관해 가장 큰 권한을 지닌 산학협동위원회 이사장이 디즈니 대학 프로그램의 운영위원 자리를 기꺼이 수락하고, 그 밖의 수많은 대학 관계자가 각자의 대학에서 디즈니를 위해 한목소리를 내고 있는 상황은 기가 막힐 정도이다. 게다가 인턴으로 일했던 경험이 있는 수많은 젊은이들은 대학 홍보원으로 활동하면서 디즈니 인턴십 관리 직원들에게 엄청난 도움을 주고 있다. 이들이 디즈니를 위해 일한다는 사실에 깊은 자부심을 지니고 있지 않으면 불가능한 일이다. 놀이동산 무료이용권을 제외하고는 어떤 혜택도 주어지지 않는 일이니 말이다. 디즈니 같은 대기업을 위해 일했다는 '스펙'이 필요해서라면 또 모를 일이기는 하다.

디즈니 대학 프로그램의 가장 큰 문제점은 대부분의 대학이 디즈니에서의 인턴십 경력을 학점으로 인정해준다는 데 있다. 디즈니에서 근무하는 몇 개월 동안 디즈니의 홍보용 연수 프로그램을 이수하는 것 말고는 어떤 학문적 활동도 없는 상황인데 말이다. 산학협동이라는 긍정적인 측면이 있으니 별문제는 아니라는 의견도 있을 수 있다. 하지만 그 기간에 대학이 학생들에게 수업료를 받는다는 게 문제다.

대학 측에서 보자면 경제적으로 이만저만 수지맞는 장사가 아니다. 인턴으로 나가 있는 학생들에게 들어갈 경비가 없기 때문이다. 물론 디즈니의 학점을 인정하지 않는 학교들도 있기는 하다. 그럴 때 디즈니에서는 만반의 준비가 되어 있다. 인턴들에게 디즈니의 방침을 환영하는 대학으로의 편입학을 적극 권하는 것이다. 물론 학생들의 출신 지역이나 전공은 일절 고려 대상이 아니다. 퍼듀 대학, 노스캐롤라이나 주립대학, 툴레인 대학 등의 명문대학들, 그리고 한 학기당 최고 2,630달러의 수업료를 요구하는 센트럴 미시간 대학도 디즈니와 '돈독한 관계'를 유지하고 있다. 한편 디즈니는 외국 대학생 인턴들에게 J-1 비자를 취득시켜주기 위해 미국 대학들과 외국 대학들의 결연을 주선해오고 있다. 대표적인 예로 몬트클레어 주립대학은 베이징 대학과 결연을 맺고 디즈니에서 최저임금을 받으며 일하는 베이징 대학 출신의 인턴들에게 수천 달러의 등록금을 부과하고 있다.

대학들이 디즈니와 돈독한 관계를 맺고 있는 것은 물론 금전적인 문제 때문만이 아니다. 디즈니 대학 프로그램에 수백 명의 학생을 참여시킨 노스캐롤라이나 주립대학 교수 버드 마일스Bud Miles는 기자에게 다음과 같이 이야기하고 있다. "나는 항상 우리 지역의 사업자들에게 디즈니 인턴십 과정을 마친 학생들을 고용하라고 권한다. 디즈니는 특히 고객 서비스 부문에서 탁월한 기업이기 때문이다." 마일스 교수 말대로 디즈니에서 일했다는 사실 하나만으로도 취업 면접에서 상당히 유리해질 수 있다. 하지만 그렇다고 디즈니 인턴십을 "생생한 현장 실습의 장"으로까지 미화하는 것은 지나치다. 그들은 교육과 산업을 구분할 필요가 없다고 생각하는 것이 틀림없다.

디즈니 대학 프로그램을 환영했던 대학 측 인사들은 학생들이 스낵코너나 식당에서 일하고 청소와 주차 같은 허드렛일들을 하게 될 것을 처음부터 분명히 알고 있었다고 딕슨은 말한다. 한 가지 더 기가 막힌 건 초창기 프로그램을 담당했던 디즈니의 인사팀 관리자 제리 몽고메리Jerry Montgomery라는 인물이 그 상황마저 학생들에게 현실을 일깨워주려는 디즈니의 배려라고 호도하고 있다는 사실이다. "현실적으로 모든 사람이 사장과 책상을 맞대고 일할 기회를 갖는 건 아니잖은가?" 몽고메리는 이렇게 반문하면서 미래에 대해 허황된 꿈을 꾸고 있는 젊은이들의 "정수리에 찬물을 끼얹어서" 현실을 직시하게 하기 위해 인턴들에게 허드렛일, 그들의 표현에 따르자면 "현실적인 일"을 시키는 것이 자신들의 교육 목표 가운데 하나였다고 궤변을 늘어놓는다. 딕슨은 한술 더 떠서 근무 시간을 지키는 습관과 용모 관리, 특히 고객을 대하는 방법 등이 프로그램에 내포된 교육적 요소라고 우겨댄다. 하지만 많은 인턴이 창고나 주방 등 고객과 전혀 접촉할 기회가 없는 무대 뒤에서 일하고 있는 현실은 어떻게 설명할 것인가? 설사 딕슨의 주장이 옳다고 해도 한창 배워야 할 학생들에게 서비스 산업 현장에서의 체험이 정규 교육과 똑같은 무게를 가질 수 있단 말인가?

값싼 노동력을 조달할 수 있는 통로가 확보되자 디즈니는 자신들이 홍보에 열을 올렸던 대학 프로그램의 학문적 측면들을 왜곡하기 시작했다. 현재 디즈니의 대학생 인턴 가운데 학점을 이수하려는 학생들은 전체의 절반에도 미치지 않는다. 프로그램 시행 초창기와는 전혀 다른 양상을 보이고 있는 것이다. 실제로 디즈니의 어떤 리크루터는 인턴을 희망하는 학생들 앞에서 "디즈니 대학 프로그램은 학문적 수업이 아니라 네트워킹 과정이다"라고 강조하기도 했다. 그에 관해 어떤 인턴의 증언을 들어보자. "나는 인턴으로 일하는 동안 디즈니에서 개설한 강좌를 수강했다. 하지만 그 기간에 학문적으로 어떤 소득도 얻을 수 없었다. 무언가를 배우기를 기대했던 나 같은 사람들에게 돌아온 건 실망뿐이었다."

심지어 어떤 강좌들은 성수기에 폐지되기도 한다. 물론 학생들을 일에만 전념시키기 위해서이다. 사실 그 기간에 디즈니에서 정상적으로 운영되는 강좌들은 "조직 생활 속에서의 커뮤니케이션"이나 "스펙 중심의 이력서 작성법" 등과 같이 현장 실습이나 개인 마케팅 성격이 강한 것뿐이다. 디즈니의 강의는 원래 중견 매니저들이 담당하는 것이 원칙이었지만 최근 들어 희망적인 변화가 있기는 했다. 응용윤리학 박사 한 사람과 여러 명의 석사학위 소지자들을 위주로 교수진이 새롭게 구성되었기 때문이다. 디즈니 측에서는 디즈니 월드에 산재한 14개 강의동에서 제공되는 8개의 "다양한" 강좌들이 미국교육위원회가 적극 추천할 만큼 우수하다며 자랑삼고 있다.

한편 디즈니의 강좌를 수강한 인턴들이 토로하는 가장 큰 불만은 '세뇌'다. 그에 관해 『쥐와 고양이의 나라』는 다음과 같은 인터뷰 내용을 담고 있다. "디즈니 대학 프로그램의 필수 과목인 '디즈니 실습'은 강의가 아니라 찬양 대회였다. 오로지 월트 디즈니 월드 오퍼레이션의 업적만을 강조한 내용뿐이었다." 그리고 전혀 실속 없는 강의 내용에 오로지 용모와 수강 태도만을 중시한다는 지적이 그 뒤를 잇는다. 물론 숙제나 시험이 거의 없으면서도 학점이 후하다는 면에서 만족하는 학생들도 상당수 있기는 하다. 강좌를 수료한 모든 학생에게는 '덕터레이트'Ducktorate가 수여되고 "디즈니의 학문적 과정"을 수료한 학생들은 마스터가 아니라 '마우스터'Mouster를 취득한다. 정말 웃기는 건 수료식 때 미키마우스 귀 모양의 모자를 써야 한다는 사실이다.

## 인턴십이라는 하청 프로젝트

에드 체임버스Ed Chambers의 휴대폰으로 전화를 걸면 롤링스톤스의 노래 "스타트 미 업"에 이어 "빅 에드입니다"라고 대답하는 그 특유의 걸쭉한 목소리가 흘러나온다. 책상 위에 놓인 엄청난 두께의 파일들을 늘 훑고 있는 체임버스는 언제 봐도 스포츠 저지 차림이다. 최근에는 그 차림으로 워싱턴으로 날아가 플로리다 지역구 하원의원들을 마구 몰아붙인 끝에 의료 서비스 개혁안을 통과시켰다. 근 30년 동안 체임버스는 플로리다 노동조합을 특유의 우직함으로 지키고 발전시켜왔다. 그는 오랜 세월 동안 디즈니에 눈엣가시 같은 존재였다.

"나는 조직 전문가입니다. 조직을 결성하고 키워나가는 게 일이죠. 디즈니 역시 따지고 보면 내가 조직한 집단이라고 말할 수 있어요." 그렇게 말한 뒤 그는 "물론 혼자" 디즈니의 조직을 키운 건 아니라고 잽싸게 덧붙였다. 체임버스의 대외적 공식직함은 'UFCW United Food & Commercial Workers Union 로컬 1625' 노동조합 위원장이다. 디즈니가 체임버스를 요주의 인물로 경계하는 까닭은 그가 디즈니 월드에 근무하는 정규직 6,000여 명의 권익을 대변하고 있기 때문이다. 노동조합이 디즈니 측과 체결한 계약은 인턴을 제외한 거의 모든 직원에게 적용된다. 노동조합원들에게 있어서 디즈니 대학 프로그램은 상당한 의미를 지니고 있다. 대학 프로그램의 규모가 커질수록 그들의 입지가 줄어들기 때문이다. 어느 노동조합원은 그 상황에 관해 이렇게 얘기했다. "우리는 살려고 기를 쓰고 있는데 인턴들은 놀려고 여기 와 있어요."

아이러니하게도 노동조합이 노동계의 황무지였던 중부 플로리다에까지 진출하게 된 것은 디즈니 덕분이다. "월트 디즈니는 매직 킹덤 공사에 필요한 인력들을 캘리포니아에서 조달했어요. 그 노동자들이 그 양반을 악착같이 쫓아다니며 투쟁한 덕분에 이곳에 노동조합이 탄생한 거죠. 결국 디즈니 월드는 건설 노동조합과 그 역사를 함께하는 셈이에요." 체임버스는 웃으며 덧붙였다. "당시 월트 디즈니는 조합결성 허락을 요구하는 노동자 대표들을 책상에 앉은 채 올려다보며 이렇게 말했다고 합디다. '좋아요. 노동조합을 허락합니다.'"

그리고 40년의 세월이 흘렀다. 중부 플로리다에 끝없이 펼쳐져 있던 오렌지 과수원이 거의 자취를 감춘 지금, 한때 그 지역을 주름잡았던 KKK단의 위세도 사라지고 없다. 현재 로컬 1625가 담당하고 있는 지역은 플로리다 내에서 전체 노동자 대비 노동조합원의 비율이 가장 높은 곳이다. 1997년, 체임버스의 노동조합은 레이크랜드

메디컬 센터에 노조를 설립하는 개가를 올렸다. 그 승리는 플로리다 일대에 도미노 현상을 일으켰다는 점에서 더욱 의의가 있다. "이어서 간호사 노조가 결성됐고, 연구소와 양로원 직원, 경찰, 소방대원, 나중에는 경찰 간부까지 노조를 결성했어요. 그리고 최근에는 전기회사에도 노조가 들어섰죠."

이렇듯 UFCW 로컬 1625는 노동조합으로서 이례적인 성공 신화를 이룩했다. 하지만 그들도 감당하기 어려운 상대가 있다. 바로 디즈니로 몰려드는 엄청난 숫자의 인턴들이다. "자신의 후계자들이 벌이고 있는 작태를 지켜보며 월트 디즈니는 무덤 속에서 발을 동동 구르고 있을 겁니다." 디즈니의 인턴들을 "편법 노동자"로 규정하면서 체임버스는 씁쓸해했다. 사실 디즈니 노동조합은 처음에는 대학 프로그램을 상당히 환영했었다. 연중 가장 바쁜 시기에 정규직 노동자들의 업무 부담을 덜어줄 것으로 기대했기 때문이다. 그런 기대감 속에서 방심한 나머지 그들은 대학 프로그램이 점점 확대되어가는 걸 막을 기회를 놓치고 말았다. "정말이지 눈 깜짝할 새에 해치워버리더군요." 플로리다 6대 노동조합 조직 가운데 하나인 'UNITE HERE 로컬 362'의 위원장 에릭 클린턴Eric Clinton은 혀를 내둘렀다. "이건 전적으로 인건비 때문입니다. 대학 프로그램 자체가 일종의 하청 프로젝트예요. 그들로선 기막힌 해결책을 찾아낸 거죠."

이 부분에 관해서 우리는 여러 차례에 걸쳐 해명을 부탁했지만 디즈니 측에서는 지금까지 어떤 반응도 보이지 않는다. 체임버스와 클린턴, 그리고 그 밖의 여러 사람의 도움 덕분에 나는 디즈니에 근무하고 있거나 근무했던 많은 사람을 만나볼 수 있었다. 하나같이 익명을 요구한 그들과의 인터뷰를 통해 밝혀진 사실은 충격적이었다. 디즈니의 인력 수급 전략은 그만큼 교묘했다. 계약을 통해 인턴들의 권리를 붙잡아 매어두고, 필요할 때마다 그들을 마음대로 활용하는 것만으로도 놀랄 일인데, 그에 덧붙여 디즈니는 인턴들을 밀착해서 감시하고 있는 것이었다.

디즈니는 외부인들이 헷갈릴 수밖에 없는 방식으로 직원들을 구분해놓고 있다. CM(Cast Members, 정규직), CP(College Program Interns, 대학 프로그램 인턴), ICP(International College Program Interns, 대학 프로그램 국제 인턴), CR(Casual Regulars, 임시직), CT(Casual Temporaries, 절기별 임시직) 등의 구분이 바로 그것이다. 그 밖에도 디즈니는 인력 수급 업체까지 동원하여 인건비를 최대한 절감하고 있다. 즉 주방 일이나 객실 청소와 같은 허드렛일들을 하청 형식으로 용역 업체에 맡기는 것이다. 하청 업체의 노동자들이 하는 일은 본질상 인턴들의 업무와 별 차이가 없다. 특히 최저임금, 그리고 직원 복지과 노동권 보장이 없다시피 한 노동 조건은 완전히 같다. 한 가지 큰 차이가 있다면 그 노동자들 가운데 상당수가 불법 체류자라는 것이다(그들의 권익 보호를 위해 디즈니나 하청 업체와 여러 차례 맞선 경험이 있는 클린턴의 주장이다).

디즈니가 노동조합에 제출한 보고서에는 임시직의 비율을 25퍼센트 정도로 유지하겠다는 조항이 들어 있다. 다시 말해서 디즈니의 전체 노동 시간 가운데 4분의 1을 CP, ICP, CR, CT들이 담당한다는 얘기다. 하지만 용역 업체를 통해 수급 받는 인력까지 포함하면 비율은 35퍼센트로 늘어난다. 디즈니는 현재 그 비율을 40퍼센트까지 끌어올리기 위해 다각도로 노력하고 있다. "내 눈에 흙이 들어가기 전에는 안 될 일입니다. 우리는 절대 굴복하지 않을 겁니다." 체임버스는 이렇게 말하며 파업까지 불사하겠다는 의지를 비쳤다. 지금까지 디즈니에서는 파업 사태가 단 한 차례도 발생하지 않았다. 하지만 임금과 복지에 관한 고용주 측의 계속된 횡포 때문에 노조원의 비율이 60퍼센트를 넘어선 지금, 분위기는 사뭇 달라져 있다. 나머지 40퍼센트 비노조원들의 노동 환경도 노조와 디즈니의 계약에 좌우되기 때문이다. "현재 우리는 힘을 키우기 위해 노력 중입니다. 노조원의 비율이 75퍼센트에 이를 때에야 비로소 디즈니가 우리의 요구를 진지하게 생각할 것이기 때문이죠."

임시직 노동자들이 35퍼센트의 노동을 감당하고 있는 현실에는 또 다른 문제점이 있다. 비숙련 노동력이 디즈니 월드 전체에 골고루 배분되어 정규직 노동자들의 업무에 투입되고 있다는 것이 바로 그 문제점이다. 예를 들어 버스를 몰기 위해서는 당연히 교통부가 규정하고 있는 자격 요건을 갖춰야 한다. 물론 승객들의 안전을 위해서다. 그런데 디즈니의 모노레일 기관사 대부분은 대형운송수단 자격증이 없는 인턴들이다. 일반 버스보다 훨씬 더 많은 승객을 태우는데도 말이다. 정말이지 이상한 일이다. 이렇듯 디즈니는 관리기관의 감독으로부터 상당히 자유롭기에 정규직과 인턴의 업무가 구분되어 있지 않으며, 따라서 늘 위험이 도사리고 있다.

디즈니의 중심가를 한번 살펴보자. 그곳에서는 개장 시간 동안 어느 때라도 인턴들이 정규직보다 더 많이 눈에 띈다. 특히 6시부터 자정까지 근무하는 폐점 근무조는 거의 모두가 인턴으로 구성되어 있다. "도저히 말이 안 되는 구조입니다." 장기근속 중인 어떤 정직원은 고개를 휘저으며 말했다. 그가 관리하는 상점에는 정규직 14명과 인턴 21명, 그리고 임시직 21명과 절기별 임시직 43명이 근무한다(개점 초기에는 대부분이 정규직이었다). 그의 이야기에 따르자면 상점을 전체적으로 관리하는 건 경험 많은 정규직이지만 세부적인 운영을 맡는 건 인턴들이다. 그들의 노동 시간이 가장 많기 때문이다. 문제는 그 인턴들이 정식으로 연수를 받아본 일이 없다는 데 있다. 따라서 항상 크고 작은 문제가 발생하게 되는데 그 책임을 고스란히 뒤집어쓰는 것 역시 인턴들이라고 한다. "아무런 준비도 없이 가장 바쁘고 고된 시간에 투입된 그들이 말이죠. 정말이지 믿지 못할 일들이 벌어지고 있습니다."

인턴들이 최고의 근무지로 꼽는 관광 장소들의 상황도 마찬가지다. 그곳에 근무하는 어떤 정직원에 따르자면 예전에는 애니멀 킹덤의 아시아관에 65명의 정규직과 30명 미만의 인턴이 근무했다고 한다. 하지만 최근에 정규직 채용 동결 조치가 내려지고 난 뒤 두 집단의 숫자는 거의 비슷해졌다. "인턴들이 그렇게 바글거리니 제대로 일이 되질 않습니다." 그의 불평대로 관리는 부실해지고 자연히 관람객들에게 피해를 미치기에 이르렀다. 그의 표현에 따르자면 디즈니에서는 "숫자가 모든 걸 대변한다." 가장 붐비는 시간대에 마운트 에베레스트 롤러코스터와 같은 주력 놀이기구에서는 노련한 정규직 한 사람이 시간당 2,000명의 이용객을 상대한다고 한다. 하지만 "인턴이 그 자리에 투입되면 숫자는 곤두박질칩니다. 그러면 매니저들이 우리를 닦달하죠. 2,000명 선을 유지하라고 말입니다. 물론 인턴들을 데리고는 불가능한 일이죠. 게다가 그런 놀이기구에 경험 없는 직원들을 배치한다는 건 정말 위험한 짓입니다." 다행히 아직 디즈니의 놀이기구에서 대형사고가 발생한 적은 없었지만, 인턴들이 대거 투입되고 난 뒤부터 탑승 대기 시간이 훨씬 길어지는 등 관람객들이 불편을 겪게 된 것은 사실이다.

많은 사람은 마이클 아이스너Michael Eisner가 CEO에 취임한 1984년 이후로 디즈니에 큰 변화가 일어났다고 말한다. "디즈니가 본격적으로 이윤 증대에 노력을 기울인 게 그즈음부터였어요." 체임버스는 이렇게 단언하고 있다. 그동안 무상가족건강보험이 사라지고 신입사원들에게는 한층 축소된 사원복지연금제가 적용됐다. 기존 직원 대상의 연금제도 곧 사라질 것이며 대신 시간급 노동자들에게는 그림의 떡에 불과한 401K 개인연금제가 도입될 것이다. 노조는 새롭게 시행된 이원적 임금 체계를 찍소리 없이 받아들일 수밖에 없었으며 결국 신입사원들은 한결 줄어든 임금 상승폭을 감수해야 했다. 초임은 연방 정부에서 규정한 최저임금인 시간당 7달러 25센트를 간신히 넘어서고 매년 4퍼센트씩 인상된다. 이렇게 계산할 때 디즈니에서 5년을 근무한 평직원의 시급은 기껏해야 9달러 정도이며 20년 근속사원의 시급은 고작 13달러에도 미치지 못한다.

경제학자들의 조사 결과에 따르자면 이원적 임금 체계를 도입함으로써 디즈니는 2006년도 한 해에만 거의 2,000만 달러를 절약했다고 한다. 그 엄청난 돈이 디즈니의 금고 속으로 고스란히 들어가게 됨에 따라 지역 경제는 치명적인 타격을 입었다. 지역 불황과 그에 따른 실업률 증가는 당연히 세수 축소로 이어질 수밖에 없었고, 정부나 민간기업 모두 결국 재정난 속에서 허덕이게 되었다.[6] 사실상의 임금 동결과 직원 복지 축소, 그리고 임시직 채용 전략을 통해 지난 20여 년 동안 디즈니의 금고에 쌓인 돈은 최소한 수억 달러에 이를 것이다. 디즈니가 지역 최대의 고용주라는 사실을 고려할 때 지역 경제에 미친 악영향은 누구나 미루어 짐작할 수 있을 것이다.

1980년 당시 인턴십 프로그램을 통해 엄청난 인건비를 절약할 수 있다는 딕슨의 아이디어에 공감한 디즈니의 중역은 별로 없었다. 그 부분에 관해 딕슨은 이렇게 얘기하고 있다. "나는 CFO와도 설전을 벌여야 했을 만큼 그들을 설득하기 위해 무진 애를 썼다. 하지만 현재 그 프로그램의 금전적 가치에 관해 회의를 품는 사람은 아무도 없다. 대학 프로그램을 통해 수급한 인력을 정규직으로 교체해야 한다고 주장했던 인사들은 이제 오히려 인턴십 프로그램의 확장을 적극 지지하고 있다." 최저임금만을 지급하면서 필요한 인력을 계속 조달할 수 있는 제도를 마다할 인사가 어디 있겠는가? 더구나 직원 복지를 보장해줄 필요도 없고 계절에 따라 마음대로 머릿수를 조절할 수도 있으니 말이다. 설사 임금을 올려준다 해도 디즈니는 전혀 손해날 것이 없다. 인턴들이 구매하는 상품과 음식은 모두 디즈니 제품이며 숙소까지도 회사의 유료 기숙사가 아니던가. 이렇듯 인턴의 임금은 실질적으로 동결된 상태인데도 디즈니 월드의 입장료는 대학 프로그램이 처음 시행되었던 1990년도와 비교할 때 현재 100퍼센트 인상되어 있다.

1980년대 당시 딕슨은 인력을 모집하기 위해 미국 동부 지역을 훑고 다녔다. 이제 그의 후계자들은 그 범위를 미국 전역, 나아가 세계 전역으로 넓히고 있다. 역시 익명을 요구한 인사관리부의 어느 직원은 자기네 부장이 신입 채용 동결 조치가 내려진 상황에서 인턴 직원 모집을 위해 상하이로 3주간 출장을 다녀온 적이 있다고 말했다. "부장의 말로는 하루에 600명씩 면접을 봤다더군요. 사실 그건 문화 교류와는 전혀 상관없는 일이었죠. 오로지 인건비 때문에 그런 겁니다." 최근 디즈니 월드가 있는 올랜도 지역의 실업률은 두 자리 숫자로 치솟았고 주택차압률 역시 미국 내에서 선두를 다투고 있다. "여동생도 실직 상태입니다. 하지만 디즈니에는 들어갈 자리가 없어요. 상하이에서 모집해온 어린 친구들만으로도 충분하니까요."

디즈니로서는 외국에서 수급한 인력을 관리하기가 훨씬 쉽다. 그들의 체류 신분을 볼모로 잡고 있기 때문이다. "디즈니는 한시적 노동 허가 비자를 악용하고 있습니다." 에릭 클린턴은 디즈니의 비자 오용을 신랄하게 지적했다. 신청인이 비숙련공이어서는 안 되며 "어떤 상황에서도" 미국 국민의 일자리를 대신해서는 안 된다는 것이 연방 규정에 따른 J-1 비자의 주요 발급 요건이다. 하지만 디즈니가 성공적인 선례를 보인 덕분에 플로리다의 또 다른 대형 고용주인 퍼블릭스 슈퍼마켓 체인 역시 J-1 비자 제도를 멋대로 해석해서 국제 인턴십 프로그램을 운영하고 있다. "외국에서 들어온 노동자들은 해고되는 즉시 출국 조치를 당합니다. 어떤 경우에는 해고 통보를 받고 24시간 이내에 이민국 직원이 디즈니 숙소로 찾아와 당사자를 공항으로 호송하기도 합니다."

외국에서 수급한 인력은 또 다른 심각한 문제점을 안고 있다. 그들 대부분이 영어에 서툴러서 우선 관람객에게 불편을 주기 때문이다(어눌한 발음과 서툰 단어가 오히려 돋보이는 세계문화 관람 장소는 예외이

긴 하다). "놀이기구 탑승객들의 안전을 위해서는 많은 경험과 요령이 있어야 합니다." 한 정직원은 경험 부족과 서툰 영어가 한데 엮일 때 안전 관리에 큰 문제가 생길 수 있다는 사실을 강조하며 말했다. 실제로 중국 출신의 인턴이 안전 관리 업무를 맡고 있던 놀이기구 조종실에 어떤 관리과 직원이 순간의 부주의로 갇힌 적이 있었다. 문만 열어주면 되는 일이었는데도 영어에 너무나 자신이 없었던 그 인턴은 구조 요청이 울리는 무전기를 아예 받지도 못해서 사태를 악화시키고 말았다.

한편 올랜도 출신의 인턴들은 회사 기숙사에서 거주할 필요가 없기에 회사 측에서도 무조건 강요할 수가 없다. 그래서 디즈니는 가능하면 올랜도에서 멀리 떨어진 지역에서 인턴을 모집하는 걸 원칙으로 삼고 있다. "인턴들은 지역 경제에 전혀 도움이 되지 않습니다. 이 지역 사람들하고는 달리 디즈니 바깥의 세상에는 어떤 지출이나 투자도 하지 않으니까요. 덕분에 플로리다 중부의 지역 경제는 파행을 달리고 있어요." 지역이 제공하는 여러 편의를 이용하면서도 인턴들은 지방세를 내지 않는다. 이 모든 것이 디즈니의 치밀한 전략이다. 인턴에 할당된 주당 최소 30시간에서 최고 40시간의 노동 기회는 사실 정규직에 돌아가야 할 몫이다. 하지만 내가 인터뷰한 사람들에 따르자면 해고되거나 퇴사한 정직원의 자리는 곧장 새로운 인턴으로 채워진다. 결국 인턴 비율이 갈수록 높아질 수밖에 없다. 일례로 한때 정규직 120명만이 근무했던 디즈니 월드 내의 한 아동보호소에는 현재 정규직 80명, 인턴 16명, 그리고 하청 업체 노동자 20명이 일하고 있다. 클린턴에 따르자면 그것은 소모전이자 지구

전의 양상이다. 성수기에 힘든 일손을 덜어주기 위한 회사의 배려인 줄만 알았던 보조 프로그램이 이젠 직원들의 생계를 위협하는 존재가 되어버린 것이다.

## 인턴은
## 무엇으로 사는가?

어느 달 없는 밤, 나는 1,000명의 인턴이 숙소로 삼고 있는 비스타 웨이Vista Way로 잠입을 시도했다. 높은 담장에 둘러싸인 비스타웨이는 외부인이 마음대로 드나들 수 있는 곳이 아니다. 정문 앞에서 퇴근 버스를 기다렸다가 쏟아져 나오는 인턴들 틈에 섞여 무사히 들어갈 수 있었다. 사실 그 버스에는 디즈니 인턴들의 애환이 담겨 있다. 버스가 제대로 운행되지 않을 때면 인턴들은 가깝게는 8킬로미터, 멀게는 16킬로미터의 거리를 걸어야 한다. 특히 첫 근무조와 마지막 근무조의 출퇴근 시간에 버스가 결행되는 경우가 많다. 그래서 차를 가지고 있는 극소수의 인턴들은 동료들에게 특별대우를 받는다.

가족을 포함해서 모든 방문객은 늦어도 오전 한 시까지 비스타웨이를 떠나야 한다. 수없이 많은 규칙 가운데 단 한 가지라도 위반한 인턴은 24시간 이내에 디즈니 월드를 떠나야 한다. 침실은 물론 차 내부까지도 정기적인 검열이 이뤄지고, 한 사람의 잘못이 적발되면 룸메이트 전원이 해고되는 연좌제까지 자행되곤 한다. 물론 억울함을 호소할 통로는 마련되어 있지 않다. 21세 미만의 인턴은 따로 마련된 '건전 사옥'에서 기거해야 하며 그곳에서는 단 한 방울의 알코

올음료도 허용되지 않는다. 인턴이 사는 기숙사로서 세계 최대 규모를 자랑하는 비스타웨이는 청춘의 열정과 기성세대의 이성이 숨바꼭질하는 대학 기숙사를 방불케 한다.

비스타웨이가 자리 잡은 지역은 디즈니 월드 내에서도 아주 외진 곳이다. 삭막한 풍경 속에서 걸어갈 수 있는 편의 시설은 웬디스 햄버거집 하나, 셰브런 주유소 한 곳, 그리고 7-11 슈퍼마켓과 편의점 한 군데가 전부다. 최소한 겉보기로는 그 어떤 화려함이나 즐거움도 찾아볼 수 없다. 일터에서 돌아온 인턴들은 밀린 빨래를 하거나 삼삼오오 모여서 담배를 피우며 하루의 피곤을 달랜다. 그런 여유도 잠시뿐, 다음 근무를 위해서는 서둘러 잠자리에 들어야 한다.

이곳에 기거하는 인턴들은 누구이며 그들이 여기까지 오게 된 이유는 무엇일까? "열 살 무렵부터 디즈니 대학 프로그램을 마음에 두고 있었습니다." 카일(가명)은 디즈니 인턴십에 지원한 이유를 묻는 질문에 이렇게 대답했다. "중학교 때 집 근처 대학에서 열린 취업설명회에 참석했을 정도였어요." 카일과 마찬가지로 많은 사람이 아주 어렸을 때부터 자신도 모르는 사이에 디즈니의 마법에 걸려든다. 그런 어린아이들이 청년이 되어 대학 프로그램에 관한 정보를 듣게 되면 그 마법은 다시 살아나 그들을 디즈니 왕국의 국민으로 만든다. 더구나 많은 기업이 운영하는 무보수 인턴십 프로그램에도 경쟁이 치열한 지금, 최소한이나마 임금을 보장하는 디즈니는 약속의 왕국처럼 비칠 수도 있다.

"긴 근무 시간, 낮은 임금, 엄격한 생활 규범 등 디즈니의 열악한 근무 조건에 관해 따지거나 불만을 드러내는 인턴십 지원자는 거의 없습니다." 웨슬리 존스는 『쥐와 고양이의 나라』에서 이렇게 안타까워하고 있다. 케빈 이Kevin Yee는 15년 동안 디즈니에 근무했던 자신의 경험을 쓴 『쥐덫』*Mouse Trap*에서 그에 관해 다음과 같이 얘기하고 있다. "'캐리비안의 해적' 공연에 캐스팅될 수도 있다는 약속에 현혹되어 이곳에 온 친구들 대부분은 화장실을 청소하거나 햄버거를 굽게 된다. '인턴십'을 통해 경영에 관한 경험을 쌓기를 원해서 지원한 친구들 역시 허드렛일만 실컷 하다 돌아간다."

한편 디즈니는 그 어떤 것도 감추려 하지 않는다. 대학 프로그램과 인턴의 업무, 임금 수준과 근무 시간 등을 구체적이면서도 정확히 알리고 있다. 이미 마법에 빠진 젊은이들이기에 취업설명회에서 조금만 자극을 주면 얼마든지 끌어들일 수 있다는 자신감 때문일 수도 있다. 실제로 최근에 내가 참석했던 디즈니의 취업설명회는 아주 화려했다. 오케스트라 연주가 은은히 울려 퍼지는 가운데 멋들어진 슬라이드 쇼가 세 차례 이상 상영되었고, 중간마다 현재 근무 중인 인턴들의 고무적인 체험담이 곁들어졌다. 행사 진행을 맡은 젊은이들은 하나같이 매력적인 용모에 말쑥한 차림이었다. 설명회장은 캠퍼스 취업센터 안에 자리 잡고 있었다. 평상시에는 강당으로 사용되는 건물의 하얀 내벽은 수백만 개의 오색찬란한 반짝이로 빈틈없이 메워져 있었다. 다시 그 위를 미키마우스 스티커와 디즈니와 연관된 온갖 아름다운 사진들이 뒤덮고 있었다. 사회자는 자신도 디즈니 대학 프로그램 이수자라고 소개하며 동문이 되자고 열정적으로 호소했다. 그는 자신이 "학생들을 돕기 위해 이 자리에 서 있다는 것"을 여러 차례 강조했다. 광고 비디오에서는 "엔터테인먼트 사업 부문의 인턴십 가운데 최고의 프로그램을 소개한다"고 선언하며, 디즈니는 "꿈이 실현되는 곳"이며 "매일 아침이 마법의 시간"이라고 부추겼다. 행사 폐막 직전, 사회자는 "디즈니의 명성을 우습게보지 마세요. 디즈니는 그 이름 자체만으로도 세계에서 세 번째의 인지도를 지닌 브랜드입니다"라고 부드럽게 엄포를 놓았다. 여기서 엄포의 진위를 짚고 넘어가야겠다. 브랜드 평가 전문기관인 인터브랜드가 매긴 2010년도 디즈니의 브랜드 가치 순위는 아홉 번째였다.

인턴십 지원자는 지원서에 희망 부서를 세 군데까지 기재할 수 있다. 하지만 그것은 단순한 요식 행위일 뿐, 그들의 근무 부서는 전적으로 회사 측이 결정하는 사안이다. 실제 희망 부서에 배속되는 경우일지라도 워낙에 업무가 다양해서 기대에 전혀 못 미치는 경우가 대부분이다. 조직 운영에 관해 경험을 쌓으려고 총무과에 지원했는데 정작 하게 된 일은 주차 관리나 구내방송 업무일 수도 있다. 그것도 엄연히 운영 업무의 일부이기 때문이다. 어쨌든 지원서에 기재한 희망 부서는 정말로 희망에 불과할 뿐, 인턴들의 실제 근무 부서는 디즈니에 도착한 시점에 결정된다. 그때그때 필요에 따라 인력을 배치하는 것이 디즈니 인턴십 인사의 원칙이기 때문이다. 인턴들이 자신들이 받게 될 정확한 임금을 알게 되는 것도 이 시점이다. 그에 관해 어떤 인턴이 디즈니의 게시판에 올린 글이 눈길을 끈다. "디즈니 인턴들은 근무 시간이나 근무 장소에 관한 한 무조건 상부의 지시에 따라야 한다." 1990년대 중반 디즈니에서 인턴으로 근무했다는 크리스틴은 "근무 장소와 시간이 계속 바뀌는 바람에 무척 힘들었다"는 경험담을 털어놓았다. 『쥐와 고양이의 나라』의 저자 웨슬리는 인턴으로 일하는 동안 다섯 명의 매니저를 "모셨다"고 한다. 한마디로 디즈니의 인턴십 프로그램은 인턴의 적성이나 전공, 혹은 희망을 전혀 고려하지 않는다.

경제적 어려움을 호소하는 인턴이 많다는 것도 디즈니 대학 프로그램의 큰 문제점이다. 캘리포니아의 디즈니랜드에서 인턴으로 일하기 위해서는 회사 측에 미리 736달러를 개인 수표로 내야 하는 것이 원칙이다. 보증금과 첫 달 기숙사 월세 명목이다. 월세가 상대적으로 저렴한 올랜도에서는 기숙사 크기에 따라 매주 82달러에서 108달러를 내야 한다. '프로그램 참가비' 100달러는 별도로 선납이다. 온라인상의 공지를 통해 디즈니는 학부모들에게 그 비용이 "플로리다 중부 지역 현 시세에 따른 것이며 회사가 주거비 일부를 지원한다"고 밝히고 있다. 하지만 "현 시세"가 어떤 기준으로 계산된 것인지 도무지 알 수가 없다. 디즈니 기숙사 건너편에 있는 비슷한 수준의 침실 세 개짜리 아파트 월세는 1,000달러 남짓이다. 하지만 기숙사 아파트 한 채에 공동으로 기거하는 여섯 명의 인턴이 내는 월세는 최소한 2,000달러에 달한다. 두 배의 월세를 받아먹는 상황에서 회사가 일부를 보조한다니….

들쑥날쑥한 근무 일정과 인력의 과잉 공급, 그리고 각자의 개인 사정 때문에 대학 프로그램에서 규정하고 있는 최소 근무 시간인 주당 30시간을 꼬박꼬박 채우지 못하는 인턴도 많다. 그러다 보니 경제적으로 쪼들릴 수밖에 없다. 인턴 관리를 담당하고 있는 어떤 정직원은 다음과 같은 이야기를 들려주었다. "특히 처음 2주일간 기본 근무 시간을 제대로 채우지 못하는 인턴이 많이 있습니다. 그럴 때

잘못이 누구에게 있건 인턴만 피해를 보게 되죠." 놀이공원 내의 어느 상점 매니저는 인턴들이 돈을 아끼느라 끼니를 거르는 모습을 수없이 봐왔다고 말하며 어떤 여학생의 경우를 들려주었다. "그녀는 첫 주에 세 번이나 근무지를 옮겨야 했어요. 그중 한 번은 전적으로 회사 측 실수였죠. 시간표를 잘못 편성하는 바람에 한쪽으로만 인력이 몰렸거든요. 어쨌든 그 주에 월세를 제하고 그녀가 받은 돈은 2달러였어요." 그는 순전히 경제적 어려움 때문에 대학 프로그램을 마치지 못하고 디즈니 월드를 떠나는 인턴도 많다고 했다. "돈을 벌지 못해서죠. 밀려드는 고지서를 해결할 길이 없으니 어쩌겠습니까?" 게다가 연장근무는 여간해서는 허용되지 않는다고 한다. 한곳에서 여러 달 동안 꾸준히 일하지 못하는 한 월세와 기초생활비를 감당하기도 벅차다고 인턴들은 입을 모은다. 자연히 부모에게 손을 벌리는 경우가 많을 수밖에 없다.

더욱 큰 문제는 아프거나 다른 긴박한 사정 때문에 일하지 못하게 되는 경우이다. 그럴 때 급여가 중단되는 것은 물론 근무를 대신해줄 다른 인턴을 당사자가 직접 찾아야 한다. 디즈니 대학 프로그램 사이트의 게시판에는 어떤 어머니의 하소연이 올라 있다. "내 딸아이가 디즈니 월드에서 일하다 다쳤습니다. 회사에서는 보상을 해주기는커녕 우리 애가 자비로 병원 치료를 받느라 결근한 시간과 날짜를 따져 감봉 조치를 했고, 그것으로도 모자라 업무고과표에 벌점까지 먹이더군요." 결국 그 인턴은 계약 기간을 채우지 못하고 치료를 받기 위해 집으로 돌아왔다고 한다. 하지만 그런 일을 겪고도 디즈니의 마법에서 풀려나지는 못한 것 같다. 신혼여행을 그리로 갈 것을 다짐하고 있다니 말이다.

인턴이 디즈니의 횡포에 저항하는 유일한 방법은 일을 그만두는 것이다. 자진해서 포기하거나 해고당하는 인턴의 비율에 관해 공식 통계는 나와 있지 않지만 상당한 숫자에 이르는 것만은 틀림없다. "아마 20~30퍼센트는 될 겁니다." 디즈니 인턴십 과정을 여러 차례 수료한 카일의 말이다. 첫 번째 인턴십 기간에 그의 룸메이트 다섯 명 가운데 네 명이 이런저런 이유로 도중에 짐을 쌌다고 한다. 인턴들이 중도에서 포기하는 까닭은 청춘 특유의 변덕일 수도 있지만, 기대와는 너무도 다른 대학 프로그램의 실상에 실망했기 때문일 수도 있다. 실제로 많은 인턴이 불만을 토로하고 있다. "기념품이나 팔려고 미국 땅을 가로질러 온 게 아닌데…." "매일 공연에 참가한다고 해서 기대가 컸다. 하지만 나는 지금 식당 청소를 하고 있다. 이 무더위에!" 중도 탈락자의 비율이 갈수록 높아지자 디즈니에서는 2005년 인턴십 참가자 전원이 대학 프로그램을 마치도록 필요한 모든 조처를 하겠다는 성명을 발표하기도 했다.

## 쥐를 위해 일하기

이렇게 문제점이 많은데도 디즈니 월드에서 만나는 모든 인턴의 얼굴에 항상 미소가 떠올라 있는 까닭은 무엇일까? 그것은 소위 '디즈니 얼굴'을 항상 유지하도록 교육받았기 때문이다. 어느 관리 직원의 표현을 빌리자면 '디즈니 얼굴'이란 "월트 디즈니의 시대를 고스란히 담고 있는 불변의 모습"이다. 다시 말하자면 1950년대 미국 시골 젊은이 같은 차림새를 뜻한다. 우선 여성은 귀를 뚫는 것을 제외하고는 밖으로 드러나는 신체 부위에 어떤 문신이나 피어싱을 해서는 안 된다. 머리카락에 관한 규정도 엄격하다. 남성은 짧은 머리, 여성은 긴 머리가 원칙이며 지나친 염색이나 탈색은 절대 금지다. 콧수염은 제한적으로 허용되며 구레나룻 또한 귓불 아래까지 내려와서는 안 된다. 안경 렌즈는 물론 안경테까지도 담백한 색상이어야 한다. 또한 피부색을 드러낼 정도의 연한 화장만이 허용된다. 공연 참가 중에는, 즉 일할 때는 담배와 껌은 절대 안 되며, 하품은 물론 졸린 표정이나 우울한 표정을 지어서도 안 되고, 먹거나 마시는 것도 금지된다. 무엇을 가리킬 때는 집게손가락 하나만을 사용해서는 안 되고 '디즈니 식'으로 가리켜야 한다. 즉 검지와 중지를 함께 사용해야 한다.

인턴들이 '공연' 중에 유지해야 할 것은 '디즈니 얼굴'만이 아니다. '디즈니 말투' 또한 인턴들이 익히고 지켜야 할 규범이다. 이런 지나친 규제 때문에 인턴들은 대학 프로그램의 약자 CP를 '회사에 사로잡힌 죄수'Corporate Prisoner, '회사의 소변기'Company Pee-On, '셔터맨'Closing Person 등 자조적으로 희화시켜 해석하기도 한다. 디즈니의 완곡어법도 장난이 아니다. 관람객을 '방청객'으로, 업무를 '배역'이라고 말하는 것은 사업 자체를 하나의 공연으로 간주하는 디즈니의 방침에 따른 표현이라고 봐줄 수 있다. 하지만 구토를 '단백질 유출'이라고 말해야 하거나 잡역부를 '보호 관리 담당관'으로, 그리고 기념품 가게의 자질구레한 노동을 '판매를 통해 즐거움을 선사하는 일'

이라고 표현해야 하는 건 정도가 지나치다. 하지만 디즈니 측에서는 '디즈니 말투'를 통해 인턴을 포함한 전 직원의 업무 품격이 향상된다고 주장한다. 「쥐를 위해 일하기」라는 글을 쓴 제인 쿠엔츠Jane Kuenz는 "디즈니 월드는 모든 직원이 근무복이 아닌 의상을 걸치고 출연하는 무대이며 출근은 등장, 퇴근은 퇴장이라고 말해야 한다. 언어 습관을 세뇌하는 것이 디즈니의 또 한 가지 커다란 특징"이라고 지적한다.7

물론 인턴 대다수는 모든 규제와 경제적 어려움을 감내하며 대학 프로그램을 마친다. 디즈니를 사랑하기 때문이다. 자의든 타의든 중도에 포기하는 인턴들 역시 디즈니를 사랑하는 마음에는 변함이 없는 것 같다. 그들은 마법에 걸린 듯 '디즈니 아이'로 자라나서 디즈니 인턴이 되고 앞으로 '디즈니 부모'가 될 것이다. 그 젊은이들에게 놀이공원 무료이용권은 현실적인 가치 이상을 지닌다. 어떤 인턴이 트위터에 올린 다음과 같은 내용의 글은 그 사실을 여실히 드러내고 있다. "나는 디즈니의 노예이며 다시 태어나도 같은 삶을 살 것이다." 쿠엔츠는 그들의 꿈을 간단히 요약하고 있다. "그들은 디즈니가 펼치는 마법의 혜택을 제대로 누릴 수 있는 정식 직원이 되어 영원히 그곳에서 일하고 싶어한다." 하지만 대학 프로그램을 통해 그 꿈을 이루기란 불가능에 가깝다. 대학 프로그램의 목적은 정규직을 대신할 수 있는 인력 조달이기 때문이다. 더구나 인턴 기간에 배운 것이라고는 허드렛일뿐이기에 그 과정을 마쳤다고 해서 실질적인 경험이나 자질을 쌓을 수 있는 것도 아니다.

최근 들어 디즈니는 인턴의 값싼 노동력을 더욱더 적극적으로 활용하자는 전략을 세운 것 같다. 대학 프로그램 재가입을 통해 인턴십 기간을 한 번에 일 년까지 연장하고 이후로도 반복해서 같은 과정을 밟도록 인턴들에게 적극 권장하고 있으니 말이다. 자신의 사이트를 통해 디즈니 대학 프로그램의 홍보에 열을 올리고 있는 어떤 대학생은 이미 네 차례나 디즈니 인턴십 과정을 마쳤으며, 교내 디즈니 홍보 대사로 활동하고 있는 지금도 다섯 번째 도전을 계획하고 있다. 이제 여름방학 동안의 디즈니 인턴십은 하나의 특권으로 간주되고 있다. 대학 프로그램을 한 번 이상 수료한 학생에게만 기회를 주기 때문이다. 한편 디즈니는 이전부터 '진짜' 인턴십 프로그램을 운영해오고 있다. 실질적인 경험과 정식 직원이 될 기회를 제공하는 그 프로그램에 지원하기 위해서는 역시 대학 프로그램을 한 차례 이상 수료해야 한다.

월트 디즈니라는 마법사는 실험적 미래도시 엡콧EPCOT을 르코르뷔지에의 건축물 같은 분위기와 포드랜디아(Fordlandia, 헨리 포드가 아마존 열대우림에 만든 인공 마을—옮긴이)가 어우러진 현대인의 이상향으로 만들려 했다. "체계적으로 관리되는 지역 사회로서 산업과 학문, 문화가 조화를 이루며 발전할 수 있는 미국적이면서도 신선한 터전"이 디즈니의 구상이었다. 하지만 그곳의 현재 모습은 화려하되 실속은 없는 구호를 내세우며 뒤로는 이윤 증진만을 도모하는 영리적 놀이공원일 뿐이다. 『쥐와 고양이의 나라』에서 웨슬리 존스는 디즈니 대학 프로그램은 "미국 대학의 미래에 관한 실험적 모델"로 불려야 마땅하다고 조롱한다. 세계 최대 규모로서 인턴십의 모델이라고 홍보되고 있는 디즈니 대학 프로그램은 대학과 학생 모두에게 대대적으로 환영받고는 있지만, 정작 최저임금에 고용주만이 살판난 부당 계약에 지나지 않는다. 월트 디즈니가 구상했던 엡콧만큼이나 신기루에 불과한 프로그램인 것이다.

# 02
## 인턴이란 무엇인가?

쉴 새 없이 터지는 사건들을 실시간으로
따라잡아야 하는 상황에서 유연성을 잃지 않으면서도
책임을 기꺼이 떠맡고 마감 시간을 엄수할 수 있는 능력이
이 분야의 필수 조건이다. 일주일에 최소한 80시간은
근무해야 하고 주말은 물론 법정 공휴일에도 편히 쉴
생각을 말아야 한다. 보수가 없는 대신 뉴스 보도 분야에서
일을 배우며 경험을 쌓을 수 있는 절호의 기회이다.

**맥스위니의 인터넷 동향, 「절호의 취업 기회」**

인턴이란 누구인가? 디즈니 월드의 스낵코너에서 햄버거 패티를 뒤집는 사람인가? 아니면 백악관에서 정계 거물의 심부름을 도맡는 정치 꿈나무인가? 혈기왕성한 대학생 인턴이 있는가 하면 여러 직업을 두루 거친 노련한 중년 인턴도 있다. 무보수 인턴십이 있는가 하면 고임금 인턴십도 있다. 연수 중심의 인턴십 프로그램이 있는가 하면 실제 업무에 투입되는 인턴십 프로그램도 있다. 이렇듯 상반되는 개념과 관행을 모두 아우르고 있는 '인턴'은 대체 무슨 뜻인가?

인턴이라는 단어의 의미적 중요성은 바로 그 단어가 지닌 모호성에 있다. 임시직 혹은 프리랜서와 비교할 때 인턴은 더욱 포괄적이면서도 한층 특색 있는 하나의 사회적 개념이다. 인턴이라는 단어는 특히 수사적으로 풀이할 때 감칠맛이 난다. "직업 세계로의 입문" "앞가림의 시작" "경험을 쌓는 아주 바람직한 방법" "이력서의 첫 줄" "사회인으로서 세상과의 첫 접촉" 등 인턴십을 묘사하는 흥미로운 표현들은 많고도 많다. 하지만 그 많은 표현들 속에는 이 세상 모든 인턴의 애환이 배어 있다. 낯선 세상에 뛰어들어 주변의 기대에 부응하기 위해 분투하며 현장 경험을 통해 미래의 초석을 다지려고 혼신의 힘을 다하기란 행동은커녕 말로 하기도 힘든 일이다. 고용주나 선배들을 항상 의식하면서 밝고 열정적인 모습을 유지해야만 하기에 더욱 힘들 수밖에 없다. 프리랜서는 자부심 가득한 독립심, 임시직이나 아르바이트는 의무의 한계를 넘어선 부분에 대한 무관심, 그리고 자원봉사는 헌신적 이타심으로 각각 요약되는 데 반해 인턴의 특성은 간단히 정리되지가 않는다. "조직 운영상의 잡다한 업무를 열심히 해나가며 경험을 쌓아 언젠가는 '진짜 업무'를 담당하게 될 기회를 기다리는 존재"라는 것이 인턴에 대한 일반적 인식일 것이다. 하지만 결국 인턴들도 일을 하는 (준)사회인이며 그들이 사회에 미치는 영향력은 갈수록 커지고 있다.

"부하 직원이 인턴일 경우 그들로부터 더 많은 걸 얻을 수 있습니다." 자신도 한때 인턴 생활을 했다는 어떤 하원의원 입후보자는 "인턴 문화에 대해 잘 알고 있다"며 이렇게 말했다. "선거운동 기간에 인턴을 여러 명 채용했습니다. 정말이지 열심히 일하더군요." 예전에는 '여름방학 아르바이트생'을 구하던 고용주들이 요즘은 '인턴십 참가자'를 모집한다. 당연히 젊은이들의 관심을 끌기 위한 전략이다. 하지만 '인턴십'이란 말은 대부분 단기간에 공짜 혹은 헐값으로 허드렛일을 도맡아줄 인력을 구하기 위한 미끼에 불과하다. 그런 상황이 발생하는 것은 앞에서도 지적했듯이 인턴이라는 단어가 지닌 포괄성 때문에 자의적인 해석이 가능한 탓이다. 즉 인턴십은 무보수 업무로 해석될 수도 있고 그 반대로 해석될 수도 있다. 대학과 긴밀한 유대를 가지고 있는 업주일수록 인턴십에 교육적인 요소를 가미하거나 학문적인 색채를 '강조'하는 경향이 더욱 두드러진다. 하지만 인턴십 대부분은 학문이나 교육과는 거리가 먼 것이 현실이다.

"학생들이 경험을 쌓을 수 있는 직업 사회와의 모든 접촉을 나는 인턴십이라고 간주합니다." 옥스퍼드 대학 박사 과정을 밟으면서 인턴십에 관해 연구하고 있는 나탈리 룬드스틴Natalie Lundsteen은 이렇게 정의를 내리고 있다. 그녀는 스탠퍼드 대학에서 인턴 자격으로 5년간 상담을 맡았던 경력을 갖고 있다. "바리스타로서 단순히 커피를 끓여 내놓는 건 '방학 동안의 아르바이트'라고 할 수 있죠. 하지만 일을 하면서 경영 과정을 접하고 기획 실무나 마케팅, 혹은 광고나 세일즈 등을 배울 수 있는 기회를 갖게 된다면 그건 인턴십입니다." 아르바이트와 인턴십의 차이에 대한 그녀의 구분은 지극히 타당하다. 하지만 현실에서는 '바리스타 인턴십' 또한 분명히 존재하고 있다.

또 다른 인턴십 전문가 마이클 트루Michael True는 인턴십에 관해 최근 장문의 정의를 내렸다. 그는 특히 "배움의 목적이 충실히 반영된 체계적이고 신중한" 체험적 학습의 중요성을 역설한다. 하지만 그의 정의 역시 급여나 근무 시간, 근무 조건과 근무 환경이라는 변수를 충분히 반영하지 못하고 있다. 학자들이 학습의 연장으로서 인턴십의 가치에 주목하고 있는 반면, 고용주 대부분은 경제적인 인력 조달 경로로서 인턴십의 쓸모에 눈독을 들이고 있다. 그들은 인턴십과 성공적 사회생활의 연관성에 관한 일반적 희망 혹은 착각을 강조하면서 무보수나 헐값으로 젊은 노동력을 마음껏 활용한다. 룬드스틴은 이렇게 단언하고 있다. "고용주들은 사실 인턴의 개인적 발전에는 관심이 없다. 당연하지 않은가? 그들의 관심사는 생산성이지 필요에 따라 고용한 한시적 조직원의 발전이 아닌 것이다."

인턴십에 대한 절대적인 개념 정의가 불가능하다는 사실을 인턴들 또한 잘 알고 있다. 따라서 인턴십은 사전적 의미보다는 사회문화적 통념에 따르는 관념적 의미로 받아들여야 한다. 다시 말해서 "열어봐야 할 상자", "사회로 나가기 위해 거쳐야 할 의례적 절차", 혹은 "미래의 꿈을 이루기 위한 교두보" 등의 수사적 표현을 통해 이해해야 한다는 것이다. 예전에 인턴 생활을 했다는 어떤 여성은 고등학교에 들어가기 이전부터 "사회적으로 더 나은 존재가 되기 위한 과정"이 인턴십이라고 생각했다고 말한다. 바로 그것이다. 디즈니의 대학 프로그램처럼 기형적인 유형도 있지만, 그래도 아직까지 인턴십이란 햄버거 패티를 뒤집거나 식당에서 시중을 드는 것과는 다른 무엇이라는 인식이 지배적이다. 즉 인턴십은 사회인으로서의 경력과 직접적인 연관을 갖는 일이며 야망의 사다리에 첫발을 올려놓는 일이라는 것이다. 물론 허드렛일일 경우가 대부분이기 때문에 수치심을 느낄 수도 있다. 어번 딕셔너리Urban Dictionary에 올라 있는 표현들을 살펴보면 인턴들의 집단적인 자기비하 심리를 엿볼 수 있다. 인턴은 "노예적 노동"을 제공하는 "회사의 똥개"이며 정규직들에게 "성적인 측면에서만 관심을 받는 존재"라는 극단적인 표현까지 있을 정도다. 하지만 다행히도 인턴은 극히 한시적인 노동 계급이다. 영원히 인턴으로 남는 사람은 없다. 아, 단 한 사람 예외가 있기는 하다. 빌 클린턴과 엮여 역사상 영원히 인턴으로 남을 모니카 르윈스키.

## 보수도,
## 교육도, 통계도 없이

인턴십이라는 사회 현상에 대한 객관적인 통계 자료도 아직은 나와 있지 않다. 연구 및 컨설팅 전문 기업인 인턴브리지Intern Bridge의 인턴십에 관한 최근 연구 활동은 그래서 우리의 눈길을 사로잡는다. 그 연구에 본격적으로 참여했던 필 가드너는 인턴십 포화 현상에 관해 이렇게 얘기하고 있다. "인턴십 현상을 면밀하게 연구 분석한 사례는 이제껏 없었습니다. 따라서 현재 활용할 수 있는 통계 자료는 전무한 실정입니다. 인턴십에 참여하고 있는 자기네 학생들의 비율이 얼마나 되는지조차 모르고 있는 대학이 대부분이죠." 그나마 인턴브리지의 「무보수 대학생 인턴십에 관한 토론」The Debate Over Unpaid College Internships을 비롯한 몇몇 연구 보고서들이 최근에 출간되어 다양한 인턴십의 규모와 특징을 조명하는 지침이 되고 있다. 자신이 직접 시행한 연구 결과를 바탕으로 가드너는 미국 내 4년제 대학 재학생 가운데 70~75퍼센트가 한 차례 이상의 인턴십을 경험한다고 추산하고 있다. 이 수치는 1980년대 초반에 비해 두 배 이상 증가한 것이다.

「무보수 대학생 인턴십에 관한 토론」의 내용에 따르자면 비영리 기관과 정부기관, 그리고 소규모 사기업들이 무보수로 젊은 인력을 조달하고 있는 주범이다. 하지만 종업원 규모가 5,000명을 넘어서는 대기업 가운데 약 20퍼센트도 무보수 인턴십을 운용하고 있다. 한 가지 특기할 만한 사실은 무보수 인턴으로 일하는 여학생의 비율이

77퍼센트에 이른다는 점이다. 이것은 나의 연구조사 결과와도 일치한다. 물론 완전한 검증을 위해서는 좀 더 면밀한 연구가 필요하겠지만, 당장 분명한 사실은 현재의 인턴십 제도 내에서 임금에 관해 저질러지는 불법 행위가 성별의 문제와 밀접한 연관을 갖는다는 것이다. 부분적으로는 여학생들이 특별히 관심을 갖는 분야—이를테면 언론이나 출판, 혹은 패션처럼 화려한 직종—의 인턴십이 대개 무보수이기 때문이지만, 원론적으로는 여성들이 무보수와 같은 부당 대우를 남성들보다 더 잘 참아내기 때문이기도 하다.

한편 9장에서 면밀히 살펴보겠지만 인턴들의 개인적 배경도 큰 변수로 작용하고 있다. 「무보수 대학생 인턴십에 관한 토론」에 따르자면 연예 혹은 예술 분야 등 소위 '폼 나는' 분야를 제외한 나머지 직종에서 무보수로 일하는 인턴 대부분은 저소득 혹은 중산층 집안 출신이다. 반면 고소득 계층의 자녀들은 신분이나 인맥을 통해 보수가 책정된 대기업 인턴으로 일하는 경우가 많으며, 또한 인턴십을 통해 정규직이 되는 확률이 아주 높다. 전공 역시 커다란 변수로 작용한다. 공과 계열과 컴퓨터 관련학과 학생들의 87퍼센트, 비즈니스 계열 학생들의 70퍼센트, 농대 학생들의 65퍼센트 가량이 유급 인턴으로 일하는 반면, 교육학, 사회과학, 건강학, 커뮤니케이션, 인문과학 계열의 학생들의 유급 인턴 비율은 각각 34퍼센트, 35퍼센트, 39퍼센트, 41퍼센트, 43퍼센트에 불과한 것으로 드러났다.

현재 미국 내 모든 인턴의 50퍼센트 이상이 무보수이거나 최저임금 이하의 보수를 지급받고 있다. 세계적 권위의 전문기관에 의해 실시된 최근 조사에 따르자면 영국 인턴의 37퍼센트, 독일 인턴의

51퍼센트가 보수 없이 일하고 있다. 「무보수 대학생 인턴십에 관한 토론」을 작성하는 과정에서 다수의 대학생을 대상으로 조사한 결과 비영리기관 인턴의 57퍼센트, 정부기관 인턴의 47퍼센트, 일반 기업 인턴의 34퍼센트가 무보수로 일한다는 사실이 밝혀졌다. 물론 정당한 임금을 받지 못하는 비율은 훨씬 높았다. 더욱 큰 문제는 무급 인턴십이 기하급수적으로 증가하는 반면, 유급 인턴십은 급속히 감소하고 있다는 것이다.[1]

미주리 대학의 언론학과 교수 버넌 스톤Vernon Stone은 "무급 인턴십이 늘어감에 따라 유급 인턴십이 사라지는" 현상에 대해 일찌감치 경고한 바 있다. 스톤은 조사를 통해 1976년에는 텔레비전 방송국 인턴의 57퍼센트와 라디오 방송국 인턴의 81퍼센트가 유급이었던 것에 비해, 1991년도에는 그 비율이 각각 21퍼센트와 32퍼센트로 감소했다는 사실을 밝혀냈다. 다른 많은 부문에서도 비슷한 양상이 드러나고 있다. 인턴브리지에 따르자면 많은 직종에서 유급 인턴십이 사라질 위기에 처해 있다. 현재 게임 디자인 분야에서 유급 인턴은 11퍼센트에 불과하며, 보안 분야에서 그 비율은 16퍼센트 미만에 그치고 있다.[2]

인턴십을 운용하고 있는 기관과 업체에서는 사원 채용의 가장 큰 기준이 인턴십 경력이라는 점을 강조한다. 실제로 미시간 대학의 한 연구 결과에 따르자면 대다수 대기업의 신입사원 가운데 50퍼센트는 자체 인턴십에 참여했던 대졸자들이고, 40퍼센트는 다른 기업의 인턴 출신이다.[3] 조사에 응한 고용주 가운데 76.3퍼센트가 적절한 실무 경험이 신입사원 선발의 최대 조건이라고 답변했다. 결국 인턴십이 대학 졸업 후의 직장 생활에 엄청난 영향력을 끼친다는 사실은 부인할 수 없다.

하지만 인턴십을 효율적인 직원 채용의 수단으로 활용하는 고용주들이 있는 반면, 단순히 인건비를 절약하는 전략으로 악용하는 고용주들도 있다. 심지어 역량이 입증된 인턴들에게조차 정식 직원으로 취업할 기회를 주지 않는 기업들도 있다. 사회학자 마크 그래노베터Mark Granovetter는 인턴들이 정식 직원이 될 실낱같은 희망을 포기하지 않는 현상을 지적한다. "인턴들에게 희망을 줄 만큼의 선례는 있지만, 노력을 한다고 해서 그 희망이 실현될 기회가 열리는 것은 아니다."

인턴십이 직장 생활과 평생 소득에 끼치는 영향력이나 인턴십을 통한 경험의 효율성 등에 관해 본격 연구가 이루어진 적은 아직 없다. 인턴십 프로그램 참여자들의 만족도에 관한 개별적인 설문 조사 결과만이 전부일 뿐, 현재로선 인턴십의 실제적 영향력은 표면에 드러나지 않은 상태이다. 다만 인턴브리지의 조사 결과, 인턴 경험이 있는 응답자의 65퍼센트가 그들이 참여했던 인턴십에 개선의 여지가 있다는 점을 지적했고, 대다수가 그들의 노동을 통해 고용주가 이득을 보았다는 답변을 했다는 점에서 인턴십의 현실이 바람직하지 않다고 추정할 수는 있다. 그 결과만 가지고 인턴십의 현실에 관해 결론을 내리기는 불충분하지만, 현재 인턴십 포화 현상의 윤곽을 어느 정도 조명할 수는 있다. 인턴의 노동력을 착취하고 있는 많은 조직이 인턴십 포화 현상을 조장하고 호도하는 현 상황에서도, 노동통계국을 비롯한 정부 조사기관들이 그 실체를 파악하기 위해 특별한 노력을 기울이지 않고 있다는 점은 큰 문제가 아닐 수 없다.

사회 전체의 안정적인 발전을 위해서는 모든 젊은이가 각자에게 적합한 일자리를 찾을 수 있는 건강한 노동 시장이 형성되어야 한다. 하지만 인턴십이 포화 상태에 이르고 특히 무보수로 대표되는 불법적 인턴십 운용이 활개를 치고 있는 현실은 노동 시장을 파행으로 이끌어갈 가능성이 다분하다. 젊은 인력을 저렴한 비용으로 '시험 운행'할 수 있는 인턴십은 고용주에게는 인력 조달 문제를 해결할 수 있는 최선의 전략 가운데 하나다. 사실 무보수 혹은 저임금 인턴십은 대학 교육비 부담을 학생들에게 전가하는 최근 미국 연방 정부의 전략적 발상과 맥락을 함께한다. 대학 교육이나 인턴십은 학생과 인턴의 미래를 위한 투자이므로 당사자들이 그 비용을 감당해야 한다는 발상이다. 인턴십에 관한 고용주들의 홍보 문구들이 이 사실을 입증하고 있다. "개인 브랜드의 창조" "청년 사업가" "참다운 프리랜서" "현장 경험을 통해 사회를 배우는 사람" 등의 화려한 슬로건들은 인턴십을 지원하는 젊은이들에게 어느 정도의 희생을 감수할 것을 암묵적으로 강요하고 있는 것이다.

## 인턴십의 아주 짧은 역사

의사 혹은 약사와 도제 관계를 맺는 의료 수습생 제도는 수세기에 걸친 역사가 있었다. 하지만 19세기 중엽 이후로 의과대학들이 연이어 설립되고 병원에 대한 수요가 급증하면서 새로운 필요에 의해 생겨난 것이 바로 인턴십이다. 인턴십에 관한 첫 번째 공식 기록은 1865년 보스턴 시립 병원의 이사회에 상정된 보고서에 등장한다. 역사학자 로즈메리 스티븐스Rosemary Stevens에 따르면 당시 미국 의료계에서는 병원 내 상주 수련의와 보조 의사를 통칭하기 위해 프랑스 단어 'interne'을 차용했다고 한다. 다시 말해서 원래 인턴십이란 예비 전문의들이 꿈을 이루기 위해 병원 안에 스스로 '갇혀' 1, 2년을 보내는 상태를 지칭하는 단어였다. 이후 2차 세계대전 종전까지 근 1세기에 가까운 세월 동안 인턴이나 인턴십은 의료 분야에서만 사용되는 전문 용어였다.[4]

1904년, 의료 부문에 대대적인 개혁 바람이 부는 와중에서 미국의학협회는 그때까지의 의료 관행상의 모순점들을 혁신하고 보편적 기준을 마련하기 위한 전담 기구로서 의료개혁위원회를 설립했다. 1년 뒤, 위원회의 해석에 따라 인턴십은 4년제 의과대학 과정을 마친 의사 지망생들이 병원을 비롯한 의료기관에서 거주하는 기간 및 수련 과정을 지칭하게 되었다. 다시 10년이 흐른 뒤, 미국의학협회는 인턴십을 전문의가 되기 위한 필수 과정으로 규정하고 그에 따른 제반 규범을 마련했다. 스티븐스는 이렇게 적고 있다. "의과대학이 인턴십을 관리 감독한다는 취지의 조치였지만 현실적으로는 병원이 그 역할을 담당하고 있었다." 어쨌든 그 조치로 인턴십은 공식화되었고 자연히 인턴의 숫자는 급속히 증가했다. 1914년 관계기관의 조사에 따르자면 의과대학 졸업생의 75~80퍼센트가 인턴십 과정을 밟은 것으로 드러난다. 1932년도에는 그 비율이 95퍼센트에 육박하게 된다.

하지만 당시 인턴십 관리 체계에는 모순점이 많았다. 젊은 의대 졸업생들의 노동력을 싼값에 착취한다는 비난을 받으면서(지금도 그렇지만) 의과대학들과 돈독한 유대를 맺고 있던 병원들은 인턴십에 관한 한 비리와 편견의 온상이었다고 해도 과언이 아니다. 특히 소수 인종 같은 주류 사회 외곽의 젊은이들에게는 인턴십을 개방하지 않을 정도로 폐쇄적이었다. 그러다보니 인맥을 통해 인턴십을 확보하는 비리까지 횡행하게 되었다. 국제적으로 명성을 떨치고 있는 마요 클리닉Mayo Clinic의 설립자 중 한 사람인 윌리엄 마요William Mayo는 당시 인턴들의 문제점을 다음과 같이 지적했다. "요즘 외과 인턴들은 앵무새 같다. '알겠습니다, 선생님'을 반복하며 병원 내에서 이미 자리를 굳힌 선배들에게 아첨하느라 하루를 다 보낸다." 마요는 인맥 중심으로 운영되는 인턴십의 폐단을 척결하기 위해 예비 전문의들의 인턴십 기한을 3년으로 연장하는 조치를 취했다. 존스홉킨스 의과대학이 1880년대부터 독일식 '조교'제를 본떠 인턴 과정을 이수한 수련의들을 대상으로 '레지던트' 제도를 시행한 것도 같은 맥락이었다. 1930년대에 들어서면서 '레지던트' 제도가 의료계 전반에 뿌리내리게 되자 '인턴십'은 의과대학을 졸업한 뒤 의료 실무의 기초를 익히는 1년 과정을 가리키는 의미로 국한되었다.

오늘날, 미국에는 약 20만 명의 수련의가 있다. 그들 가운데 1년차 예비 의료인들을 의료 인턴이라고 부른다. 인턴이나 인턴십이라는 단어가 의료계의 범주를 벗어난 것은 이미 오래전의 일이다. 하지만 의료 인턴들과 일반 인턴들 사이에는 엄청난 차이가 있다. 상대적으로 나이나 경력이 많은 의료 인턴들은 급여를 받고 일하며 대부분 전문의가 된다. 게다가 그들은 50년 역사를 자랑하며 미국 전역에 걸쳐 1만 3,000명의 회원을 거느린 '인턴 및 레지던트 위원회'의 보호를 받고 있다. 그 위원회는 또한 막강한 힘을 휘두르는 국제서비스노동조합Service Employees International Union과 돈독한 연계를 맺고 있다. 하지만 의료 인턴들의 노동 현실은 혹독하기로 유명하다. 그들은 업무에 비해 보잘것없는 보수를 받으며 병원의 온갖 궂은일을 도맡아 한다. 규정상 병원에서 기거해야 하기 때문에 일주일 내내 24시간 일한다고 해도 과언이 아니다. 현재 '인턴 및 레지던트 위원회'는 하루 8시간 주 5일 근무제를 정착시키기 위해 치열하게 투쟁하고 있다.

다른 분야에서 의료계의 인턴십에 관심을 갖고 도입을 추진하려 했던 첫 번째 시도는 1920년대로 거슬러 올라간다. 당시 컬럼비아 교육대학 교수였던 게이츠A. I. Gates 박사는 "산학협동의 원활한 흐름"을 강조하고 시민의 의무로서 "사회적 인턴십"의 정착을 주창하는 연설을 남겼다. 또한 1928년에 어떤 경제 전문지에서는 "의료계의 인턴십에 비견되는 수습 제도"를 회계 부문에 도입할 것을 주장하는 글이 연재되었다. 1937년에 『저널 오브 마케팅』*Journal of Marketing*에는 경영대학원의 내실화와 관련해서 "학생들이 소매점 운영의 기본 전략들을 다양하게 활용할 수 있도록 일종의 인턴십 프로그램을 시행하는 것이 바람직하다"는 취지의 기사가 실렸다. 즉시 실행에 옮겨지지는 않았지만 이런 제안들은 사회에 어느 정도 반향을 일으켰다. 전문화된 연수 제도 및 고등교육의 평준화와 연계되어 "경영의 진보적 합리화"의 하나로 인턴십의 가치가 인정받기 시작한 것이다.[5]

의료계 인턴십을 처음 도입한 분야는 정치계였다. 초창기 정치계의 인턴십은 주 정부나 시 당국 차원에서 운용되었다. 로스앤젤레스, 디트로이트, 뉴욕 등 몇몇 대도시와 캘리포니아 주 정부에서나 운용되던 인턴십 프로그램이 미국 전역으로 확대된 데에는 미국행정연구소National Institute of Public Affairs, NIPA의 역할이 컸다. 그때까지 공공 서비스 향상에만 주력해오던 NIPA가 1935년부터 인턴십을 적극 도입한 것이다. 그해, NIPA 사무총장은 성명을 통해 "새롭고 희망적인 실험"의 시작을 선포하면서 갓 대학을 졸업한 젊은이들 가운데 "엄밀한 심사를 거쳐 선발한" 30명을 대상으로 워싱턴에서 국가 행정 업무에 관한 연수를 실시할 계획을 밝혔다.[6] NIPA가 역사의 무대에서 사라진 뒤에도 인턴십 프로그램은 수십 년간 지속됐다. 1946년 의회조직개편법이 제정되자 국회의원과 의회위원회들은 합법적으로 다수의 보좌역들을 채용할 수 있게 되었다. 그 결과 정치계에서 일하는 인턴의 숫자는 기하급수적으로 증가했다. 미국 행정수도의 엄청난 발전이 곧 인턴십 팽창의 원인인 동시에 결과인 것은 분명한 사실이다.

워싱턴에서 인턴십이 뿌리내리는 동안 갈수록 많은 주 정부와 시 당국이 인턴십을 도입하게 되었다. 그중에는 보수가 지급되는 프로그램도 있었고 불충분하거나 아예 지급되지 않는 경우도 있었다. 예를 들어 캘리포니아 주 정부에서 일하는 100명의 인턴들에게는 정기 급여가 아니라 교통비와 식대를 충당할 만큼의 '용돈'이 지급되었다. 1960년대에는 시대 상황이 자극제가 되어 인턴십을 희망하는 학생들이 기하급수적으로 늘어났다. 미국경험교육협회NSEE의 회장을 역임한 유진 앨퍼트Eugene Alpert의 회고에 따르자면 "교육기관들은 앞다퉈가며 더욱 실질적인 커리큘럼을 개발했다. 인턴십에 관심을 갖는 학생들도 갈수록 많아졌다. 하지만 그 상황에서 학생들이 가장 원했던 것은 노동에 대한 보상이었다." 이제 교육, 사회사업, 언론, 사법, 심리학 등 거의 모든 사회 분야로 인턴십이 확산되기 시작했다. 1974년 의회재조직법이 시행되면서 수많은 분과위원회가 탄생하게 되자 워싱턴의 인턴십 수요는 더욱 증가했다. "그 법안의 시행은 접근 방법이 더욱 다양화되었다는 걸 의미합니다. 수많은 비영리 단체들과 로비스트들이 워싱턴 정가로 몰려들었죠." 그런 단체들과 로비스트들에게 보수를 지급할 필요가 없는 젊은 인력들은 너무나도 고마운 존재였다. 워싱턴 특유의 인턴십이 오늘날과 같은 형태를 갖춘 것이 바로 이 시기였다. 정치평론가 조너선 얼터Jonathan Alter는 다음과 같은 글을 남겼다. "1970년대에 나 역시 워싱턴에서 인턴생활을 했다. 그 시절에는 워싱턴이나 다른 대도시에서 인턴 생활을 하지 않으면 오히려 이상한 일이었다."

1980년대를 거쳐 1990년대에 들어서자 인턴십은 모든 분야와 직종에서 뿌리내리게 되었다. 그전까지 유행했던 연수 프로그램은 대부분 절기별 인턴십 프로그램으로 대치되었다. 물론 대부분이 의료계와 공공 부문의 인턴십에서 파생된 프로그램이었다. 그 가운데 독특한 매력과 장점으로 현재의 인턴십 포화 현상에 기여한 몇 가지 유형을 살펴보자.

우선 패션 잡지 부문의 인턴십이다. 특히 당시 업계의 선두를 달리던 『마드모아젤』*Mademoiselle*의 '객원 편집자' 제도는 여대생들에게 선망의 대상이었다. 보수는 고작 150달러에 불과했지만 뉴욕의 고급 바와 식당을 드나들면서 패션계를 비롯한 각계의 저명인사들과 어울릴 수 있는 특전이 있었기 때문이다. 시인 실비아 플라스Sylvia Plath도 역대 20명의 '마드모아젤 객원 편집자' 가운데 한 사람이었다. 플라스의 전기 집필에 참여했던 작가 가운데 한 사람은 "그러한 특전은 결국 판매 부수와 광고 수주를 늘리려는 마케팅 전략의 하나였다"고 술회했다.

특기할 만한 또 다른 프로그램은 1967년 노스웨스턴 뮤추얼 생명보험Northwestern Mutual Life Insurance이 도입한 인턴십이다. 패션 잡지의 경우처럼 화려하지는 않았지만 인턴들에게 '자격증을 지닌 재정 전문가'들과 마찬가지로 보험 판매 중개료를 지급했기에 대학생들 사이에서 큰 호응을 불러일으켰고, 덕분에 오늘날 연간 2,500명 규모의 대형 인턴십 프로그램으로 성장했다. 1979년, 사회학 전공의 대학생들을 대상으로 한 전국 규모의 설문 조사에서 응답자의 절반 이상이 인턴십 프로그램을 긍정적으로 생각하는 것으로 드러났다. 당시 그들이 생각하는 이상적인 인턴십은 "도시 계획 부서와 같은 곳에서 충분한 보수를 받으며 실질적인 사회 경험을 접하는 것"이었다. 현재 젊은이들에게 가장 인기가 높은 금융 재정 분야의 인턴십이 도입된 것은 1990년 무렵이었다. 2000년도 당시 경영대학원의 92퍼센트가 인턴십 프로그램을 운용하고 있었으며, 인턴으로 일하는 학생들의 비율이 50%가 넘는 곳도 전체의 3분의 1에 달했다.

특히 1990년대와 2000년대에 출범한 기업들이나 석박사 이상의 학위 프로그램들은 대부분 인턴십을 의무 조항으로 규정하고 있다.

일례로 2001년도 스포츠경영학 석박사 과정의 전형 요강을 보자면 대학원의 76퍼센트가 1회 이상의 인턴십 과정 수료를 필수 요건으로 요구하고 있다. 한편 실리콘 밸리에서는 특유의 괄목할 발전상에 걸맞게 인턴십도 급속도로 진화해오고 있다. 가장 최근에는 '트윈턴' Twintern이라고 불리는 인턴까지 등장했다. 이름에서 충분히 짐작할 수 있듯이 그들은 트위터를 통해 기업을 홍보하는 역할을 맡은 인턴들이다. 피자헛도 트윈턴 프로그램을 운영하고 있다. "나는 1990년대 말에 인턴십이 팽창하는 현상을 직접 목격했습니다." 룬드스틴은 말한다. 그녀는 닷컴 기업들의 경제 거품이 부풀어 오르던 시기에 처음으로 인턴제를 도입한 책임자였다. 21세기에 들어서면서 갈수록 더 많은 기업과 조직이 인턴십 프로그램들을 도입하였고 그 프로그램들은 급속히 뿌리를 내렸다. 2006년도에야 비로소 인턴십 제도를 운용하기 시작한 소매 프랜차이즈 타깃Target의 경우, 현재 인턴십 규모는 연간 1,000명을 넘어서고 있다.

## 청년의 피로 연명하는 새로운 자본주의의 탄생

세상의 모든 변화가 그렇듯 인턴십 포화 현상 역시 홀로 발생한 것이 아니다. 입법 관계자들과 교육 당국자들, 그리고 학부모들과 학생들을 포함한 이해관계자들의 변화가 현재의 인턴십 포화 현상을 야기한 것이다. 하지만 이 현상에 결정적 기여를 한 산업 현장에서의 두 가지 커다란 요인을 간과해서는 안 된다.

첫 번째 요인은 20세기 말 탈산업화 시대에 들어서면서 나타나기 시작한, 인적 관계를 중요시하는 새로운 개념의 자본주의이다. 덕분에 1970년대 이후, 우후죽순으로 생겨난 '가변적 노동력' 수급 체계 가운데 오로지 인턴십만이 살아남아 현재까지 지속적으로 발전해오고 있다. '가변적 노동력'contingent labor은 "대개 특정한 공간과 시기에 특별한 서비스, 제품, 혹은 기술에 대한 조직의 수요가 증가함에 따라 필요하게 된 노동력을 얻기 위해 조건적, 한시적으로 이루어지는 고용 관계"를 의미하는 용어로 1985년 경제학자 오드리 프리드먼Audrey Freedman이 처음 사용했다. 일용직, 임시직, 계절적 노동직, 비정규직, 비상 대기 노동직, 계약직 등이 모두 이 범주에 해당된다. 앤드루 로스는 가변적 노동력 수급 체계를 "사회보장 혜택, 노동조합 보호, 혹은 노동권 보장 등을 전혀 고려하지 않은 대표적 불평등 고용 계약"이라고 비난하고 있다.[7] 2005년도 노동통계국의 조사 자료에 따르자면 '가변적 노동 인구'는 미국 전체 노동 인구의 4퍼센트로서 약 570만 명에 달한다. 25세 미만의 '가변적 노동자'의 숫자는 같은 연령대의 '지속적 노동자'의 두 배에 이르고 있으며 그들 대부분이 안정적인 일자리를 원하고 있는 것으로 드러났다. 시간제 노동 인구와 가변적 노동 상태에 있는 자영업자들을 합치면 숫자는 엄청나게 늘어난다. 그 계산대로 하자면 미국 전체 노동 인구의 약 30퍼센트, 즉 4,000만 명의 노동자들이 가변적 노동 인구에 해당한다.

앤드루 로스를 비롯한 많은 학자는 "역사적으로 볼 때 일자리란 결국 가변적일 수밖에 없으며" 20세기 중엽 케인스 시대 유형의 소위 '지속적' 일자리란 사실상 "전형적인 가변적 노동력 수급 형태를 잠시 벗어난" 일탈로서 그 기간도 고작 2, 30년에 불과했을 뿐이라고 설명한다. 하지만 법학자 마크 그룬월드Mark Grunewald가 지적했듯이 "상당 기간 안정을 보장하는 지속적 일자리"가 특히 20세기 중반에 아주 중요한 역할을 했던 것은 분명한 사실이다. 그룬월드는 "근로자의 단체교섭권과 의료보장제도 및 개인연금제를 실현 가능케 한 제도적 근간"으로서 지속적 일자리의 역할을 강조하고 있다. 즉 "재정적으로 위기에 처해 있던 우리 사회의 상대적 약자들에게 지속적 일자리가 지니는 의미는 엄청나다"는 것이다.

많은 학자가 객관적인 기록에 근거해서 주장하고 있는 것처럼 노동력 수급 체계의 가변성 혹은 유연성이 보편화된 현상은 1970년대 노동 계급 내부에서 시작된 '반反노동 운동'에 어느 정도 기인한다. 가변적 노동력 수급 체계를 활성화시킨 또 다른 요인은 경제학자 그레그 캐플런Greg Kaplan이 지적하고 있는 것처럼 "지난 반세기 역사 속에서 노동계의 가장 괄목할 변화라고 할 수 있는 여성 노동 인구의 획기적 증가"이다. 사실 인턴들을 포함한 많은 노동자는 가변적 노동력 수급 체계의 활성화를 바람직한 현상으로 받아들여 왔다. 일단 노동에 얽매인 삶에서 벗어날 수 있는 여유를 제공해주기 때문이다. 원래 청년 노동 시장은 단기적이고 가변적인 계약을 중심으로 형성되는 경향이 있다. 게다가 요즘 젊은이들은 '창업가적인 기질'이 갈수록 농후해지고 있다. 지나 네프Gina Neff는 이 현상을 다음과 같이 설명하고 있다. "오늘날 젊은 세대들은 스스로를 회사에 얽매인 노동자라기보다 '자신이라는 기업의 CEO'로 여기는 경향이 짙다. 바야흐로 대니얼 핑크Daniel Pink가 예견한 '프리 에이전트의 시대'

가 눈앞에 다가온 듯하다."

앤드루 로스는 "그 불확실성에도 불구하고 노동자의 자유를 허용하는 가변적 노동력 수급 체계는 행복한 삶을 원하는 인간의 기본 욕구를 반영한다"고 역설한다. 탄탄한 관리 체계를 지니고 있는 대기업의 생산 현장이나 사무실에서 반反노동 운동이 발생하면 경영진에서는 가변적 노동력 수급 체계를 적극 가동시켜 상황을 타개할 뿐 아니라 인건비 측면에서 오히려 상당한 이익을 거두게 된다. "대기업들이 청부나 하청을 비롯한 다양한 방법으로 가변적 노동력 수급 체계를 최대한 활용하면서 특히 고임금 전문 서비스 기업들의 중간 관리자 이하의 '지속적' 일자리가 '가변적' 노동력에 의해 꾸준히 잠식되고 있다." 미국회계감사원GAO의 보고서에 따르면 노동 시장 전반에 걸쳐 "정규직 업무를 대신하는 가변적 노동력" 비율은 1970년대와 1980년대를 거치면서 14.5퍼센트에서 18퍼센트 이상으로 증가했다. 특히 1970년대 말과 1980년대 초에 증가 추세가 두드러진 것은 1983년의 경기 침체로 인한 기업 경영 전략의 변화 때문이다.

그사이 용역 산업 부문은 1982년의 0.5퍼센트에서 1998년의 2퍼센트로 괄목할 성장세를 기록했다. 아울러 노동 시장에서는 자유계약직의 비중이 높아졌다. 일부 기업은 자유노동 계약의 활성화 분위기를 탈세의 기회로 삼고 있다. 미국 연방 정부에서 최근 실시한 조사 결과에 따르자면 미국의 고용주들이 자유계약직으로 허위 신고한 노동자의 숫자는 무려 340만 명에 달한다. 노동부는 전체 기업의 30퍼센트 정도가 이와 같은 불법 행위를 통해 탈세를 저지르고 있는 것으로 추산한다. 다시 말하자면 직장인 가운데 상당수가 늘 해오던 일을 하고 있을 뿐이지만 고용주의 불법 행위를 통해 자신도 모르는 사이에 노동자로서의 신분을 위협받고 있는 것이다.

현재 인턴 대부분은 회사를 위해 일하면서도 회사 측의 이해타산에 의해 학생이나 연수생 신분으로 분류된 채 노동자의 정당한 권리를 인정받지 못하고 있다. 자유계약직 인사 제도를 통한 탈세가 공공연하게 자행되고 있는 현실을 통해 우리는 가변적 노동력 수급 체계가 활성화되고 있는 원인을 더욱 분명히 파악할 수 있다. 즉 가변적 노동력 수급 체계가 보편화되고 있는 현상의 근본 원인은 경기의 변화라기보다 고용주들의 이익 지향적인 경영 행태이며, 그런 행태를 저지할 만한 법의 제정과 실행이 이루어지지 않는다는 데 있다.

미국회계감사원의 보고서는 가변적 노동력 수급 체계에 관한 노사 양측의 상이한 주장을 담고 있다. 고용주들은 "유동적인 작업량을 달성하고 상근 직원의 결근으로 인한 업무 공백을 메우며, 자기 시간을 갖고자 하는 노동자들의 요구를 충족시키고 임시직 노동자들을 정규직으로 승격시키기 위한 심사 기준을 마련하며 임금과 직원 복지비를 절감하기 위해" 가변적 노동력 수급 체계를 활용한다고 밝혔다. 반면 노동계 측에서는 "가변적 노동력 수급 체계를 통해 고용주들은 직원 복지 및 포상 경비를 대폭 절감하고 노동조합의 단결력을 약화시키며 해고 절차를 훨씬 간소화할 수 있다"고 반박한다. 한 가지 흥미로운 것은 양측의 주장 모두가 현재의 인턴십 포화 현상에 상당한 기여를 하고 있다는 사실이다. 어떤 각도에서 접근하던 인턴들은 가변적 노동 인력의 한 유형이기 때문이다.

"노동 운동의 주체 세력에 있어서 가변적 노동 인력은 한마디로 뜨거운 감자다." 가변적 청년 노동 계층과 조직화된 노동 운동 사이의 괴리에 관해 오랫동안 연구해온 짐 그로스펠드Jim Grossfeld는 이렇게 단언한다. 그는 노동조합들이 가변적 노동력 수급 체계의 불가피성과 그 인력들을 조직 속에 포용할 필요성을 인정하지 않는다고 주장한다. 그의 주장대로라면 가변적 노동 인력의 범주에 속하는 인턴 역시 노동조합의 입장에서는 탐탁지 않은 집단일 것이다. "노동계 인사들은 인턴십에 관해서는 긁어 부스럼을 만들기보다 관망하는 것이 낫다는 결론을 내린 것 같다." 그의 설명을 쉽게 풀이하자면 노동계는 인턴들이 알아서 갈 길을 가도록 자율권을 주고 있다는 얘기다. 하지만 말이 좋아서 자율이지 냉혹한 노동 시장의 현실 속에 인턴들을 내버리고 있는 것이다. 앤드루 로스의 지적은 시사하는 바가 크다. "자율 혹은 자기 관리에는 많은 시행착오가 따른다. 더구나 체계적인 지원을 받지 못하는 자율은 지속되기 어렵다."

인턴십 붐을 불러일으킨 노동 시장의 또 다른 대대적 변화는 2차 세계대전 이후 '인적자원' 관리 부서의 급부상이었다. 그 부서가 중간 규모 이상의 조직들에서 인턴십 프로그램을 담당하기 때문이다. 대부분의 인적자원 관리 부서들은 인턴십 프로그램의 개발과 활성화를 위해 많은 노력을 한다. "그렇게 하지 않으면 큰 피해를 입게 될 수도 있기 때문입니다." 인사관리 책임을 맡고 있는 어느 대기업 중역은 이렇게 말했다. 인턴십 프로그램을 도입한 주체는 조직의 경영진들이거나 다른 직원들일 수 있지만, 결국 그 프로그램의 효율적 운영이나 그로 인해 종종 파생되는 법적인 문제점들을 해결하는 것은 인사관리 담당자들의 책임이라는 설명이다.

대부분의 조직들은 인턴십 프로그램을 통해 즉각적인 수익을 기대한다. 하지만 그들은 종종 비교적 사소한 동기로 인턴십을 도입하기도 한다. 단순히 밀린 업무를 해소하기 위해서거나 교육기관을 비롯한 주변 조직과의 유대를 강화하기 위해 인턴십을 도입하는 경우도 있다. 그럴 경우 체계적인 인턴십 프로그램을 기대하기는 당연히 어렵다. 사회학자 마크 그래노베터는 다음과 같이 설명한다. "그런 조직들은 일단 인턴십 프로그램을 도입한 뒤 손익분기점까지만 투자하고 나면 그만이라고 생각하는 경향이 있다. 하지만 인턴십 프로그램의 손익 계산이란 말처럼 쉬운 일이 아니다. 연수 프로그램의 실질적 가치라든지 인턴들이 정규직이 될 가능성 등을 두루 계산해야 하지만 현재 그런 사안들을 정밀하게 분석할 수 있는 전문가는 전무한 상태이다." 또한 그래노베터는 부화뇌동식 인턴십 도입 실태를 지적한다. "우리 사회학자들이 면밀히 관찰한 바에 따르자면 많은 조직의 인사관리부들이 소위 '따라하기' 관행에 젖어 있는 것으로 드러났다. 다시 말해서 남이 하니까 나도 해야 한다는 모방 원칙 때문에 도입된 인턴십 프로그램이 적지 않다는 것이다. 그들이 인턴십 프로그램을 도입하는 가장 큰 이유는 시대에 뒤떨어진 조직에 대한 세간의 비판을 의식하기 때문이다."

사실상 인사관리부의 유래 역시 '따라하기' 조직 문화 때문이라고 볼 수도 있다. 1920년대에 처음으로 등장한 인사 담당 부서가 급속도로 성장세를 보인 것은 2차 세계대전 종전 후 몇 년 동안이었다. 1946년 당시 인사 관련 부서에 근무하던 직장인들의 숫자는 미국 전역을 통틀어 3만 명 미만이었다. 그 숫자는 1950년에는 5만 3,000

명으로, 그리고 1960년에는 9만 3,000명으로 증가한다. 다른 부서 직원들의 증가율과 비교할 때 대폭적인 증가라고 할 수 있는 수치이다. 인사관리부를 마련하고 있는 기업의 비율이 1946년 63퍼센트에서 1953년 79퍼센트로 증가했다는 통계 수치가 대변하듯 2차 세계대전 이후 갑자기 보편화된 것이다. 원래 기업들이 인사 담당 부서를 도입하게 된 가장 큰 이유는 노동조합과의 '전쟁' 때문이었다. 노동조합의 위세를 꺾거나 아니면 그들과의 교섭을 유리하게 이끌 수 있는 전담 부서가 필요했던 것이다. 하지만 시간이 흐르면서 인사관리부는 원래 목적을 훌쩍 넘어서는 더 중요하고 다양한 기능을 담당하게 되었다. 비용을 비롯한 여러 면에서 가장 효율적인 신입사원 채용 통로를 개발하고 퇴사한 직원들의 공백을 생산적으로 메울 수 있는 방법을 모색하는 업무가 노동조합을 상대하는 것보다 훨씬 큰 비중을 차지하게 된 것이다.

기업의 목적이나 특징과 조화를 이루는 인턴십 프로그램을 개발하고 운영하는 것 역시 인사관리부의 중요한 역할 가운데 하나가 되었다. 오늘날 어느 정도 규모가 있는 미국의 기업들은 대부분 인턴십 프로그램을 운영하고 있다. 인턴십 프로그램의 성패는 회사 수익은 물론 이미지와도 직결된다. 따라서 인턴십 프로그램을 운영하는 인적자원 관리 부서의 역할이 부각될 수밖에 없다. 관련 학계의 많은 학자 역시 이 부분에 주목하고 있다. 패멀러 톨버트Pamela Tolbert와 린 주커Lynne Zucker는 인적자원 관리 부서들이 인턴십 프로그램에 쏟는 노력과 열정이 더욱 널리 확산되기를 바라며 입을 모아 단언한다. "갈수록 많은 조직이 인턴십 프로그램을 도입하고 있는 현 추세로 미루어볼 때 가까운 미래에 인턴십은 합리적인 조직 구조의 시금석이 될 것이다."[8]

"당시에는 인사관리부의 역할이 그다지 크지 않았다. 직원 채용 및 해고, 그리고 파업을 비롯한 노동쟁의를 비용 면에서 최대한 효율적으로 해결하는 것이 인사관리부의 주요 역할이었다." 인사관리 전문가 하워드 커티스Howard Curtis는 인적자원 관리 부서의 초창기를 이렇게 회고한다. 20세기 후반에 인사관리 업무 담당자들은 대부분 심리학이나 컨설팅, 혹은 노동 관련 학과 출신들이었다. 당시 인사관리부의 범위와 한계를 보여주는 간접적인 증거이다. 그러나 최근 들어 어떤 조직에서든 중요한 회의석상에는 인사관리 담당자의 좌석이 마련될 만큼 인적자원 관리 부서의 역할과 기능은 갈수록 커지고 있다. 앞에서도 언급했듯이 인턴십 프로그램의 성패는 곧 인사부 역량의 시금석이다. 따라서 인사부의 중요성이 갈수록 높아지는 지금, 인턴십 프로그램은 조직 운영의 필수적인 부분으로 자리 잡아가고 있는 것이다.

# 03
## 수습 제도 vs 인턴십

지식에 투자하는 것이
최고의 이자를 낳는다.

**벤저민 프랭클린**

멜러니 존슨Melanie Johnson은 직업을 바꾸려는 중이다. 네 아이의 엄마로 텍사스 중부에 살고 있는 30대 중반의 그녀는 최근 그동안 일해왔던 의료 실습용 마네킹 제조 공장에 사표를 냈다. 전문기술직으로 진로를 바꿔 안정적인 삶을 살고 싶었기 때문이다. 현재 그녀의 목표는 실험용 동물관리사이다. 그 목표를 이루기 위해 실험실에서 유급 수습사원으로 일하며 학원 수업을 병행하고 있다.

마이클 볼드윈Michael Baldwin은 워싱턴 중심지에서 일하고 있는 24세의 신참 전기기술자이다. 그는 전기 분야의 기본 기술들을 섭렵하기 위해 여러 군데 직장을 옮겨 다니고 있다. 최근 그는 화재경보기 교체 기술을 배우고 있는 중이다. 화재경보기 회사 직원들은 그가 이전에 함께 일했던 건설 현장 팀에 비해 "샌님들"이라며 마이클은 다음과 같이 말했다. "넥타이들 말고 현장을 아는 진짜 일꾼들하고 콘크리트에 둘러싸여 지내던 시절이 그립습니다."

"생계유지가 불가능한 정도의 임금"을 받아가며 어떤 은행에서 허드렛일을 도맡아하던 베스 실라지Beth Szillagi는 구인광고란에서 눈에 띈 판금 수습직에 무작정 지원했다. 200명이 넘는 남자 직원들이 득실거리는 공장에서 단 세 명뿐인 여성 노동자들 가운데 한 명이 된 베스는 남성 위주의 거친 회사 분위기를 견뎌내며 열심히 일을 배우고 있다. "자칫하면 바람 때문에 나가떨어질 위험이 있는 에어컨에서부터 작은 화장실 환풍기까지 모두 다뤄보고 있어요."

멜러니, 마이클, 베스, 이 세 사람은 각각 현대적 수습 제도의 몇 가지 단면을 적절히 대변하고 있다.[1] 인턴들과는 달리 수습사원들은 의료보험과 퇴직연금, 그리고 산재보상을 보장받는다. 그들이 받는 임금도 금융이나 엔지니어링 계열 이외의 부문에서 일하는 인턴 급여 수준을 훨씬 능가해서 가족을 부양하기에도 충분하다. 또한 그들은 강의실과 현장에서 장시간의 체계적인 교육을 받는다. 그들은 선배들을 모방하면서 일을 배우고 꾸준한 실습을 통해 원숙해진다. 대학 졸업자이건 수감 중인 죄수이건 싱글맘이건 건설 현장 노동자이건 누구나 수습사원이 될 수 있다.

"당신이 원자력 발전소 건설 현장의 책임자라면 당연히 숙련된 기술 인력들을 필요로 하지 않겠습니까?" 노동부 수습제도사무국 국장 존 래드John Ladd의 말이다. 그에 따르자면 수습 제도는 "필수적인 지식 전파 과정이며" 전통적으로 "현장에서 육체노동을 통해서만 일을 배울 수 있는" 직종에서 운용해오고 있기는 하지만, 수습 제도의 활용에 관해서는 현실적으로든 이론적으로든 어떤 제한도 없다고 한다. 또한 그는 인턴십은 "수습 제도의 아류"이긴 하지만 일관성이나 기준이 없고 단기적이며 체계적인 교육이나 관리 감독이 병행되지 않는 경우가 많다고 지적한다. 래드는 수습 제도를 "최고의 실무 연수 코스"이며 "4년제 대학 졸업증"과 같은 비중을 가진다고 자부하며 이렇게 주장한다. "숙련된 인력을 채용하고 또한 이를 유지하고 싶다면 반드시 체계적인 연수 프로그램을 마련해야 합니다."

수습사원과 인턴은 마치 서로 다른 세계 속에서 살아가고 있는 것처럼 모든 조건에서 극단적인 차이를 보이고 있다. 현재 미국의 수습사원은 거의 50만 명에 이른다. 그리고 매년 약 20만 명이 당국에 등록된 2만 8,000개의 수습 프로그램에 지원해서 1,000가지가 넘는 직종의 숙련공이 되기 위한 첫발을 내딛는다. 하지만 사무직 우대 풍조에 젖어 있는 미국 사회는 수습 제도를 중세나 빅토리아 시대의 유물 정도로 여기고 있다. 대장장이나 목수를 돕는 꾀죄죄한 소년들의 모습을 연상하는 것이다. 자연히 현대적 의미의 수습 제도에 대해서는 관심도 없고 지식도 없다. 그렇다면 인턴십은 사무직 수습 제도인가? 그럴 수도 있고 그렇지 않을 수도 있다. 젊은이들에게 사회에 첫발을 내딛는 교두보를 마련해준다는 의미에서 볼 때 인턴십은 수습 제도와 맥락을 같이한다. 하지만 현대의 수습 제도와 비교할 때 인턴십은 보완해야 할 부분이 너무나 많다. 수습 제도를 전문적으로 연구해온 역사학자 댄 자코비Dan Jacoby는 인턴십을 "업무에 관해서 배울 수 있는 기회라기보다 업무 환경을 둘러보는 기회"라고 단정 짓는다.

현대의 수습제 프로그램은 대개 다음과 같은 과정을 거쳐 탄생한다. 고용주가 수습사원을 채용할 것을 결정하고 연수 프로그램을 마련한 뒤 연방이나 주 당국의 수습제도사무국에 등록하면 사무국 직원들이 그 프로그램의 원활한 운용을 돕는다. 수습사원들은 주로 전문대학이나 직업학교의 야간 강좌를 통해 연간 144시간의 강의실 수업을 이수해야 하는 것이 원칙이다. 고용주와 수습사원은 각자의 의무와 권리를 명기한 계약을 체결한다. 대부분의 수습제 프로그램들은 소규모로 운용되고 지극히 개인적이며 개중에는 수십 년간 지속되어온 것들도 있다. 건설 부문의 수습제 프로그램이 전체의 절반을 넘어서고 있기는 하지만 항공우주 산업, 해양 산업, 미용 산업 등도 작지 않은 비중을 지닌다. 최근에는 그린 에너지 부문과 공공 서비스 부문에서도 수습제 프로그램의 수요가 급격히 증가하고 있다.

고용주들이 수습제 프로그램을 도입하고 운용하는 동기는 매우 다양하다. 도시연구소에서 실시한 조사 결과에 따르면 "젊은 노동자들에게 멘토링을 제공"하고 "소수 인종의 취업 기회를 확대"하며 "체계적이고 조화로운 노동 현장 문화를 창조"하는 것이 가장 큰 동기였다. "인간답게 생활할 수 있는 급여를 제공하고 꿈을 향해 나아갈 기회를 마련해주기 위해서"라는 응답도 있었다. 물론 수습 제도 예찬론자인 존 래드도 인정하다시피 수습사원들에게 지불하는 임금이 정규직 직원들의 급여보다 적다는 현실적인 이유도 간과할 수는 없다. 그렇다고 해도 모든 수습제 프로그램들의 초임은 시간당 13달러에 육박하며 이후 기술 숙련 정도에 따라 급속히 상승한다.

인턴십의 경우와 달리 노동조합에서는 수습제 프로그램에 상당히 호의적이다. 열심히 투쟁한 결과로 얻어진 사원 복지와 인간적 근로 조건을 다음 세대의 노동자들에게 물려주는 선순환의 일종으로 간주하기 때문이다. 하지만 거기에는 또 한 가지 현실적인 이유가 있다. 수습 제도를 통해 지역 인력을 모집하고 관리하는 노조의 역할을 강화할 수 있기 때문이다. 판금이나 철공 부문에서 무보수 인턴십 제도를 찾아보기 힘든 까닭이 바로 거기에 있다.

수습제 프로그램은 수습사원들에게 "배우면서 돈도 벌 수" 있으며 열심히 노력해서 숙련된 기술을 익히고 나면 중산층 수준의 안정적인 삶을 보장받을 수 있다는 희망을 심어준다. 수습 과정을 이수한 노동자는 평균 연봉 4만 5,000달러를 받으며, 또한 일반 사무직들에게는 동화 속 이야기가 되어버린 다양한 직원 복지를 누린다. 워싱턴 주 정부가 수천 명의 노동자들을 대상으로 실시한 연구 조사에 따르면, 65세 정년에 이르기까지 수습직 출신 노동자들과 일반 노동자들의 총 순수입과 직원 복지는 각각 22만 9,800달러와 4만 1,200달러의 차이를 보이고 있다.[2]

## 수습 제도의 간략한 역사

수습 제도를 연구하는 학자들은 최소한 역사적 측면에서는 자신들이 하는 일을 자랑스러워할 만하다. 수습 제도는 함무라비 법전에도 명기되어 있으며, 바빌로니아 시대에는 장인들이 도제 제도를 통해 그들의 기술을 후대에 전하도록 성문화하고 있을 만큼 유구한 역사를 갖고 있기 때문이다. 한편 수습 제도의 역사적 보편성을 주장하는 학자들도 있지만, 기술의 전수 경로는 문화권이나 시대에 따라 가변적이기 때문에 그 주장을 받아들이기는 어렵다. 대부분의 현대인들에게 수습 제도의 이미지는 중세 혹은 식민지 시대의 미국이나 빅토리아 시대의 영국과 직결된다. 역사적으로 볼 때 현대적 의미의 수습 제도는 유럽 중세 시대의 길드에서 파생된 것이다. 이후 사회경제적 환경의 급격한 변천과 그 본질의 변화에도 불구하고 수습 제도는 19세기에 이르기까지 기술 전수의 대표적 경로로서의 지위를 잃지 않았고 지금까지 그 명맥을 유지해오고 있다.

유럽 대륙에서 수입된 중세 영국의 수습 제도는 13~14세기의 기록들을 통해 어느 정도 실체를 확인할 수 있다. 놀라운 점은 시대를 막론하고 수습 제도에 관한 자료들이 거의 모두 공식 기록이라는 사실이다. 고작 반세기의 짧은 역사를 지녔을 뿐인데도 공식 기록은커녕 변변한 통계 자료 하나 찾아보기 힘든 인턴십의 현실과 비교할 때 수습 제도의 유구한 존재감을 느끼게 만드는 대목이다. 물론 그 기록들이 공식화된 데에는 분명한 이유가 있다. 수습 제도의 탄생과 성장 배경이 계약 위주의 상업 사회였고 길드 제도의 특성상 수습 제도 역시 상당히 보수적이었기 때문이다. 사실 초창기 수습 제도에 가해진 여러 제약은 수습공의 수를 엄격히 제한하기 위한 것이었다. 다시 말해 양보다 질을 우선하기 위한 조치였다. 수습 과정 중에 도주하는 수습공에 대한 엄중한 법적 조치 역시 같은 맥락이다. 초창기에는 긴 기간과 여러 규제 때문에 수습 과정을 성공적으로 끝마치는 비율이 절반에 불과했다. 하지만 인내에 대한 보상은 달콤했다. 거의 자동적으로 길드의 회원이 되어 상점을 차리거나 상거래를 할 수 있는 특권을 누릴 수 있었으며, 수습생을 모집해서 사업을 키워나갈 수 있게 되는 동시에 지역 정치에 참여할 수 있는 자유와 권리가 주어졌기 때문이다.

당시 장인과 수습공의 관계는 현재로서는 그 유례를 찾기 어려울 만큼 독특했다. 아버지와 아들이 도제 관계를 이루는 경우도 드물지 않았다. 17세기 초엽, 영국 브리스틀의 수습 제도에 관한 기록에 따르자면 당시 등장하기 시작한 중산 계층의 자녀들은 특히 수습 기간에 집안의 도움을 받는 경우가 많았다고 한다. 그들은 자신들이 섬기는 장인들과 같은 수준, 혹은 그 이상의 풍요로운 삶을 살기를 원했다. 근대 초기의 영국에서는 장인이 수습공의 건강과 복지에 상당한 신경을 써야 했다. 만일 문제가 생기면 실정법은 물론 관습법에 따라 책임을 모면할 수가 없었기 때문이다. 하지만 자본주의 시장 원칙이 도입됨으로써 '부모처럼 성실한 보호 관리의 의무'는 서서히 자취를 감추게 되었다. '부모 같은 정신적 배려'보다는 임금을 지불하는 것이 장인들에게 훨씬 편했기 때문이다.[3]

18세기에 이르러 경제 변화의 폭이 더욱 커짐에 따라 수습 제도는 비난의 대상이 되었다. 비판의 선봉장은 애덤 스미스Adam Smith였다. 그는 『국부론』*The Wealth of Nations*에서 영국식 수습 제도에 맹렬한 비난을 가했다. "의지에 반해 수습공을 거느려야 하는 것은 장인의 자유에 대한 명백한 침해"라는 주장이었다. 그는 또한 노동에 대한 대가가 숙식과 의복 정도에 그치고 있는 현실이 수습공의 생산성을 저하시킨다고 지적했다. 여기서 애덤 스미스의 명언 가운데 하나가 탄생하게 된다. "노동으로 흘린 땀이 달콤한 이유는 온전히 그에 따른 금전적 대가 때문이다." 장인이 고용할 수 있는 수습공의 숫자를 제약하는 것은 경쟁적이고 건전한 노동 시장을 침체시켜 결국 경제 전반에 악영향을 끼친다는 것도 그의 지적이다. 스코틀랜드의 3년, 프랑스의 5년과 비교할 때 영국의 '7년 이상'인 수습 과정도 스미스의 비판 대상이었다. 하지만 여기서 스미스는 계약 기간이 길수록 장인이 손익분기점을 넘어 더 큰 이윤을 남길 수 있다는 사실을 간과한 것 같다.

수습공들이 그들 나름의 '저질 문화'를 형성한다는 것도 비난의 원인 가운데 하나였다. 실제로 수습공들은 상당한 사회적 불안 요소였다. 열악한 환경과 혹독한 수습공 생활은 종종 그들을 깡패 무리로 전락시켰고, 그로 인해 심각한 폭력 사태가 빈발하게 되었다. 로버트 단턴Robert Darnton은 18세기 파리의 인쇄 골목에서 수습공 생활을 했던 니콜라 콩타Nicolas Contat의 기록을 토대로 저술한 『고양이 대학살』*The Great Cat Massacre*을 통해 이 부분을 집중 조명하고 있다.[4] "수습공의 삶은 고난의 연속이었다. 더러운 합숙소에서 새우잠을 자야 했고 동트기 전에 일어나 하루 종일 온갖 허드렛일을 도맡아야 했다. 숙련공들의 욕지거리와 주인의 학대를 견뎌내는 대가는 가축들에게나 먹일 잔반이었다. 언제나 부엌 한쪽에 서서 먹어야 했던 한 접시의 음식은 쓰레기나 마찬가지였고 그나마 양마저 턱없이 부족했다. 주방장이 음식을 빼돌려 팔아먹고 있었기 때문에 수습공들에게 돌아온 건 고양이 먹이였다. 아니, 소년들이 눈물과 함께 간신히 넘겼던 그 썩은 음식들은 뒷골목의 고양이조차 거들떠보지 않았다." 상대적으로 부를 누리고 있었고 그에 따라 알량한 자존심을 키워나가던 장인들은 수습공들과는 나란히 일하는 법도 없었고 함께 식사하는 일은 더욱 없었다. 하지만 수습공들이 가장 힘들어했던 건 암울한 미래였다. 장인이 될 기회가 거의 주어지지 않았던 것이 가장 큰 문제였다. 당시 파리의 인쇄 장인은 법으로 그 숫자가 정해져 있었다. 그러다보니 장인의 지위는 특권이 되었고 그 특권은 집안 대대로 전해지는 것이 일반적인 현상이었다.

그런 상황 속에서 미래를 포기한 수습공들이 이성을 잃고 끔찍한 일을 저지르는 비극도 종종 일어났다. '고양이 대학살 사건'이 그 대표적 사례이다. 파리의 인쇄 골목에는 길고양이들이 넘쳐났다. 형편없는 몰골에 늘 굶주려 있던 고양이들이 하필이면 그 지역에 모여들게 된 것이 비극의 시작이었다. 수습공들은 그 고양이들을 통해 사회와 고용주에 대한 분풀이를 하기로 마음먹었다. 우선 그들은 며칠 밤 동안 장인의 침실 밖에서 소름끼치는 고양이의 울음소리를 흉내 내어 합창했다. 깜빡 속아 넘어간 장인 부부는 며칠 밤잠을 설친 끝에 화가 난 나머지 수습공들에게 그 지역의 고양이들을 모조리 잡아 없앨 것을 명령했다. 바로 수습공들이 바라던 바였다. 장인의 허락 아래 하루 일을 쉬고 몽둥이를 하나씩 손에 쥔 그들은 신나게 골목을 누볐다. 그날 저녁 인쇄소 앞마당에는 반죽음이 된 고양이들이 언덕을 이루고 있었다. 수습공들은 모의재판을 열어 고양이들의 유죄를 판결하고 그 가엾은 짐승들을 한 마리씩 목매달아 죽였다. 시종일관 낄낄대는 그들의 모습에 장인 부부가 더럭 겁을 집어먹은 것은 당연했다.

"우리는 그런 짓을 저지르지도 못하고 그런 광경을 보면서 웃을 수도 없다. 산업혁명 이전의 유럽 노동자들과 현대의 노동자들 사이의 차이는 그만큼 벌어져 있는 것이다." 단턴은 자신의 감회를 이렇게 서술하고 있다. 이렇듯 '고양이 대학살'이라는 비극적 사건은 미래가 없는 수습 제도의 희생자들이 빚어낸 단말마적인 몸부림이었다. 어쩌면 미래의 역사학자들도 우리 시대 인턴들의 몸부림을 보며 혀를 차게 될지도 모른다. 최근 『가디언』*Guardian*에 실린 어떤 인턴에 관한 기사는 시사하는 바가 크다. 패션 잡지 『그라지아』*Grazia*에서 인턴으로 근무하는 동안 정규직 직원들이 그녀에게 시켰던 "가장 중요한 업무"는 무지방 커피를 사서 나르는 일이었다. 마지막 날, 그녀는 사무실 직원들에게 그들이 지금까지 마셨던 건 프림이 잔뜩 들어간 커피였다고 밝혔다. 그녀의 앙갚음 속에서 수백 년 전 파리 수습공들의 절규가 들리는 건 나만의 환청인가?[5]

'인쇄업자의 악마들'이라고 불리던 인쇄 수습공들이 특히 골칫거리로 여겨졌던 까닭은 그들이 읽고 쓸 줄 알았기 때문이다. "사실 내가 인쇄 수습공이 된 것은 글을 좋아하는 아버지 때문이었다." 벤저민 프랭클린은 자서전에서 이렇게 밝히고 있다. "한동안 싫다고 버텼지만 결국 아버지한테 설득당해서 계약서에 사인하게 되었다. 열두 살 때의 일이다. 계약서에 따르자면 스물한 살 때까지 수습공으로 일해야 했고 마지막 1년 동안만 기능공의 임금을 받게 되어 있었다."[6] 계약의 상대방, 즉 프랭클린의 고용주인 인쇄업자는 다름 아닌 친형 제임스였다. 그런데도 제임스는 어린 동생을 다그치면서 매질까지 서슴지 않았다. 그런 시련 속에서도 벤저민은 인쇄 일을 착실히 배워나갔고, 결국 그때의 경험을 토대로 필라델피아에 인쇄소를 차리고 수습생들까지 거느리게 되었다. 하지만 중간에 도저히 견딜 수 없었던 그는 보스턴 항구에 정박해 있던 배에 숨어 타고 끔찍했던 수습공 생활에서 탈출하게 된다. "사흘 뒤, 뉴욕에 도착했다. 집에서 거의 500킬로미터 떨어진 그곳에서 아는 사람 하나 없고 돈 한 푼 없이 서 있던 열일곱 살짜리 소년의 모습이 아직도 눈앞에 선하다." 그러나 그에게는 그래도 인쇄 기술이 있었다.

프랭클린의 도주극은 신세계의 수습 과정 또한 고난의 여정이었다는 사실을 입증해준다. 관리 감독을 맡아줄 길드가 없었기에 신대륙의 수습 제도는 해소될 수 없는 갈등을 빚어내는 경우가 많았고 그 갈등은 대부분 수습공의 도주로 이어졌다. 유럽에서와 달리 신대륙에서는 수습 제도가 탄탄히 뿌리내리지 못했다. 하지만 질리언 해밀턴Gillian Hamilton에 따르면 신대륙의 수습 제도는 "그럼에도 식민지 시대에 기술을 배울 수 있는 가장 대표적인 통로"였다. 미국에서 수습 제도가 가장 번창했던 시기는 18세기 중반부터 후반까지였다. 오늘날까지도 수습제도사무국에서는 미국 건국의 아버지들이 거의 모두 수습공 출신이었다는 사실을 자랑스럽게 홍보하고 있다.

하지만 역사의 아이러니라고 할까? 그 수습공 출신들이 일으킨 독립전쟁 때문에 수습 제도는 쇠퇴일로를 내닫게 되었다. 원래 전쟁 통에는 수습 제도가 유지되기 어렵다. 수습공들이 하루아침에 전장으로 떠나버리곤 하기 때문이다. 특히 미국 독립전쟁은 자유의 쟁취가 근본 취지였기에 불평등의 소지가 다분한 수습제 계약은 매서운 심판대 위에 놓이게 되었다. 1783년부터 1799년에 이르는 동안 12개 주가 계약 만기 이전에 도주한 수습공 문제의 해결을 중심으로 수습 제도에 관한 법령을 제정했다. 하지만 사실 그럴 필요도 없었다. 프랭클린만이 아니라 당시의 내로라하는 세력가들이 모두 도망친 수습공 출신이었으니 말이다. 미국에서도 산업혁명이 시작되고 서부로의 팽창이 활기를 띠게 되자 수습 제도는 더욱 급속히 쇠퇴해갔다. 해밀턴에 따르면 "지역 경제를 활성화하는 대신 가족적 분위기를 와해시킨" 인구의 급격한 증가가 결정적인 원인이었다.

세기가 바뀌고도 미국의 수습 제도는 되살아날 기미를 보이지 않았다. 근대화에 적응하지 못한 것도 부분적인 이유였지만 더욱 큰 이유는 의무교육 제도의 본격적인 시행이었다. 하지만 유럽과 영연방 지역에서는 여전히 수습 제도가 명맥을 유지하고 있었다. 특히 영국에서는 현재까지도 수습 제도가 "길드에서 유래한 관습으로서 숙련된 기술이 필요한 일자리를 얻을 때 도움이 되는 연수 증명"으로 인식되고 있다. 1990년대 미국의 전체 노동자 대비 수습사원 비율이 0.3퍼센트에 불과했던 반면, 영연방에서는 2~3퍼센트, 독일, 오스트리아, 스위스에서는 5~6퍼센트에 달하고 있었다. 독일, 오스트리아, 스위스 3개국에서는 현재까지도 수습 제도가 "숙련된 기능공을 양성하기 위한 가장 효과적인 연수 프로그램"으로서 대학 과정에 비견되는 비중을 지니고 있다. 2009년 독일에서 실시한 연구 조사의 결과에 따르면 전액 장학금을 받고 대학에 진학할 수 있는 젊은이들 가운데 40퍼센트가 대학 대신 수습 제도를 택한 것으로 드러났다.

한편 19세기 말엽의 미국에서는 수습 제도가 실질적인 측면보다 정서적인 측면에서 대중의 관심을 끌고 있었다. 찰스 디킨스Charles Dickens의 소설 『위대한 유산』*Great Expectations*에는 대장장이 수습공 핍Pip이 등장한다. 허레이쇼 앨저Horatio Alger는 뉴욕의 신문팔이와 행상, 그리고 구두닦이 소년들의 인생 역전을 눈물겹게 그려냈다. 앤드루 카네기Andrew Carnegie는 피츠버그의 전보국 사환 경력 덕분에 더 많은 사랑을 받았다. 하지만 이렇듯 일각의 긍정적인 시선에도 불구하고 수습 제도는 여전히 쇠퇴일로를 걷고 있었다. 그나마 명맥을 유지하고 있던 프로그램들마저 전통적인 형태에서 벗어나 시류에 편승하는 것이 대세였다. 즉 수습공들이 출퇴근하며 임금을 받는 근대적 고용 계약의 형식으로 변신을 도모한 것이다. 고된 육체노동에 비해 보잘것없는 임금을 받으면서도 수습공들이 버텨갈 수 있었던 것은 "다른 육체노동에 비해 기능공으로서 훨씬 나은 삶을 살 수 있는 미래"에 대한 희망이 있었기 때문이다. 그러나 이 작은 희망의 불씨마저 꺼트리는 상황이 전개되고 말았다. 의무교육 제도의 전국적인 확산이었다. "성공을 하려면 학교 교육을 받아야 한다"는 인식이 보편화되면서 자연히 수습공을 지원하는 소년들의 숫자가 급격히 감소한 것이다.[7]

1898년 사회심리학자 스탠리 홀G. Stanley Hall이 '청소년기'adolescence라는 단어를 처음으로 만들어 사용할 때 즈음, 미국의 수습 제도는 완전히 한물이 간 상태였다. 스탠리 홀은 청소년기라는 과도기를 12세 무렵부터 25세 어림까지로 규정했다. 그 자체가 하나의 세상인 고등학교가 청소년 문화 교육의 장으로 새롭게 부각되면서 '인쇄업자의 악마'나 '줄행랑친 수습공'의 이야기는 세간의 기억 너머로 사라지게 되었다. 1930년대에 들어서자 스탠리 홀의 청소년기에 관한 이론은 더욱 널리 확산되었다. 이제 십대들을 일터로 불러들일 수 있는 기간은 방학으로 한정되는 상황이 되었다. 하지만 19세기 말에 이르자 그마저 어려워졌다. '백년지대계'로서의 교육을 표방한 교육계의 선각자들이 방학마저 심신을 수련하는 기간이 되어야 한다고 주장하고 나선 것이다. 이 주장에 따라 여름 캠프가 전국적으로 개설되고 마침내 1910년 보이스카우트 연맹이 창설되었다. 이제 미국의 중고등학생들은 수습공이 될 시간은커녕 용돈을 벌 짬조차 내기 힘들어졌다. 십대 후반의 청소년들이나 대학생들 역시 기술을 배울 시간도 필요도 없었다. 방학 중에 아이스크림 가게 혹은 상점에서 일하거나 안전 요원 같은 일을 하면서 용돈을 버는 것이 훨씬 쉬웠으니 말이다.

## 중세의 제도가
## 21세기에 필요한 이유

온통 하얗게 칠해진 복도를 따라 근로자보상처리위원회, 직종조정지원국 등의 명패가 걸려 있는 사무실들을 지나고 나면 존 래드의 사무실이 보인다. 그의 책상 뒷벽에는 1937년에 제정된 피츠제럴드 법령의 복사본이 액자에 담긴 채 걸려 있다. 200자 남짓의 그 법령은 자칫 역사의 뒤안길로 사라질 뻔했던 미국의 수습 제도를 되살린 주역이다. 현대식 노동부 건물의 한구석에 깊숙이 파묻힌 채 존 래드는 그날도 피츠제럴드 법령을 충실히 구현할 수 있는 방안을 모색하고 있던 중이었다.

반갑게 나를 맞이한 뒤 그는 중세 시대의 제도가 21세기에 필요한 까닭을 설명하기 시작했다. 시종일관 진지하고 겸손한 태도를 견지하며 분명하고 적절하게 요점을 전달하는 보스턴 억양의 목소리에는 관료 특유의 오만함은 전혀 배어 있지 않았다. 그의 부서에 배속된 인원은 워싱턴 사무실 직원 20명과 자체적인 수습제 프로그램이 없는 25개 주에 파견된 외근 직원 125명을 합쳐서 145명에 불과하다. 존 래드는 그 인원을 이끌고서 거의 50만 종에 달하는 미국의 모든 수습제 프로그램을 관리하고 있는 것이다. 사실상 존 래드와 그의 직원들은 연방 정부로부터 찬밥 신세를 면하지 못하고 있다. 그의 부서에 배정되는 연간 2,000만 달러의 예산이 그 사실을 입증하고 있다. 그 정도 액수로는 수습제 프로그램을 운영하는 고용주들이나 전문대학들을 지원하기는커녕 부서를 유지하기도 빠듯하다. 그렇기에 그의 수습제도사무국은 미국 연방 정부의 동급 부서들 가운데 궁핍하기로 정평이 나 있다. 수습 제도의 미래에 관한 도시연구소의 보고서도 그 부분을 지적하고 있다. "다른 국가들과 비교할 때 수습 제도에 대한 미국의 관리 지원 체계는 중앙 정부의 관심에서 소외되어 있으며, 그 결과 고용주들의 임의적인 결정에 좌우되는 경향이 뚜렷하다."

피츠제럴드 법령에 의거하여 노동부 수습제도사무국은 "수습사원들의 복지를 보장하기 위해 필요한 노동 환경을 향상시키고 그 목적을 실현하기 위해 연방 정부의 지원을 요청할 수 있는" 권한과 의무를 부여받았다. 쉽게 말하자면 멜러니, 마이클, 베스와 같은 현대의 수습사원들이 정당한 보수를 받으며 바람직한 노동 환경 속에서 미래의 꿈을 키워나갈 수 있는 것은 피츠제럴드 법령과 수습제도사무국 덕분인 것이다. 만일 오늘날 미국의 수습 제도가 진정으로 인간적이고 공평하며 정당하고 생산적인 제도로 인정받는다면, 그것은 싸움 잘하는 노동조합과 너그러운 고용주들뿐 아니라 래드와 그 직원들이 기울인 노력의 산물이라는 얘기다.

수습제도사무국에 수습제 프로그램을 등록하고 당국의 규정을 준수하며 그 프로그램을 운영하는 일련의 과정에서는 관공서 특유의 강압적인 요소를 전혀 찾아볼 수 없다. 존 래드라는 인물부터가 '강요'나 '강압' 따위의 단어와는 전혀 어울리지 않는다. 래드의 설명에 따르자면 수습제 프로그램의 등록 과정은 심사 절차라기보다 승인 절차라고 해야 옳다. 당국의 규제 사항들도 합리적이고 건강한 노동 환경을 조성하기 위한 기본 규율에 지나지 않는다. 공정한 지원 절차 및 관리 감독, 강의실 수업(연간 144시간), 현장 실무 연수(2,000시간), 급여 인상 기준, 차별 금지 원칙 등 모든 조항이 규제라기보다 현실에 입각한 가이드라인에 가깝다. 공공 정책이라는 견지에서 수습 제도에 대한 미국의 관리 지원 체계가 지향하는 궁극적 목표는 국가 경제 발전에 이바지할 수 있는 고숙련 기술 인력을 지속적으로 양성하는 것이다. 수습제 프로그램을 성공적으로 이수한 기능공들이 노력과 기술에 걸맞은 급여를 받게 되면 정부는 그 프로그램에 투자했던 것 이상의 수익을 소득세를 통해 회수하게 된다. 그러나 수습 제도의 현실에도 인턴십과 같은 그늘이 존재한다. 수많은 불법 프로그램이 존 래드의 관리 영역 밖에서 버젓이 운영되고 있는 것이다. 물론 비등록 프로그램들이기에 수습사원들의 개인적 발전을 체계적으로 지원할 수는 없지만, 그래도 다행인 것은 수습제도사무국의 지속적인 홍보 덕분에 그 가운데 대부분이 최소한 급여에 관해서는 불법을 자제하고 있다는 사실이다.

미국에서 연방 수준의 법령이 제정되기 위해서는 일단 지방 정부 수준의 법령 제정에 이어 엄청난 로비 활동이 필요하다는 것은 이미 잘 알려진 사실이다. 숨이 넘어가기 직전의 수습 제도를 되살린 피츠제럴드 법령의 경우도 마찬가지였다. 그 법령을 탄생시킨 숨은 주역은 수습 제도의 필요성을 깊이 인식한 노동조합과 그 제도를 운영하고 있던 개인 사업주들이었다. 노동조합들은 주 정부들을 끈질기게 물고 늘어져 관계 법령들을 통과시켰고, 개인 사업주들은 수습 제도를 고수하는 경영 전략 자체로 가장 효율적인 로비를 펼친 셈이었기 때문이다. 피츠제럴드 법령 제정을 위한 공식적인 행보는 1911년 당시 진보적인 정책의 본산이었던 위스콘신에서 시작되었다. 주 정부 수준에서는 처음으로 위스콘신 주가 수습제 프로그램을 도입한 것이다. 위스콘신의 수습제 프로그램은 주 상공회의소 관할이었으며 교육적인 요소를 포함해야 한다는 특례 조항이 곁들여져 있었다. 주 정부가 공정한 임금과 바람직한 노동 환경을 보장하고 나서자 젊은이들이 앞다퉈 지원했고 고용주들의 인력난은 말끔히 해소되었다. 관계 당국에 등록된 기록에 의하자면 1912년 5개에 불과했던 위스콘신 주의 수습제 프로그램이 1925년에는 무려 821개로 증가했으니 당시 그 프로그램에 대한 호응이 얼마나 대단했는지 충분히 짐작할 수 있다. 노동 인구의 증가와 함께 미국 전역의 수습제 프로그램의 숫자도 꾸준히 늘어나 1920년에는 14만 개에 달하게 되었다. 1880년도의 4만 4,000개와 비교할 때 세 배 이상 증가한 것이다. 당시의 수습사원들은 비교적 나이가 들고 기본적인 교육 과정도 마친 사람들이 대부분이었다. 1차 세계대전의 와중에서 숙련된 노동력의 결핍에 대한 우려가 산학협동 제도(5장 참조)를 태동시켰고, 새로이 제정된 스미스-휴스 법령에 의거하여 직업교육 프로그램들이 활성화되었으며, 마침내 수습 제도에 대한 국가 수준의 관리 지원

지침이 마련된 것이다.

20세기 초에 천신만고 끝에 되살아난 미국의 수습 제도는 피츠제럴드 법령이 탄생한 지 70여 년이 지난 지금까지도 잘 버티고 있다. 최근에 실시된 조사 결과에 따르자면 강의실 수업과 현장 실무 연수에 만족하는 수습사원들의 비율이 각각 86퍼센트와 84퍼센트에 이르는 것으로 밝혀졌다. 수습제 프로그램을 운영하는 사업주 1,000명을 대상으로 한 또 다른 조사에서는 97퍼센트가 수습제 프로그램을 주변에 권하겠다고 응답했으며 그 가운데 86퍼센트는 '강력히' 추천하겠다는 의지를 밝혔다. 게다가 응답자의 절대 다수가 "숙련 기능공 수요를 충족시키고 전체적인 생산성을 높였으며, 근로 현장의 안전을 강화하고 전 직원의 사기를 진작시킨" 점을 짚어가며 수습제 프로그램의 유용성을 극찬했다. 한편 다른 기업에서도 활용할 수 있는 전반적인 직업 훈련을 반대했던 경제학자 게리 베커Gary Becker 이래로 상당수의 경제학자들이 탁상에서 우려해왔던 고용주들 간의 '수습사원 쟁탈전'은 현실에서는 심각한 문젯거리가 아닌 것으로 드러났다.

## 800년 후의 인턴십?

최근에 나는 캘리포니아 주의 오클랜드에서 열린 어떤 모임에 참석했다. 피츠제럴드 법령을 21세기 현실에 적합하도록 수정하자는 취지의 발의안을 위한 모임이었다. 참석자 중에 가장 나이가 어렸던 나는 노동조합이나 수습제 프로그램의 로고가 수놓아진 검은 가죽 점퍼와 청바지 차림의 수습 제도 지지자들 속에서 그들의 열정을 온몸으로 느낄 수 있었다. 하지만 회의실을 가득 채운 따뜻한 햇살 속에서 밀려오는 졸음을 참느라 주최 측의 프레젠테이션 절반 정도는 귓등으로 흘리고 있었다. 그러던 어느 순간 화들짝 놀라 잠에서 완전히 깨어났다. 공개 토론이 시작되자 좀 전과는 비교도 안 될 만큼의 강력한 에너지가 사방에서 몸을 조여 왔기 때문이다. "그 모든 장점에도 불구하고 수습 제도가 천대받고 있는 까닭이 무엇인가?" "여성들과 소수 인종들이 기능공 부문으로 진출을 꺼리는 이유가 무엇인가?" 정곡을 찌르는 질문들과 앞다툰 대답들로 인해 장내는 시장처럼 소란스러웠다. 하지만 내 귀에는 그 소란스러움이 어느 오케스트라의 연주만큼이나 장엄하게 들렸다. 현실에 대한 솔직함과 직업에 대한 자부심, 그리고 더 나은 미래를 위한 개혁 의지가 고스란히 전해져왔기 때문이다. 인턴십의 세계에서는 겪어보지도 기대하지도 못했던 경험이었다.

"수습 제도는 너무도 오랫동안 철저하게 유지된 비밀이었습니다." 로스앤젤레스에서 특히 수습사원들을 대상으로 적극적인 멘토링을 제공하고 있다고 신상을 밝힌 돈 데이비스Don Davis는 이렇듯 선문답 같은 얘기로 말문을 열었다. "우리가 당장 해야 할 일은 수습 제도가 살아 있는 교육과 성공적인 사회생활을 가능하게 하는 아주 유용한 통로라는 사실을 이 나라가 깨닫게 만드는 것입니다. 이 나라 사람들은 기능공의 노력과 기술을 존경하기는커녕 아예 무관심할 만큼 얕잡아 보고 있어요. 결국 많은 기능공들이 자신의 신분을 감추게 됩니다. 그건 정말 너무나 슬픈 일이에요." 그의 한탄을 뒷받침하듯 목수 수습제 프로그램에 참가했던 제이미 로빈슨Jamie Robinson은 자신의 경험을 털어놓았다. "내가 대학 대신 수습제 프로그램을 선택하겠다고 밝히자 가족들과 친구들의 태도가 완전히 바뀌더군요. 그들의 얼굴에 떠오른 비웃음이 아직도 생생하게 기억납니다." 40년 동안 목수로 살아왔고 그 세월의 절반을 목공직업교육원의 회원으로 지낸 존 블록John Bullock은 절규하듯 단언했다. "들으려 하는 사람이 없어요. 관심을 갖는 사람도 없습니다. 단 한 번만 귀 기울이면 될 텐데 결국 그들은 평생을 모르고 지내게 됩니다. 굳이 비싼 돈을 들여서 대학까지 나오지 않아도 성공할 수 있는 길이 얼마든지 있다는 사실을 말입니다!"

참석자들의 질문과 의견, 비난과 하소연은 끝이 없을 것처럼 이어졌다. 수습제도사무국에서 파견 나온 직원 한 사람이 서기가 기록하고 있는 그 모든 발언을 시종일관 진지한 태도를 유지하며 경청하고 있었다. "고등학교 시절을 대학 준비로만 보내서는 안 됩니다." 수습제 프로그램을 직접 기획했다는 샌프란시스코 출신 어느 제철소 기능공의 현명한 충고도 제시됐다. "수습공 이전 단계부터 시작되는 FBI의 간섭을 뿌리쳐야 합니다. 많은 부문에서 아직도 횡행하는 족벌주의를 근절해야 하는 건 물론이고요." 가족Families, 친구Buddies, 인척In-laws의 머리글자를 따서 FBI로 희화시킨 흑인 정비공의 주장은 좌중을 웃음바다로 만들며 큰 호응을 얻었다. "싱글맘 수습사원들을 위해서 탁아 문제가 해결되어야 합니다." 어떤 여성 기능공의 발언이 끝나자마자 여기저기서 탁아 문제를 효율적으로 관리해주는 수습제 프로그램에 대한 소개와 설명이 터져 나왔다. 나로서는 다시 한 번 놀랄 기회를 맞은 셈이었다. 탁아 문제를 해결해주는 인턴십 프로그램이 과연 이 땅에 존재하고 있는가?

대부분의 사람들은 인턴십과 수습 제도 사이의 커다란 차이점을 느끼지 못할 것이다. 하지만 현대적 수습 제도와 인턴십은 비교 대상조차 될 수 없을 만큼 모든 부분에서 판이하다. 오늘날 서구의 수습 제도는 중세 유럽의 도제 제도의 정당한 후계자라고 말할 수 있다. 그것도 당시의 혹독한 노동 환경과 강압적 요소, 인맥과 얽힌 부정적 잔재는 깨끗이 씻어버리고, 대신 20세기와 21세기에 걸맞은 면모를 갖춘 우량한 후계자이다. 든든한 관리자였던 길드 제도가 오래전에 사라지고 없는 열악한 환경 속에서도 오랜 질곡의 세월을 끈질기게 버텨내고 오늘에 이른 수습 제도를 보면서 다음과 같은 질문을 떠올리게 된다. 과연 지금으로부터 800년의 세월이 흐른 뒤에도 인턴십이 여전히 존재하고 있을까?

화이트칼라가 주도하는 미국 사회에서 수습 제도나 수습공들이 정당한 대우를 받지 못하고 있는 현실은 당연하다. 더구나 단기적이고 무보수에 고용주의 임의대로 좌우되는 인턴십 프로그램들이 이미 경제계 구석구석에 파고들었기에 수습 제도의 입지는 더욱 좁아져 있다. 인턴십의 역사 자체가 그러한 현상에 대한 설명을 대신하고 있다. 관리자도 중재자도 없는 상황에서 인턴십 붐을 일으킨 주체 세력들은 수습 제도의 역사나 진화 과정에 관해 제대로 알고 있지도 못하면서 수습 제도를 폄하하기에만 급급했다. 화이트칼라들이 지배하고 있는 사무실 세계에서 젊은 노동자들을 보호하고 노동과 학습의 균형을 맞추려는 수습 제도의 투쟁은 19세기, 아니 13세기의 양상을 고스란히 재현하며 힘들게 전개되고 있다. 반면 인턴십은 상대적으로 자유로운 세상에서 태어나 마음껏 실정법을 유린하며 젊은 노동자들의 절실한 필요를 외면하고 있다.

이제 마지막으로 수습 제도와 인턴십에 관한 자코비의 정의를 통해 두 제도의 미래를 생각해보기로 하자. "수습 제도는 사회가 안정적인 기술에 의존하는 상황에서 진가를 발휘한다. 바꿔 말하자면 기술이 끊임없이 변화하고 직종의 수명이 상대적으로 짧은 환경에서는 제대로 인정받지 못한다." 그러한 수습 제도의 약점은 곧 인턴십의 강점이다. 즉 인맥을 강조하는 네트워크와 다각적인 생존 능력에 기초를 두고 기술을 비롯한 모든 요소가 급속히 변화하는 불확실한 경제 상황에서는 수습 제도의 우직함보다 인턴십 특유의 유연성이 훨씬 유리하다는 얘기다. 하지만 자코비는 인턴십에 관해 이렇게 단언하고 있다. "반드시 현 단계를 완벽하게 마무리해야 다음 단계로 나아갈 수 있는 것은 물론 아니다. 하지만 인턴십이라는 제도는 튼튼한 기초를 쌓으려는 노력 없이도 어느 분야에서든 성공을 거둘 수 있다는 착각을 심어주는 경향이 있다. 내 생각에 그것은 현실성을 결여한 기만에 가까운 것이다." 고등학교와 대학 시절엔 모든 것이 가능해 보인다. 인턴십은 그 환상을 부채질하고 있다. 하지만 안정적인 노동 시장이 형성되고 바람직한 노동 환경이 조성되며 모든 노동에 정당한 보수가 주어지게 되는 시점이 오면, 그 환상은 사라질 것이고 인턴십이 지닌 허황된 매력도 빛을 잃게 될 것이다.

# 04

## 청춘은 어떻게 착취당하는가?

나는 내 책들을 위한 연구 작업을 대부분 인턴들에게 맡긴다.
나에게 에미상을 안겨준 소비자 연구 역시 그들이 한 것이다.
인턴들에게 보수를 지급하기 위해 여러 차례 스폰서들에
지원을 요청했지만 그들은 콧방귀만 뀔 뿐이었다. 이후로
나는 돈을 줄 필요가 없는 대학생들을 인턴으로 고용하고 있다.
…내가 나쁜 건가? 난 감옥에 가야 하나?

**존 스토셀**

매년 미국에서는 수십만 명에 달하는 인턴들이 무보수, 혹은 최저임금에 못 미치는 급여를 받고 일한다. 그들 중 많은 숫자가 영리 업체에서 정규직 업무를 담당한다. 400개 대학, 4만 2,000명의 학생을 대상으로 실시한 인턴브리지의 설문 조사 결과에 따르자면 전체의 18퍼센트가 일하고도 임금을 받지 못한 것은 물론 학점도 인정받지 못한 것으로 드러났다. 이것은 엄연히 불법이다. 특히 패션, 출판, 연예, 언론 분야의 사기업들이 인턴이라는 명목으로 젊은이들의 노동력을 무보수로 착취하는 실태가 갈수록 심각해지는 지금, 그 불법성을 정확히 지적하고 근절시키려는 노력이 절실하다. 이번 장에서는 민간 부문 인턴십의 급여와 노동 환경에 관한 법적인 문제들을 살펴보고자 한다. 물론 공공기관이나 비영리 조직들에서 무급 인턴십 프로그램이 훨씬 더 적극적으로 활용되고 있기는 하다. 불법성을 판단하기가 애매한 그 부분에 관해서는 6장에서 다룰 것이다.

우선 인턴십에 대해 고용주들의 자의적 해석이 만연하고 있다는 것이 문제이다. 교육적인 경험이 보수를 대신할 수 있다는 아전인수격 주장이 먹히는 현실이 문제라는 얘기다. 인턴들의 미래에 긍정적인 영향을 끼칠 만큼 실질적인 현장 경험과 교육이 제공되는 경우라 할지라도 그것만으로는 노동에 대한 충분한 보상이 될 수 없다. 비록 경험도 없고 한시적이기는 해도 인턴들 역시 엄연한 노동자들이다. 따라서 최저임금을 비롯하여 공정근로기준법Fair Labor Standards Act, FLSA에 규정된 노동자의 권리를 보장받아야 한다. 고용주가 일류 기업이든 영세업자이든 중요하지 않다. 근무 시간이 일주일에 하루든 닷새든 상관없다. 노동의 목적이 학점이든 미래를 위한 투자이든 문제가 되지 않는다. 누군가에게 노동을 시키면서 임금을 주지 않는 건 불법이다.

무보수 노동은 왜 불법인가? 중국 정부의 무한지원 약속을 받은 어떤 중국계 자동차 회사가 있다고 가정해보자. 미국 시장을 공략하기 위해 그들이 미국 소비자들에게 자동차를 공짜로 준다고 치자. 곧 소송이 이어질 것이고 그들은 패소할 것이다. 막강한 자금력을 바탕으로 자동차 가격을 제로로 떨어뜨려 자동차 시장과 자동차 업계에 종사하는 사람들의 삶을 엉망으로 만들어버렸으니 그들의 행위는 당연히 불법이다. 무보수로 노동력을 제공하는 것도 같은 맥락이다. 무급 인턴 자리를 놓고 경쟁이 벌어지게 되면 득을 보는 것은 당연히 고용주들이다. 그리고 그들은 공짜로 노동력을 얻을 수 있는 방법을 계속 모색하게 될 것이다. 그 결과는 노동 시장의 혼란이다. 그런 혼란을 방지하는 것이 사법 당국의 역할이다.

현재 인턴십에 관한 불법 행위는 공공연하면서도 대규모로 자행되고 있다. 학교, 학부모 심지어 인턴들까지도 무급 인턴십을 당연시하는 풍토 때문이다. 물론 신나는 건 고용주들이다. 캘리포니아의 어느 유명한 신문사 사장은 기자들 전원을 유수한 언론학과 출신의 무급, 풀타임 인턴들로 바꿀 생각을 하고 있다.[1] 월스트리트의 금융 기업들과 헤지펀드들, 그리고 자산관리 회사들은 재정 분석과 투자 연구만이 아니라 비서 업무까지 떠맡는다는 조건으로 무급 인턴들을 모집하고 있다. 신생 기업들은 '조만간' 지급할 급여와 스톡옵션을 약속하며 초기 경비 절약 정책의 하나로 무급 인턴 채용을 기획한다. 인터넷 구인란은 무급 인턴을 구하는 고용주들의 광고로 홍수를 이룬다. 대학교 벽보도 '실질적인 경험'을 약속하는 무보수, 무연수 인턴십 프로그램 광고로 버젓이 도배되어 있다.

노동법 전문 변호사 마이클 트레이시Michael Tracy는 인턴십에 관한 법률이 유명무실해진 현실을 안타까워하고 있다. 물론 제정된 법률이 제대로 시행되지 않는 건 일차적으로 사법 당국의 책임이다. 하지만 근본적인 책임은 고용주와 인턴을 비롯한 이해 당사자들에게 있다. 여기서 인턴십에 관한 법률을 잘 모르기 때문이라는 변명은 통하지 않는다. 제정된 지 꽤 오래됐을 뿐 아니라 많은 매체와 블로그가 그 법률에 관한 정보를 제공하고 있기 때문이다. 어떤 인턴십 프로그램이든 인터넷만 잠깐 훑어봐도 적법성 여부를 쉽게 확인할 수 있다. 결국 모두들 진실을 외면하고 있는 것이다. 고용주, 학교, 알선 업체들은 모두 현재의 인턴십 제도를 통해 혜택을 입고 있기 때문에 당연히 꿀 먹은 벙어리다. 인턴들과 그 가족들은 미래의 혜택을 기대하며 당장의 희생을 감수한다.

물론 인턴들은 그러면서도 서로 활발하게 정보를 교환하고 있다. 실질적인 경험을 쌓을 수 있는 프로그램과 전혀 무의미한 프로그램, 혹은 재미있는 프로그램과 지루한 프로그램 등에 관한 정보를 제공하며 인턴십 프로그램의 등급까지 매기고 있는 웹사이트들이 갈수록 늘어가고 있다. 하지만 인턴십 프로그램의 적법성 여부에 관한 토론이 공개적으로 이루어지는 경우는 거의 없다. 트레이시에 따르면 "불법이라는 사실을 알면서도 기꺼이 노동을 제공하는 인턴들이 많다"는 것이 문제다. 인턴 경험이 있는 사람들은 예전의 고용주에게 추천서나 취직 알선을 부탁하고, 현재 인턴인 사람들은 이력서에 올릴 한 줄의 경력을 위해 부당한 대우를 참는다. 임금 없는 노동은 착취이며 불법이라는 사실을 알면서도 자녀들을 무조건 인턴십 경쟁으로 내모는 부모들도 많다. 결국 그런 부모들은 공짜로 노동력을 얻으려는 기업들의 불법적인 행태를 적극 후원하고 있는 것이다.

임금에 관해서만 불법이 자행되고 있는 것은 아니다. 연장근무에서부터 산재보상에 이르기까지 인턴십 프로그램 전반에 걸쳐 문제가 있다. 공정근로기준법이 규정하고 있는 권리를 보장받지 못한 채 인턴들은 소위 '법률의 사각지대'에서 노동력을 착취당하면서도 고용주나 인턴십 관리 업체, 혹은 대학을 상대로 법적 소송을 할 엄두조차 내기 어렵다. 가장 큰 원인은 그들이 어리다는 데 있다. 다시 말해 너무 어리고 순진하기에 현장에서 자신들에게 가해지는 불법적인 행위들을 대부분 참아 넘긴다는 것이다. 커피 심부름이나 청소처럼 계약서에 정해진 업무 외의 허드렛일도 해야 하고 잔업이나 연장근무도 떠맡아야 한다. 죽을병에 걸리지 않는 한 고용주나 정규직들의 눈치가 무서워 몸이 아파도 일을 해야 한다. 심지어 성희롱이나 인종 차별 같은 중범죄 행위의 대상이 되는 경우에조차 법적인 대항을 할 엄두를 내지 못한다. 그런 약한 존재들을 착취하고 함부로 대하는 고용주들은 정말 큰 문제가 아닐 수 없다. 19세기 어느 뒷골목의 비인간적인 고용 관계가 21세기의 첨단 빌딩 내에서 고스란히 재현되고 있는 것이다.

## 불법과 편법을 용인하는 정부의 이중적 태도

휴고 블랙Hugo Black은 미국 역사상 가장 이중적인 정치인이다. 젊은 시절 열성 KKK단원으로 활동했던 그는 조직의 세력을 등에 업고 정치에 입문한다. 이후 그는 정치색을 바꿔 뉴딜 정책의 열렬한 옹호자를 자처하며 카리스마 넘치는 앨라배마 상원의원으로서 정치적 입지를 굳힌다. 마침내 연방대법원 판사가 된 그는 미국 헌법과 평등권의 수호자를 자처하기에 이른다. 하지만 그의 실제 행보는 그가 대외적으로 표방했던 정치적 신념과 극명한 대조를 보인다.

그런 그가 노동자의 기본권을 보장한 법률 제정의 일등공신이었다는 사실은 역사의 아이러니가 아닐 수 없다. 1938년, 미국 경제가 여전히 침체의 늪에서 허우적거리던 시기에 미국 의회는 휴고 블랙이 상정한 초안을 토대로 연방 정부가 규정하는 최저임금제와 연장근무에 대한 누진임금제, 그리고 국가적 수치로 여겨졌던 어린이 노동을 금지하는 공정근로기준법을 제정했다. 노동조합과 진보 진영으로서는 벅찬 승리의 순간이었다. 미국 노동자 계급의 권리 보장을 위한 반세기에 걸친 투쟁이 마침내 결실을 본 것이었다. 프랭클린 루즈벨트Franklin Delano Roosevelt 대통령은 법안에 서명하면서 "세계 어느 나라에서도 유례를 찾아볼 수 없는 최고의 노동자 권익 보호 장치"라고 극찬을 아끼지 않았다.

지난 70여 년간 공정근로기준법은 여실히 효력을 발휘해왔다. 이제 그 법안의 근본 취지에 이견을 제시하는 사람이나 집단은 찾아보기 어렵다. 어린아이들의 노동권을 인정해야 한다거나 최저임금제를 폐지해야 한다고 주장하는 사람들도 없다. 공정근로기준법이 천명하고 있는 목적은 "노동자들의 건강과 복지, 그리고 노동의 효율성을 유지하기 위해 필요한 최소한의 기준을 위협하는 모든 불합리하고 부적절한 노동 환경을 척결하는 것"이다. 하지만 그 법이 시행된 지 10년도 지나지 않은 시점에서 휴고 블랙이 버티고 있던 연방대법원은 근본 취지에 큰 흠집을 내는 판결을 내리고 만다. 1947년 '월링 대 포틀랜드 터미널 주식회사'Walling v. Portland Terminal Co. 소송의 판결이 바로 그것이다, 60여 년이 흐른 현재에 이르기까지 수많은 인턴들이 노동력을 착취당하는 불법 행위가 버젓이 자행되고 있는 것도 순전히 그 판례 때문이다. 공정근로기준법이 제정되던 당시, 그 법률의 보호 대상이 아닌 노동자 계층은 상당한 급여를 받는 사무직 노동자들뿐이었다. 하지만 1947년 '월링 대 포틀랜드 터미널 주식회사' 소송에서 연방대법원은 수습사원들을 공정근로기준법의 보호 대상에서 제외시키는 판결을 내렸다. 고임금 사무직 종사자들과 달리 수습사원들에게 그 판결은 치명적이었다. 기껏해야 최저임금을 밑도는 '수습직 임금'을 받거나, 아니면 전혀 임금 없이 고용주에게 노동력을 제공하게 된 것이다.

현재 무보수 인턴십 프로그램을 운영하고 있는 고용주들이 법적 근거로 내세우는 것이 바로 그 판례이다. 즉 인턴과 수습사원을 동일선상에 놓고 임금을 지불하지 않는 불법 행위를 정당화하고 있는 것이다. 하지만 여기서 그들은 한 가지 중요한 사실을 간과 혹은 외면하고 있다. 과연 공정근로기준법의 해당 조항을 해석할 때 인턴들이 수습사원과 같은 범주의 노동자로 분류될 수 있느냐는 문제이다. 모두가 잘 알고 있는 것처럼 인턴십의 역사는 일천하다. 아울러 최근 수십 년간 노동법이 개정된 바 없기 때문에 연방 노동부 당국에서는 인턴십에 대한 규정은커녕 통일된 호칭조차 마련하지 못하고 있는 실정이다. 대신 임시 종업원, 수습사원, 자원봉사자 등 정확히 의미가 구분되지 않는 단어들을 일관성 없이 혼용하고 있을 뿐이다. 따라서 인턴십 문제에 관해 당국의 합리적 해석을 기대하기는 불가능에 가깝다. 더구나 포틀랜드 터미널 소송 이후, 유사한 사건들에 관한 사법부의 판례들은 일관성을 상실한 채 상호 모순적이기만 하다. 그나마 최근 노동부 산하에 '노동 임금 및 시간 분과위원회'Wage and Hour Division, WHD가 설치되어 인턴십과 수습직에 대한 공정근로기준법의 적용과 직권 해석을 전담하고 있다.

WHD는 60년 전의 대법원 판례를 토대로 공정근로기준법의 적용 대상에서 제외되는 수습사원의 범위와 권리를 다음과 같이 6개 항으로 요약하고 있다.

1. 연수라 함은 고용주의 기존 시설물을 실제적으로 활용하는 경우라 할지라도 직업학교에서 시행하는 프로그램에 준하는 과정을 말한다.

2. 연수의 수혜자는 수습사원들이다.

3. 수습사원들은 원칙적으로 정규직 노동자들의 업무를 대신할 수 없으나 철저한 관리 감독 아래에서 정규 업무에 투입될 수는 있다.

4. 연수를 제공하는 고용주는 연수 기간 동안 수습사원들의 노동력을 통해 이윤을 도모할 수 없으며 위반 시 경제 활동에 제재를 받을 수 있다.

5. 연수 기간이 끝난 뒤 수습사원을 정규직으로 채용해야 할 의무는 없다.

6. 연수에 따라 임금이 반드시 지불되는 것은 아니라는 사실을 고용주와 수습사원 양방 모두 충분히 인지하고 있어야 한다.

노동부 현장 지도 지침서 10-b-11항에 명기되어 있는 이 6개 조항은 현직 노동자들의 권리를 보호하는 동시에 고용주들에게 연수 제도의 운용을 권장하기 위한 목적을 지니고 있다. 인턴십 프로그램이 상기 6개 항의 조건을 모두 만족시킬 때 그 프로그램은 연수로 분류되며 따라서 임금에 관한 시비의 소지가 없게 된다. 그러나 그 가운데 단 하나의 조항에라도 부합하지 않는 경우라면 그 인턴십은 노동 계약으로 간주되며 따라서 최저임금과 연장근무수당을 비롯한 공정근로기준법의 제반 규정이 적용되어야 한다. 바로 여기서 현재 인턴십의 문제점이 드러나는 것이다.

많은 고용주가 공정근로기준법을 아전인수 격으로 해석해서 인턴들을 수습사원으로 간주하고 보수를 지급하지 않는다. 하지만 포틀랜드 터미널 주식회사 소송의 판례를 오늘날의 인턴십에 적용하는 것은 말이 되지 않는다. 우선 고용주들이 인턴들의 노동을 통해 금전적인 이익을 보고 있는 현실은 위의 제4항에 직접적으로 위배된다. 교육적으로 충실한 연수나 성실한 관리 감독이 제공되지 않는 상황은 제1항과 제3항의 취지를 위반한다. 인턴십의 불법적 운용에 관해 오랫동안 연구해온 법학 교수 데이비드 야마다David Yamada는 MTV와 소더비Sotheby's의 인턴십 프로그램들이 그 3개 조항을 위반하고 있다는 사실을 밝혀냈다. 사실 상기 6개 조항의 내용을 모두 충족하는 인턴십 프로그램은 없다고 해도 과언이 아니다.[2]

고용주들은 특히 "연수 기간 동안 수습사원들의 노동력을 통해 이윤을 도모할 수 없음"을 명시한 제4항에 관해 불만이 많다. 그것이 인턴십 프로그램을 도입한 목적과 정면으로 배치되기 때문이다. 인턴들의 미래에 투자를 해주는 대신, 자신들도 얻는 게 있어야 한다는 것이 그들의 주장이다. 최근 잇따른 법원의 판례와 특히 캘리포니아 근로기준법관리위원회의 사례 해석은 그들의 주장을 상당 부분 인정하며 제4항의 규제를 완화하는 방향으로 기울어지고 있다. WHD 역시 상기 6개 조항을 엄정하게 적용하기보다 각 사례의 특수성을 배려하는 방침을 진즉부터 고수해오고 있다. 야마다 교수는 그러한 당국의 태도가 자의적인 해석을 조장하며 결국 원칙이 무너지고 편법이 대세를 이루게 되는 상황을 경고하고 있다.

한편 상식적인 측면에서 보더라도 당국의 태도는 분명히 문제가 있다. 상황을 고려해서 판단을 하려면 연수를 통해 인턴들이 받게 되는 혜택과 인턴들의 무보수 노동을 통해 고용주들이 얻게 되는 이익 사이의 형평성을 따져야 한다. 하지만 특히 실습과 실제 노동의 구분이 애매한 서비스업 부문의 경우 그 형평성을 따진다는 것 자체가 불가능에 가깝다. 예를 들어 30분간의 데이터베이스에 관한 연수와 그 이후 30시간의 데이터베이스 입력 작업이 과연 형평을 이룰 수 있을까? 결국 공정근로기준법의 근본 취지가 판단 기준이 되어야만 애매하고 자의적인 해석을 방지할 수 있고 나아가 건전하고 합리적인 인턴십 문화를 조성할 수 있는 것이다. 예를 들어 인턴들의 노동을 통해 고용주가 상당한 이익을 보게 되는 경우일지라도 인턴십 프로그램의 교육 및 연수 효과가 인턴들의 미래에 실질적인 도움이 된다면 비록 금전적인 보수가 따르지 않더라도 공정근로기준법의 근본 취지에 위배된다고 볼 수 없다. 반면에 순전히 자신들의 이익만을 위해서 인턴들의 노동력을 공짜 혹은 헐값으로 착취하려는 고용주들이 운영하는 인턴십 프로그램은 엄정한 단속 대상이 되어야 한다.

## 돈 한 푼 주지 않는 고용주들

1995년 3월, 불법으로 인턴십 프로그램을 운영하던 고용주들에게 경종을 울리는 조치가 취해졌다. 노동부의 명령에 따라 애틀랜타의 유수한 홍보회사 브라운-옴스테드 어소시에이츠A. Brown-Olmstead Associates가 54명의 전직 인턴들에게 체불 임금 31,250달러를 지급한 것이다. 2년여에 걸쳐 무보수 인턴십 프로그램을 운영하면서 인턴들을 실제 업무에 투입하고 고객들에게 그 대가를 받아왔기 때문이었다.[3] 그 인턴들 가운데 대학 재학생은 단 2명에 불과했고 나머지 52명은 모두 대학을 졸업한 상태였으며 홍보 업무에 관해 상당한 경험을 지닌 사람들도 있었다. 다시 말하자면 브라운-옴스테드는 업무 능력을 갖춘 노동력을 공짜로 조달하기 위해 인턴십 프로그램을 운영한 셈이었다.

2010년 4월, 『뉴욕 타임스』New York Times는 캘리포니아, 오리건, 그리고 뉴욕 주에서 불법적으로 인턴십 프로그램을 운영하던 몇몇 기업들이 노동 당국의 철퇴를 맞았다는 내용의 기사를 보도했다. 무보수로 노동력을 착취당해온 인턴들이 고용주에 맞서 싸웠고, 그 결과 공정근로기준법에 규정된 노동자의 권리를 인정받아 체불 임금을 받게 된 것이다. 그 보도 덕분에 브라운-옴스테드 사건 이후로 15년 만에 인턴십의 실태가 세상의 관심을 모으게 되었다. 온갖 블로그와 인터넷 게시판은 불법 인턴십에 관한 제보들로 넘쳐났다. 내 이메일도 마찬가지였다. 하지만 그 제보들이 정식 고발이나 법적 소송으로 이어질 가능성은 크지 않다. 대부분의 제보자들이 익명을 요구하고 있기 때문이다. 다시 말해 노동력을 갈취당한 상황은 억울하지만 자신들의 미래를 담보로 잡고 있는 고용주들과의 정면 대결은 결국 손해라는 패배 의식이 팽배해 있는 것이다.

인턴십에 관한 한 비난으로부터 자유로울 수 있는 고용주들은 그리 많지 않다. 얼마 전 『타임스』Times에는 아동용 영화 제작 회사 리틀에어플레인Little Airplane에서 애니메이션 인턴으로 근무했던 어떤 여성의 이야기가 실렸다. 그녀는 보수가 없다는 사실을 알면서도 그 프로그램에 자원했다고 한다. 애니메이션에 관한 실무를 배울 기회라는 희망 때문이었다. 하지만 인턴 기간에 그녀에게 주어진 주 업무는 신종 인플루엔자를 예방하기 위해 문손잡이들을 닦는 일이었다. "우리의 인턴십 프로그램은 애니메이션 실무를 익힐 수 있는 최적의 기회이며 그 과정을 수료한 인턴들에게는 정규직 채용 시 가산점이 주어진다." 리틀에어플레인의 프로듀서는 『타임스』와의 인터뷰에서 이렇게 장담한 적이 있었다. 그 인턴은 이 얘기를 그대로 믿은 것뿐이었다.

기사가 나가고 나자 애니메이션 분야에서 무보수로 일했거나 일하고 있는 인턴들의 폭로성 제보가 빗발쳤다. 카툰 네트워크Cartoon Network 같은 업계의 거물들은 물론 군소 스튜디오들도 리틀에어플레인과 유사한 불법을 저지르고 있다는 사실이 백일하에 드러난 것이다. 인터넷 사이트 카툰 브루Cartoon Brew에는 최근에 3D 애니메이션 학교를 졸업했다는 한 젊은이의 경험담이 올라 있다.

"정규직 일자리를 얻을 수가 없었기에 나는 애니메이션 관련 학과를 갓 졸업한 사람들과 한 팀이 되어 무보수로 어떤 신생 기업에서 일하게 되었다. 이후 6개월 동안 우리는 철저하게 기만당했다. 사장은 영화 제작을 위한 조건 협상이 진행 중이라며, 계약이 이루어지고 나면 우리 팀 전원을 정식 직원으로 발령하겠다고 여러 차례 다짐했다. 하지만 그것은 우리의 노동력을 공짜로 착취하려는 미끼였을 뿐이다. 그렇게 6개월을 보내던 즈음, 사장이 우리 팀원 가운데 한 여성을 성희롱해왔다는 사실을 알게 됐다(그 여성이 직접 그 사실을 밝혔고 그녀의 이메일에 증거도 남겨져 있다). 나는 그 즉시 자리를 박차고 나와 버렸다." 그 밖에도 읽는 사람의 화를 돋우는 제보는 끝없이 이어진다. "리틀에어플레인 정직원의 생일 파티에서 우리 인턴들은 고릴라 분장을 하고 춤을 추기를 강요당했다." "모 스튜디오에서는 인턴들에게 찻잔이나 접시를 닦게 하고 사무실 청소나 쓰레기 버리는 일 따위만을 시킨다." "모 제작사에서 일하는 동안 계절이 세 번 바뀌도록 단 한 푼도 임금을 받지 못했다."

『타임스』의 인터뷰에 응한 어떤 여학생은 여름방학 동안 모 잡지사의 무보수 인턴으로 근무했던 여름 내내 "하루 20개에서 40개의 샘플을 포장해서 사진 촬영을 협찬했던 옷가게로 돌려보내는 일만 했다"고 말했다. 어느 연예 기획사에서 역시 무보수 인턴으로 근무했다는 어떤 남학생도 인턴 기간 내내 복사와 자료 정리 등의 허드렛일만 했다고 한다. "실무 연수를 병행하면서 시급 10달러를" 약속한 어떤 로펌에서 근무했던 인턴은 "연수는커녕 커피 심부름이나 화장실 청소만 실컷 하고" 단 한 푼도 받지 못했다. 오리건 주에서는 현재 거의 모든 산업 부문에 걸쳐 불법 인턴십이 운영되고 있다. 오리건 주 노동국장 밥 애버키언Bob Avakian은 그 현실을 정확히 파악하고 있다. "현재까지 접수된 제보나 민원은 빙산의 일각일 뿐이다. 인턴들의 노동력을 불법적으로 갈취하는 행위는 오리건 주 노동 시장에 깊숙이 뿌리내리고 있다."[4]

물론 비난의 목소리만 있는 것은 아니다. 대학생들을 대상으로 인턴십 프로그램들을 소개하는 웹사이트 '원 데이, 원 인턴십'One Day, One Internship의 게시판에 올라온 무보수 인턴십 프로그램을 옹호하는 글이 눈길을 끈다. "나는 상당히 공정한 계약이었다고 생각한다. 돈을 안 받고 일해준 대신 이력서 맨 첫 줄에 대기업의 이름을 적어 넣을 수 있게 됐으니 말이다." 무보수 인턴십이 용인되기 위해서는 정당한 보수에 상응하는 실질적인 경험이나 경력을 쌓을 기회가 제공되어야 한다는 사실을 단적으로 드러내는 일례이다. 하지만 인턴들의 노동력을 갈취하기 위해 경험이나 경력에 관한 허울뿐인 약속을 미끼로 이용하는 고용주들의 행태가 문제인 것이다. 게시판에는 그에 관한 인턴들의 경험담들도 올라 있다.

"나는 어느 회사의 재택 인턴으로 일했었다. 그 회사가 신설한 관광 부서의 데이터베이스를 구축하는 업무였다. 근무 기간에 다른 두 명의 동료들과 함께 10개의 관광 상품을 개발했다. 회사는 그 상품들을 통해 앞으로 상당한 수익을 올릴 수 있을 것이다. 하지만 우리 인턴들은 단 한 푼도 받지 못했다. 회사에서는 내게 경험으로 만족하라고 한다."

"나는 연예 기획사에서 무보수로 일하고 있다. 내가 근무하는 장소는 우리 사장의 아파트이다. 그곳 거실 바닥에 앉아 자질구레한 서류들을 정리하는 게 내 일이다. 나는 월급이 없다. 하지만 사장은 내가 공짜로 일하는 게 아니라고 한다. '경험'이라는 '엄청난 보상'을 받고 있다나?"

읽는 사람을 화나게 만드는 글들이다. 하지만 현재 소위 '소중한 경험'을 내세우면서 젊은 노동력을 갈취하는 고용주들의 불법 행위는 산업 현장에서 아주 흔한 일이 되어버렸다. 아예 작정하고 사기 행각에 나서는 경우도 드물지 않다. 그 대표적인 예가 랜더스 그룹 Landers Group이다. 각종 매체를 통해 캘리포니아 굴지의 스포츠 마케팅 기업이라고 대대적으로 홍보하며 인턴을 모집했던 그 회사는 사실 사기성 피라미드 업체였다. 그들은 모집한 인턴들에게 장황하지만 무슨 소린지 이해가 가지 않는 '업무 전반에 대한 설명'을 마친 뒤, 인턴 지원자들의 '역량과 자질을 평가하기 위한 현장 테스트'를 실시했다. 바로 그 테스트가 사기 행각의 대단원이었다. 하루 동안 그 많은 인턴 지원자들을 빈민가에 풀어놓고 방문 판매로 할인쿠폰 영업을 시킨 것이다. 물론 일당은 없었다.

하지만 불법 혹은 편법으로 인턴십 프로그램을 운영하는 건 피라미드 업체들만이 아니다. 법망을 피하기 위해 미래의 직원들의 자질과 역량을 시험한다는 명분을 내세우며 인턴들의 노동력을 착취하는 불법 행위는 모든 산업 부문에서 자행되고 있다. 인턴들과 도급 계약을 맺는 것도 대표적인 불법 행위이다. "최근 들어 교묘하게 보수 지급 체계를 짜 맞춘 인턴십 프로그램이 증가하고 있다. 어떤 통신 판매 회사에서는 인턴들과 도급 계약을 맺고 3개월에 500달러를 지급한다. 이름만 대면 누구나 알 수 있는 어떤 대형 체인 업체의 프로그램은 더욱 교묘하다. 인턴들의 임금을 신입사원 수준으로 책정하되 당사자에게 직접 지불하는 것이 아니라 '장학금' 명목으로 학교 측에 기부하고 있다. 사회적 기업의 이미지를 부각시켜 편법 인턴십 프로그램 운영에 따른 비난을 무마하겠다는 전략이다." 어느 대학 취업센터 책임자의 지적이다.

이렇듯 우리 사회의 인턴십 부문에서는 온갖 불법과 편법이 기승을 부리고 있다. 하지만 여기서 한 가지 큰 문제는 피해 당사자인 인턴들이 정당한 권리를 주장하는 경우가 드물다는 사실이다. 데이비드 야마다 교수는 그 현상을 이렇게 설명하고 있다. "무보수 인턴십 경력이 미래를 위한 투자라는 인식이 대학생들 사이에 급속히 확산되면서 인턴들이 당장의 금전적인 손해를 감수하고 있기 때문이다." 불법적으로 노동력을 착취당한다는 걸 알면서도 "세상으로 나가기 위해" 무보수 인턴십에 매달리고 있는 것이다. 한편 사회적 인식이 부족한 것도 문제다. 하지만 그 문제 역시 쉽게 해결될 것 같지는 않다. 불법 인턴십을 통해 이득을 보고 있는 사람들이 대부분 사회적 강자들이기 때문이다.

정규직 노동자들의 일자리가 줄어드는 것 또한 인턴십 붐이 초래하고 있는 또 다른 부작용이다. 프랑스에서는 인턴들이 6만 개의 정규직 일자리를 차지하고 있다는 조사 결과가 나온 바 있다.[5] 이에 관해 미국에는 아직 구체적인 통계가 없다. 하지만 프랑스보다 훨씬 더 심각한 상태인 것만은 분명하다. 무보수 인턴들이 정규직 일자리를 잠식하는 것은 공정근로기준법에 위배되는 불법으로서 당연히 당국의 제재를 받아야 한다. 하지만 불법성을 입증하기가 어렵다는 것이 문제다. 갈수록 많은 고용주가 신입사원을 뽑는 대신 인턴을 모집하고 있다. '경험'이 아니라 '생계'를 위해 일해야 하는 근로자들의 입지가 갈수록 좁아지고 있는 것이다. 실직자들이 재취업할 수 있는 기회 또한 줄어들고 있다. 무보수 인턴들이 어느새 그 자리를 메우고 있기 때문이다. 이제 인턴십 포화 현상은 노동 시장의 건강까지 위협하고 있는 것이다.

인턴십을 악용하는 불법적 행태가 기승을 부리고 있는 가장 큰 원인은 노동 당국의 관리 소홀에 있다. 인턴십에 관한 문제들이 대두되기 시작한 1970년대 이후로 최근에 이르기까지 '노동 임금 및 시간 분과위원회'WHD는 노동 전문 부서의 역할을 제대로 수행하지 못했다. 인턴십 프로그램의 적법성 문제에 관한 WHD의 자세는 관리 당국이라기보다 상담기관이라고 해도 좋을 만큼 미온적이었다.[6] 대폭적인 예산 삭감 때문에 효율적인 관리가 불가능했다는 핑계도 있을 수는 있다. 하지만 감사원의 조사 결과 드러난 직무 유기 실태는 그 정도 핑계로는 설명되지 않는다. 뉴욕, 로스앤젤레스, 시카고의 노동자들을 대상으로 연방 정부 차원에서 실시한 여론 조사에 따르면 응답자의 26퍼센트가 최저임금에 못 미치는 급여를 받고 일하고 있으며, 전체의 75퍼센트가 여론 조사 이전 일주일간 잔업 수당을 받지 못한 것으로 드러났다. 그 일주일간의 체불 액수는 총합 5,640만 달러에 이른다. 임금에만 의존해서 살아가야 하는 노동자들이 엄청난 피해를 입고 그에 따라 지역 경제와 정부의 세수가 상당한 손실을 보고 있는 상황에서 WHD는 대체 뭘 하고 있었는가? 결국 WHD의 느슨한 관리 감독 체제 속에서 공정근로기준법은 허울뿐인 법령으로 전락하고 만 것이다.

"사실 공정근로기준법은 강제적인 집행이 얼마든지 가능한 법령이다." 미국노동법프로젝트National Employment Law Project, NELP의 법률 자문위원이자 공정근로기준법의 권위자인 캐서린 러클샤우스Catherine Ruckelshaus는 이렇게 단언한다. 그녀에 따르자면 "불법 사례들을 강력히 단속하고 노동자들이 두려움 없이 당국에 진정할 수 있도록 고용주들의 보복을 철저히 차단하면 되는 것"이다. 하지만 오바마 행정부가 출범할 무렵의 WHD는 이미 관리기관으로서의 기능을 상실한 상태였다. 1975년에서 2004년에 이르는 동안 관리 대상 사업체 수는 112퍼센트 증가한 데 반해 WHD의 감사과 직원은 14퍼센트나 감축되어 2007년도에는 732명만이 남게 되었다. 그해 그 732명이 감사에 나선 노동자들의 민원은 고작 2만 2,374건이었다. 1998년도와 비교할 때 3분의 1 이상이 줄어든 수치였다. 시정 명령을 내린 사례 역시 7,210건으로 1998년도의 절반에도 미치지 못했다. "WHD는 제보나 고발을 접수한 뒤에야 감사에 나서는 관행을 지양해야 한다. 위반 사례가 빈번한 산업 분야는 사전 감사를 통해 불법 행위의 재발을 방지하는 등 더욱 적극적으로 개입해서 피해를 당하고도 나서지 못하는 가장 약한 노동자들의 권익까지 보호해야 하는 것이다." NELP 관계자의 통렬한 지적이다.

한편 근로 기준에 관한 새로운 법령이 제정되지 않는 현실에서 모든 인턴십 프로그램은 여전히 기존 공정근로기준법 6개 조항의 대상이 된다. 그 조항들을 위반하는 고용주들의 불법 행위를 관계 당국이 적극적으로 제재하지 않을 경우, 인턴들은 법적 소송까지 각오해야 한다. 하지만 불법 인턴십에 대한 인턴들의 법적 투쟁은 아직 활발하게 전개되지 않고 있다. 노동법 전문 변호사 마이클 트레이시는 그에 관해 이렇게 얘기한다. "현재 노동 조건의 적법성 여부를 묻기 위해 우리 로펌을 찾는 노동자들이 연간 수천 명에 달한다. 하지만 그 가운데 인턴들은 고작 한둘에 불과하다. 그래서 아직까지 나는 임금을 받지 못한 인턴들을 위해 법정에 서본 적이 없다."

최저임금법 전문가 마이클 월시Michael Walsh는 사례를 들어가며 다음과 같이 충고한다. "최근 어떤 인턴으로부터 그녀가 참여하고 있는 무보수 인턴십 프로그램의 적법성에 관해 질문을 받은 적이 있다. 물론 위법이다. 그녀는 그동안의 노동에 대해서 금전적으로 적절한 배상을 받을 권리가 있다. 아주 특별한 경우가 아닌 한 일단 노동을 제공하면 보수를 받는 것이 당연한 권리이고 그 권리의 소멸 시효는 4년이다."[7] 월시는 임금에 관해 피해를 입을 경우 피해 노동자들이 단체로 소송을 의뢰하는 것이 유리하다고 조언한다. 따라서 고질적으로 임금상의 불법 행위를 자행하고 있는 기업체나 사업 부문에서 유사한 피해를 입은 인턴들이 뜻을 모으는 것이 바람직하다.

"인턴들의 의뢰를 받으면 대부분의 노동법 전문 변호사들은 기꺼이 수임을 할 것이다. 일단 승소할 확률이 상당히 높기 때문이다." 마이클 트레이시는 이렇게 전망한다. '원 데이, 원 인턴십'의 윌리 프랜즌Willy Franzen은 일단 인턴들의 소송이 시작되고 나면 걷잡을 수 없게 될 것이라고 예견한다. "내 생각으로는 그런 상황이 곧 벌어질 것 같다. 그동안 쌓여왔던 게 한 번에 터져버릴 것이다."

## 법의 보호조차 받지 못하는 인턴들

무보수 인턴십은 피해자인 인턴들에게 또 다른 고충을 안겨준다. 급여가 없다는 사실은 곧 피해자들이 노동자로서 법정에 설 자격이 없다는 것을 의미하기 때문이다. 황당하기는 하지만 그것이 사법 당국과 법률 전문가들의 공통된 해석이다. 따라서 어떤 인턴이 1년 동안 꼬박 한 업체에서 일했더라도 급여가 없었다면 법적인 의미에서는 노동자가 아닌 것이다. 노동자의 자격이 인정되지 않는다면 결국 수많은 인턴들은 직장에서의 기본적인 권리를 주장할 수가 없게 된다. 데이비드 야마다는 이 상황을 다음과 같이 표현하고 있다. "재학생 인턴들은 현재 법의 사각지대에 내동댕이쳐진 상태이다. 노동자들에 대한 법적 보호 장치와 학생들을 위한 법적 보호 장치 사이의 계곡 속에 깊숙이 빠져버린 것이다." 신시아 그랜트 보먼Cynthia Grant Bowman과 메리베스 립MaryBeth Lipp은 그 상태를 "법적 소외"라고 부른다. 나이와 성별, 인종에 관한 차별을 엄격히 금지하고 있는 모든 노동법령이 무보수 인턴들만은 보호 대상에서 제외하고 있기 때문이다. 다시 말해 노동법적 시각에서 보자면 무보수 인턴은 학생도 아니고 노동자도 아닌 그림자 같은 존재에 불과한 것이다.[8]

뉴욕 메리마운트 대학 사회복지학과 학생이었던 브리짓 오코너Bridget O'Connor는 특히 현장 경험을 중요시하는 전공의 특성 때문에 졸업을 위해서 인턴십을 거쳐야 했다. 그녀가 선택한 곳은 록랜드정신의학센터Rockland Psychiatric Center였다. 무보수였지만 대신 연방 정부에서 지급하는 근로장학금을 받을 수 있는 프로그램이었다. 그런데 근무를 시작한 지 며칠이 지나지 않아 사건이 발생했다. 그녀의 주장에 따르자면 그곳에 근무하는 정신과 의사 한 사람이 그녀를 성희롱한 것이었다. 여러 차례 음담패설을 건넸고 심지어 자기 사무실에 들어올 때는 옷을 벗으라는 말까지 했다는 것이다.

브리짓은 즉시 센터 측에 사실을 알렸지만, 그 정도는 사회생활을 시작하는 신고식쯤으로 여겨야 한다는 듯 그들은 그 의사의 엄연한 범죄 행위는 묵인하고 브리짓의 당연한 항의는 묵살했다. 수업 일정 때문에 시간제로 일할 수밖에 없었지만, 그녀는 환자들과의 일대일 면담, 보고서 작성, 직원회의 참석 등 록랜드센터의 신입사원들과 똑같은 업무를 수행하고 있었다. 하지만 센터 측에서는 그녀의 항의를 외면했다. 그녀가 정규직이었다면 있을 수 없는 일이었다. 그 사건이 있은 직후, 브리짓은 다른 의료센터로 자리를 옮겼다. 그리고 직장에서의 차별 행위를 금지하는 시민평등권보호법 제7항을 들어 문제의 정신과 의사 데이비스를 성희롱 죄로, 록랜드센터를 성희롱 방조죄로 각각 고소했다.

만일 법원에서 그녀의 노동자 신분만 인정해주었다면 무조건 승리할 수 있었던 소송이었다. 하지만 지방법원과 항소심 법원에서는 기각 판결을 내렸다. 브리짓을 노동자라고 볼 수 없으며 따라서 그녀는 애초에 소송의 원고가 될 자격이 없다는 것이 이유였다. 그 판결에 가장 큰 영향을 미친 것은 브리짓이 록랜드센터에서 임금을 받지 않고 일했다는 사실이다. 당시 제1심 재판부는 임금을 "고용주와 고용인 관계를 성립시키는 가장 본질적인 조건"이라고 해석했다. '고용인'의 법적 정체성은 다른 무엇보다 임금을 기준으로 결정되어야 한다는 판례가 나온 것이다. 그 판례에 따르자면 차별 대우나 성희롱 등 공정근로기준법이나 시민평등권보호법에 저촉되는 행위가 발생할 때 급여가 책정된 인턴십을 운영하는 회사나 조직은 그 피해자인 인턴들이 제기하는 법적 소송의 대상이 되지만, 공정근로기준법을 위반하고 인턴들에게 임금을 주지 않는 회사나 조직은 그 대상에서 면제되는 불합리한 결과가 발생한다. 쉽게 말해 임금이 없고 직원 복지가 없으며 유급휴가나 병가, 혹은 잔업수당이 없는 인턴은 법정에 설 권리조차 없다는 것이다.

브리짓의 경우에서 드러난 것처럼 인턴들이 법적인 소송을 진행하기 위해서는 공정근로기준법에 의해 보호받을 수 있는 노동자의 신분을 입증할 수 있어야 한다. 만일 브리짓이 공정근로기준법의 최저임금 조항을 충족하는 고용 계약을 맺었더라면, 그녀는 록랜드의 고용인으로 간주되어 성희롱을 금지하는 시민평등권법 제7항의 보호를 받을 수 있었을 것이다. 하지만 브리짓은 무보수 인턴이었고 학생 신분인 그녀가 피해 보상을 받을 수 있는 유일한 방법은 학생들의 인턴 활동을 성실하게 관리 감독할 의무가 있는 대학을 상대로 소송을 제기하는 것뿐이다. 법학과 교수 크레이그 오트너Craig Ortner는 오로지 금전적 보수만을 인정하는 법원의 판례에 이의를 제기한다. 그는 현찰만이 아니라 경험이나 기회를 부여받는 것도 일종의 급여로 간주해야 한다면서 "더구나 인턴십 경력이 미래의 재정적 안정에 지대한 영향을 미치고 있는 현실에서 금전적 보수를 받지 않고 일하는 인턴들을 시민평등권법의 보호 대상에서 제외시켜 성희롱 같은 악질적 범죄 행위의 대상이 되도록 방관한다는 건 너무나 불합리한 처사"라고 주장한다.[9]

하지만 사법 당국은 여전히 무보수 인턴들을 고용인으로 간주하지 않고 있다. 캘리포니아, 오리건, 그리고 네브래스카에서 무보수 인턴들이나 자원봉사자들이 직장에서의 차별 대우에 대해 제기했던 소송들은 현재까지 모두 기각되었다. 고용인이 아니기 때문에 원고로서 자격이 없다는 것이다. 뉴욕 주 역시 마찬가지다. 인턴 근무 당시에 당했던 성추행에 대한 피해보상 소송 사건에서 주 법정은 원고의 자격 미달을 이유로 즉각 기각 판결을 내렸다. 가해자인 직장 상사가 "가슴과 엉덩이를 건드리고, 암실에서는 여러 차례 자신의 몸의 일부를 문질러댔으며, 사무실 벽에 음란한 사진들을 붙여놓았고, 더 이상 치근대지 못하게 막자 이번에는 출퇴근기록부에 확인 사인을 해주지 않았다"는 피해 여학생의 절규는 묵살되고 말았다.

인턴의 손을 들어준 항소심 법원의 판결이 대법원에서 뒤집어진 사례도 있다. 2008년 로어리 대 클렘Lowery v. Klemm 사건이 바로 그것이다. 워싱턴 종합물리치료센터에서 인턴으로 근무했던 여대생이 그 센터의 물리치료사를 성희롱으로 고소한 사건이었다. 하지만 명백한 증거에도 불구하고 워싱턴 대법원은 기각 판결을 내렸다. 역시나 그 여대생 인턴이 원고의 자격을 충족하지 못한다는 이유에서였다. 판결의 근거는 워싱턴인권보호법DCHRA으로서 그 법의 어느 조항에도 무보수 인턴을 고용인으로 규정한 대목이 없기 때문이었다. 조지 워싱턴 대학의 법학과 교수이자 워싱턴 시의회 의원인 메리 체Mary Cheh는 격앙된 어조로 그 판결에 대해 불만을 토로했다. "최근 이 나라의 다른 모든 지역에서처럼 우리 시에서도 무보수 인턴십 프로그램에 참여하는 학생들이 급격히 늘어나고 있다. 이제 워싱턴은 세계의 인턴십 중심지라고 해도 과언이 아닐 것이다. 이런 상황에서 그 어린 학생들을 성추행이나 차별 대우로부터 보호할 수 없게 만든 법원의 판결은 정말 어처구니가 없다." 2009년 그녀는 평소의 소신에 따라 '인턴에 대한 차별대우방지법안'을 워싱턴 시의회에 상정했다. 워싱턴인권보호법의 원안에 "인턴들도 다른 노동자들과 똑같은 법적 보호를 받을 수 있다"는 조항을 첨가한 수정법안이다. "인턴들은 오히려 다른 노동자들보다 더 상처받기 쉬운 집단이라고 볼 수 있습니다. 이제 갓 사회생활을 시작한 사람들이니까요."

메리 체의 법안이 통과된다면 인턴들의 권익을 보호할 수 있는 법적 장치가 최초로 마련되는 셈이다. 그렇게 되면 워싱턴의 인턴들은 최소한 업무 현장에서 당하는 차별 대우나 성추행 등의 범죄 행위에 대해 시 법원에 소송을 제기할 수 있는 적법한 자격을 얻게 된다. 체와 그녀의 동료들의 노력은 언젠가는 워싱턴의 시 경계선을 넘어 미국 전역에서 결실을 맺게 될 것이다. 하지만 그날이 오기 전까지가 문제이다. 앞에서도 언급했듯이 전체 무보수 인턴들의 4분의 3 이상이 젊은 여성들이다. 따라서 업무 현장에서의 성희롱에 대한 법적 보호 장치가 아주 시급한 상황이다.

메리베스 립은 자신이 직접 당했던 성희롱에 관해 자세한 기록을 남기고 있다. 그녀가 무보수 방송국 인턴으로 일하던 때의 일이다. 전공 필수 과정이었던 인턴십에 관해 그녀가 품고 있었던 기대는 출근한 지 일주일도 안 되어 산산조각이 났다.

"출근 첫날부터 직원들은 내게 얼굴이 화끈거릴 만큼 원색적인 농담을 던졌다. 그래도 농담 정도는 참아낼 수 있었다. 야릇한 눈빛으로 전신을 훑어보는가 하면 실수를 가장하고 가슴이나 엉덩이에 몸을 부딪쳐오는 짓거리는 정말 견딜 수가 없었다." 그녀는 남성들이 여성 인턴들에게 성희롱을 자행하는 가장 큰 이유 가운데 하나가 "자신들이 지배하는 영역에 도전하는 여성들에 대한 앙갚음 혹은 기선 제압을 위해서"라고 주장하며 "따라서 현재와 같이 보호 장치가 없는 상황에서 특히 여학생들이 무보수 인턴으로 사회생활을 하는 것 자체가 위험천만한 일"이라고 단언한다. 그녀의 주장대로 이대로는 안 된다. 우리의 젊은이들을 착취와 성희롱으로부터 보호할 수 있는 제도적 장치가 너무도 절실한 상황이다. 모니카 르윈스키의 염문이나 찬드라 레비Chandra Levy의 비극, 혹은 데이비드 레터맨David Letterman의 추문 등 미국 인턴십 역사의 오점들은 불법적이고 편법적인 인턴십 현실에 대한 사회의 무관심이 초래한 당연한 귀결일 수도 있다.

# 05
# 대학, 방관자 혹은 공모자

새로운 미국 건국의 주역은 무보수 인턴들이다.
그 노력의 대가로 그들은 학점을 인정받는다.

**스티븐 콜버트**

미국 땅에서 어린이의 노동력을 착취하는 야만적인 행위가 자취를 감춘 것은 공정근로기준법의 제정과 더불어 의무교육제의 확산, 교육계 인사들의 노력 덕분이다. 오늘날 교육기관들이 학생들을 착취하는 불법적이고 비윤리적인 고용 제도를 의식적으로든 무의식적으로든 지원하고 있는 현실은 그래서 더욱 안타깝기만 하다. 1장에서 우리는 많은 대학들이 최저임금에 허드렛일뿐인 디즈니의 인턴십 프로그램을 적극적으로 지원해주고 있다는 사실을 확인했다. 유감스럽게도 디즈니의 경우는 일개 사례에 불과하다. 현재 미국 내 대부분의 대학들과 많은 고등학교들은 신중한 검토 과정을 생략한 채 각종 무보수 인턴십 프로그램들을 지원하고 있으며, 인턴들에게 특히 학점에 관한 편의를 제공함으로써 고용주들이 법적 제재를 모면할 구실을 제공하고 있다. 그러면서도 그들은 '보수보다 값진 미래를 위한 투자'라는 허구를 내세워 무보수 인턴십이라는 엄연한 불법적 고용 제도를 미화하는 동시에 자신들의 잘못을 호도하고 있다. 그 덕분에 인턴십에 대한 학생들과 가족들의 관심은 극대화되었고, 이제 취업은 물론 대학이나 대학원 입학의 필수 조건이라고 인식되기에 이르렀다.

그와 동시에 인턴으로 일하면서 학점을 인정받게 되면 공정근로

기준법의 보호 대상에서 제외된다는 근거 없는 인식 또한 단단히 뿌리내리게 되었다. 무보수 인턴십 프로그램을 운영하고 있는 고용주들 가운데 상당수가 바로 이 그릇된 세간의 인식을 악용해서 인턴십에 지원하는 대학생들에게 학점을 인정해준다는 학교 측의 보증을 받도록 요구하고 있다. 법적 문제가 발생할 경우 책임을 대학 측에 떠넘기려는 속셈이다. 다시 말해 '현장에서 경험을 쌓는 동안' 학점을 인정받게 해준다는 고용주들의 '배려'는 사실상 철저히 계산된 교활한 전략인 것이다. 교육 전문지 『크로니클 오브 하이어 에듀케이션』*The Chronicle of Higher Education*은 UCLA 취업센터 책임자의 다음과 같은 인터뷰를 보도한 적이 있다. "고용주들의 의도는 학교 측을 볼모로 잡아두겠다는 것이다. (…) 자신들이 운영하는 인턴십 프로그램의 교육적 충실도에는 아예 관심도 없다."[1] 앞에서도 언급했듯이 무보수 인턴십 프로그램이 무조건 불법은 아니다. 학생들에게 실질적이고 교육적인 경험을 제공하는 경우, 고용주는 인턴들에게 보수를 지급하지 않을 수 있는 최소한의 명분을 지니게 된다. 이때 그 프로그램의 교육적 가치와 효율성을 판단하고 관리 감독하는 것은 전적으로 대학의 의무이다.

노동법 전문 변호사 도널드 오코너Donald T. O'Connor는 보수 대신 학점을 인정받는 경우에도 인턴들은 여전히 공정근로기준법의 규정에 따라 권리를 주장할 수 있다고 단언한다. 그에 따르자면 인턴들이 무보수 고용 계약서에 서명하는 것은 법적 효력이 없는 행위이다.[2] 미국 노동 당국은 얼마 전 다음과 같은 성명을 발표했다. "어떤 인턴십 과정이 대학 측으로부터 학점을 인정받는다고 해서 해당 고용주가 공정근로기준법의 6개 조항을 준수하고 있다는 증거가 될 수는 없다." 즉 대학 측에서 학점을 인정해주는 인턴십 프로그램이라고 해서 무조건 노동법상의 면죄부를 받는 건 아니라는 것이다.

## 인턴 학생에게서 수업료를 챙기는 대학들

2010년도 WHD의 인턴십에 관한 보고서의 한 대목을 통해 우리는 노동 당국의 시각을 재차 확인할 수 있다. "어떤 인턴십 프로그램이 교육적 측면을 포함하며 대학의 적극적인 지원을 받는다고 해서 그 프로그램이 교육 과정으로 간주되는 건 아니다." 다시 말해 교육적 요소가 가미되고 대학 측에 의해 학점이 인정되는 인턴십 프로그램이라고 해서 무조건 교육 혹은 연수 과정은 아니며, 따라서 그 프로그램에 참여한 인턴들을 수습사원과 동일하게 간주하고 보수를 지급하지 않는 행위는 공정근로기준법에 위배될 수도 있다는 의미이다. 결국 인턴십 과정이 대학 측으로부터 학점을 인정받기만 하면 모든 법적인 문제로부터 자유로울 수 있다는 고용주들의 믿음은 착각에 불과한 것이다.

어쨌든 그 착각 때문에 인턴들의 피해와 부담은 가중된다. 돈 한 푼 못 받고 인턴으로 근무하는 동안 듣지도 않은 강의에 대해 수업료까지 내게 된 것이다. 대부분의 대학들은 그런 상황을 찬조 혹은 방조해오고 있다. 인턴들이 내는 수업료가 재정에 상당한 도움이 되기 때문이다. "참 지저분한 비밀이다. 강의실에 들어오지 않는 학생들로부터 수업료를 챙기는 건 재정적으로 엄청난 이득이다. 그러니 모든 대학이 꿀 먹은 벙어리가 될 수밖에 없다." 커뮤니케이션 부문의 인턴십 프로그램들을 집중적으로 연구해온 워싱턴 대학 교수 지나 네프는 분통을 터뜨리며 자신의 제자들이 인턴으로 일하는 어떤 홍보 회사에 관한 얘기를 들려주었다. "그 회사에서 인턴으로 근무하는 제자들의 보고서를 읽고 나서 나는 화가 치밀어 견딜 수가 없었다. 학생들은 강의를 듣지 않으면서도 4~5학점을 인정받기 위해 수업료를 내야 한다. 그렇다면 그 회사에서 뭐든 배우는 게 있어야 하지 않는가? 그런데 거기서 그들이 하는 일은 우편물을 부치거나 홍보 전단을 들고 거리에 나서는 것뿐이다."

학점 인정을 요구하는 인턴십 프로그램은 시민평등권보호법에도 위배된다. 이미 대학을 졸업한 사람들의 지원을 원천적으로 봉쇄하기 때문이다. 어떤 지원자는 나와의 인터뷰에서 이렇게 하소연했다. "보수 없이 일하면서 듣지도 않은 수업료를 내야 하다니 잘못돼도 단단히 잘못됐다. 하지만 재학생들은 그래도 나보다는 낫다. 이미 대학을 졸업한 나로서는 학점을 인정받을 길이 없으니 지원서를 낼 곳조차 찾기 어렵다."

물론 무보수로 노동력을 제공하면서 수업료까지 내는 것이 실정법과 관습법에 위배되지 않는 경우도 있다. 대학 측에서 사전에 인턴십 프로그램의 교육적 측면을 면밀히 검토하고, 인턴 기간이 학생들에게 실질적 경험을 쌓을 수 있는 기회가 될 수 있도록 지속적인 관리 감독을 게을리 하지 않을 때다. 하지만 너무나 유감스럽게도 고용주들은 법망을 피하기 위해 학점인정제를 악용하고, 대학 측에서는 수업료는 받으면서도 관리 감독은 소홀히 하는 추세가 급속도로 확산되고 있다. 결국 인턴들은 '공짜로 노동력을 제공하는 특권'을 누리기 위해 많게는 수천 달러까지 지불하고 있다. 불법 인턴십에 관해 지속적으로 경종을 울려오고 있는 법학 교수 데이비드 그레고리David Gregory는 갈수록 확산되는 학점인정제의 위법성과 불합리성에 관해 별다른 관심을 보이지 않는 상아탑에 울분을 토한다. "다들 제정신이 아니다. 대학들은 단순히 부지불식간에 연루된 것이 아니다. 재정적으로 상당한 이익을 도모할 수 있기에 마구잡이로 학점을 인정해주며 불법적인 무보수 인턴십 프로그램을 적극 지원해주고 있는 것이다."[3]

교무과장의 직인이 찍힌 학점인정서를 통해 고용주들은 공짜로 노동력을 얻고 대학은 나름의 몫을 챙긴다. 인턴들과 그들의 가족들만 빼고는 관계자들 모두 이득을 보는 것이다. 최근 실시된 인턴브리지의 조사 결과에 따르면 전체 인턴의 71퍼센트가 인턴 과정에 따르는 수업료를 직접 부담하는 것으로 드러났다.

대학 당국은 어떤 인턴십 프로그램을 학생들에게 홍보할 때 최소한 그 프로그램의 적법성 여부 정도는 면밀히 검토해야 할 의무가 있다. 특히 무보수 프로그램일 때는 더욱 신중을 기해야 한다. 그러나 유감스럽게도 현실은 그렇지 않다. 많은 대학들이 학생들에게 학교 밖에서 학점을 얻는 프로그램을 적극적으로 권장하는 와중에서 불법적인 인턴십 프로그램들마저 용인하거나 간과하고 있다. 713개 대학을 대상으로 조사를 실시한 결과에 따르면 95퍼센트의 대학들이 무보수 인턴십 프로그램의 교내 홍보를 허가하고 있는 것으로 드러났다. 영리 단체들의 무보수 인턴십 프로그램에 대한 홍보를 불허하는 방침을 세우고 있는 대학은 극소수에 지나지 않았다. 그 조사를 통해 고작 27.6퍼센트의 대학만이 인턴으로 활동하는 학생들이 직접 수업에 참석해야 학점을 주는 것으로 밝혀졌다. 설사 적극 나서지는 않는다고 할지라도 대부분의 대학들이 무보수 인턴십을 통해 얻어지는 부수적인 이익에 맛 들여 있다는 사실을 증명해주는 결과이다.[4]

자본주의 경제에서 교육은 상아탑이라는 시장에서 판매되는 상품이라고 할 수 있다. 아냐 카메네츠Anya Kamenetz는 교육을 "문화와 이성, 혹은 존경을 구매할 수 있는 유일무이한 화폐"라고 정의한다. 하지만 불법적, 혹은 편법적 인턴십에 관해 대학 당국들이 견지하고 있는 자세는 아냐 카메네츠의 정의를 무색케 한다. 고용주들은 무보수 인턴십에 관한 새로운 법령의 제정이나 기존 법령의 유추 해석을 통한 규제를 막기 위해 전문 로비스트들을 고용할 필요조차 없다. 대학들이 알아서 해결해주고 있기 때문이다. 최근 열세 명의 대학 총장들이 연대해서 노동부에 탄원서를 제출했다. 인턴십을 규제하는 당국의 제반 조치가 대학 간의 학점 교류와 산학 협력을 저해한다는 내용이었다. "인턴십은 학생들의 학문적 성장과 실질적 경험을 동시에 도모해주는 유용한 제도이다. 학생들의 노동력이 착취당할 가능성에 관해서는 누구보다 우리 대학 당국자들이 가장 우려하고 있다. 그래서 우리는 특히 인턴 과정을 경험한 학생들의 피드백을 토대로 건전한 인턴십 제도의 정착을 위해 노력하고 있다. 우리 대학 총장단은 노동 당국이 우리의 자율 능력을 인정하고 인턴십에 관한 규제

조치를 재고해주기를 간곡히 바란다."

불법적 인턴십을 규제할 능력도 의지도 없으면서 무조건 당국의 간섭을 배제하려는 그들의 의도를 과연 어떻게 해석해야 할까?

## 선택이 아니라
## 필수가 되어버린 인턴십

재정적인 측면 외에 대학들이 열렬히 인턴십을 환영하는 또 다른 이유는 무엇일까? 지나 네프는 이렇게 말한다. "취업 박람회와 더불어 인턴십을 홍보하고 지원하는 대학 취업센터들 덕분에 오늘날 이 땅의 대학생들은 졸업 후 취업 시장에서 경쟁력을 갖추기 위해 재학 중에 인턴 과정을 반드시 수료해야 한다는 강박에 사로잡히게 되었다. 하지만 문제는 인턴 과정이 어떤 식으로 그들의 미래에 도움이 되는지 아무도 이해하지 못하고 있다는 데 있다." 필 가드너 역시 네프의 지적에 동의한다. "대학생들은 이제 인턴십 경력을 이력서에 기재해야 할 필수 사항으로 인식하고 있다. 하지만 인턴 과정을 통해 자신들이 무엇을 얻게 되는지 정확히 이해하고 있는 젊은이들은 없는 것 같다."

오늘날 인턴십은 미국의 많은 대학과 학과들에서 선택이 아니라 필수 과정으로 뿌리내리고 있다. 특히 실용 학문을 전공하는 학생들은 취업은 물론 졸업을 위해서라도 반드시 인턴십 과정을 수료해야 한다. 인턴십 붐이 발생할 환경이 자연스럽게 조성된 것이다. 지나 네프는 직접 시행한 조사 결과를 토대로 다음과 같이 현실을 지적한다. "특히 저널리즘 관련 학과에서는 인턴 과정이 필수이다. 하지만 재학생들에게 그 과정이 반드시 필요한 것인지 나로서는 의문이다. 대학을 졸업한 뒤 어차피 인턴십부터 거치는 것이 그 분야의 관례이기 때문이다. 그 밖에 거의 모든 전공 분야에서도 인턴십이 필수 과정으로 자리 잡아가고 있다. 그 많은 학생들을 적절한 인턴십 프로그램과 연결시켜줄 여건이 마련되어 있지 않은 상황에서 학생들에게 무조건 인턴 과정을 이수하기를 요구하는 대학들의 방침은 이해가 가지 않는다. 대학들은 인턴십의 경제학에 관해 그들이 떠맡아야 할 최소한의 의무조차 내버리고 있는 것이다."

대학 당국자들은 학생들의 미래를 좌우할 수 있는 그들의 또 다른 영향력을 계속 향유하고 싶어하는 것 같다. 인턴십을 통해 학생들을 비공식적으로 취업시키는 방법을 터득한 대학들은 인턴십 프로그램들을 더욱 강력히 지원하게 된다. 인턴십과 고등교육의 역사에 관해 줄곧 연구해온 아냐 카메네츠는 인턴십이 1960년대 미국 대학들이 지향했던 '대학 기능 극대화주의'와 밀접한 관계가 있다고 말한다. 당시 미국 대학들은 명문의 반열에 오르기 위해 커리큘럼은 물론 체육관이나 전용극장, 혹은 부설병원 진료 특혜 등 대학생이라는 사실만으로도 자부심을 가질 수 있도록 제반 시설과 서비스 기능을 극대화시켰다. 카메네츠는 오늘날 대학들이 인턴십을 적극 지원하는 현실도 같은 맥락이라고 주장한다. 필 가드너 역시 그녀의 주장에 공감을 표한다. 대학들이 학생들의 학문적, 정신적 성장과 취업 기회의 증진을 위해서 외국 유학이나 사회봉사를 비롯해 다양한 활동을 권장하고 있지만 "결국 인턴십이 대세이며 기타의 모든 활동은 보조적인 역할에 지나지 않는다"는 것이다. 이렇듯 학교의 명성과 장래를 생각해서라도 대학들은 인턴십 경쟁에 열을 올린다. 그런 현실을 감안할 때 재정 구조가 빈약한 대학의 재학생들이나 대학 제도권 외곽의 인턴 지원자들이 얼마나 불리한 위치에 있는지 쉽게 짐작할 수 있다.

대학들이 무보수 인턴십 프로그램에 참여한 학생들을 지원하는 것은 자의건 타의건 인턴십 포화 현상의 주역인 학생들의 요구에 대한 단순한 반응이라는 해석도 가능하다. 많은 학생들이 대학에 다니는 가장 큰 목적을 취업 시장에서의 경쟁력이라고 밝히고 있기 때문이다. 그들의 취업 가능성을 높이기 위해 대학 당국이나 교수들은 많은 노력을 기울여오고 있다. 이제 학생들은 인턴십을 강의실 수업의 연장이자 직업 세계로 나가는 필수 관문으로 인식하게끔 되었다. 대학과 학부모 그리고 고용주들이 한목소리로 인턴십 참여를 권장하는 분위기 속에서 '반강제적'으로 인턴 경력을 쌓기 위해 노력하고 있는 것이다. 덕분에 취업 시장의 치열한 경쟁은 인턴십 세계에서도 고스란히 재현되고 있다. 인턴으로서의 황금기는 대학 졸업 후가 아니라 2, 3학년 때이다. 물론 어떤 기업에서 인턴으로 근무한 경력이 미래의 취업으로 이어진다는 보장은 없다. 하지만 인턴 경력이 없는 구직자가 취업 경쟁에서 상당히 불리하다는 것은 확실한 사실이다. 골드만삭스Goldman Sachs의 경우, 사실로 확인되지는 않았지만 2009년도 신입사원 가운데 90퍼센트가 그 회사에서 인턴으로 근무했던 경력이 있다는 얘기도 있다.[5]

현재 소위 '특급' 인턴십 프로그램에 참여하려는 예비 인턴들의 경쟁은 상상을 초월할 만큼 치열하다. 풀타임 근무에 월급 1,000달러에 불과한 워싱턴의 어느 유수한 두뇌 집단의 인턴십 프로그램에는 5명 모집에 무려 300명의 지원자가 몰렸다. 독일에 본부를 두고 있는 어느 국제적 비영리 단체의 인턴십 프로그램은 풀타임에 월급 400유로라는 열악한 조건임에도 불구하고 매년 최대 400 대 1의 경쟁률을 보이고 있다. 버지니아의 어느 소규모 신문사에는 열둘 남짓의 인턴십에 300여 명이 지원했다. 이런 상황에서 백악관이나 CNN의 인턴십 경쟁률이 1,000 대 1을 넘어서는 것도 전혀 놀라운 일이 아니다.

이토록 치열한 경쟁 속에서 스스로 인턴십을 창출하는 젊은이들도 많다. 대외적으로 인턴십 프로그램을 홍보하지 않거나 아예 운영 계획이 없는 고용주들에게 무조건 무보수 노동을 제안하는 것이다. 사실상 그런 제안을 거절하기는 쉽지 않은 일이다. 인턴십 사이트를 운영하고 있는 인턴십 전문가 윌리 프랜즌에 따르자면 자발적 무보수 인턴십 계약은 특히 지방 소재 소기업에서 활발히 이루어지고 있다고 한다. 프랜즌 자신도 낚싯대 제조 회사에서 두 차례 인턴 과정을 수료한 경력이 있다. 물론 보수는 없었고 '종업원 할인'만이 유일한 특전이었다고 했다.

코네티컷 대학의 어느 4학년생의 경우도 흡사하다. 그는 인턴십 프로그램이 없는 유니버셜 뮤직Universal Music의 부에노스아이레스 지사로 찾아가 무보수 인턴을 자원했고 그의 제안은 즉석에서 받아들여졌다. 언젠가 『월스트리트 저널』*Wall Street Journal*에 자발적 무보수 인턴 스테파니 거트먼Stephanie Gurtman의 성공담이 실린 적이 있었다.

그녀가 플로리다 소재의 광고 에이전시 탬파Tampa와의 인터뷰를 요청하면서 이야기는 시작된다. 당시 탬파는 인턴 모집 광고를 낸 적도 없었고 계획도 없었다. 하지만 무보수로 보도자료 정리와 시장조사를 거들어줄 일손을 기꺼이 맞아들였다. 그 기사는 다음과 같이 끝을 맺는다. "인턴으로 근무하는 동안 스테파니는 보수를 받지 못했다. 하지만 마지막 날 회사를 나오는 그녀의 손에는 미래를 인도할 보물 지도와도 같은 세 통의 추천서가 들려 있었다." 사실 사무실 공간에 여유가 있는 한 자발적 무보수 인턴 지원자를 마다할 고용주는 없을 것이다.[6]

자료가 충분치 않은 현재로서는 대학과 학생 그리고 고용주가 주도하는 인턴십 프로그램이나 계약이 각각 얼마만큼의 비율을 차지하는지 파악하기 힘들다. 하지만 위의 세 집단 모두가 인턴십 붐 현상에 결정적 기여를 하고 있으며 개개의 인턴십 프로그램이 일단 시작되고 나면 관계 당사자 모두에게 중요한 의미를 갖게 되는 것만은 분명한 사실이다. 고용주들은 인턴십 프로그램을 운영해서 재정적 이윤과 합리적 경영, 그리고 업계 경쟁에서의 승리를 기획한다. 학생들은 인턴십 프로그램에 참여해서 실질적인 현장 경험을 쌓고 미래를 준비한다. 대학들은 인턴십 프로그램을 지원해서 학생과 학교의 발전을 도모한다. 이렇듯 인턴십 프로그램의 수요는 갈수록 늘어간다.

## 곡학아세하는 교수들

일반적으로 학자들이나 대학 교수들에게 있어서 인턴십이란 큰 관심사가 될 수 없다. 하지만 일부 교육계 인사들은 의도적이든 아니든 현재의 인턴십 붐 현상을 설명하고 정당화시킬 수 있는 명분을 마련해주고 있다. 실습 기회로서의 교육적 가치와 사회봉사의 일환으로서의 기능, 그리고 '인적자원'의 활용이라는 경제학적 유용성에 이르기까지 인턴십에 관한 새롭고 다각적인 패러다임이 그들에 의해 정립되어 인턴십 붐과 연관된 대학의 의무와 역할에 명분을 부여하고 있는 것이다. 하지만 학생들과 학부모들이 오로지 인턴십의 실질적 측면, 즉 취업 시장에서의 경쟁력을 높이는 인턴십의 현실적 기능에만 관심을 갖고 있는 상황 속에서, 교육계 인사들은 인턴십의 본질적 의미에 대해서는 입을 다문 채 '상황 학습'과 '경험 교육'이라는 일반적 측면만을 강조하고 있다.

'상황 학습'은 레프 비고츠키Lev Vygotsky의 사회적, 문화적 구성주의에 이론적 뿌리를 두고 있다. 나탈리 룬드스틴은 인턴십의 교육적 측면에 관한 연구에서 그에 관해 다음과 같이 정의하고 있다. "상황 학습은 지식이 각 개인과 그들이 처한 특수한 상황에 따라 각기 다른 형태로 습득된다는 이론을 전제로 하며 지속적으로 변화하는 사회적 접촉을 통해 생성되고 활성화된다."

비고츠키는 특히 문화와 언어 분야를 무대로 그의 이론을 정립시켰지만 후대의 심리학자들과 교육학자들은 그 이론의 적용 범위를 조직이나 기업 문화에까지 확산시켰다. 상황 학습적 관점에서 보자면 인턴(혹은 수습사원)이란 기술이나 지식을 주입받아야 할 수동적 존재가 아니라 특수한 환경에 처해진 능동적 행위 주체로서 인턴 과정에 포함된 모든 교육적 요소들은 문화적 가치와 매개의 대상으로서의 중요성을 지닌다.

많은 교육계 인사들과 취업 컨설턴트들, 그리고 고용주들까지도 비공식적인 상황 학습의 중요성을 인정하고 있다. 반면에 그들 대부분은 공식적이고 체계적인 연수의 중요성은 간과하고 있는 것 같다. 교육학자 폴 헤이거Paul Hager는 다음과 같이 주장한다. "전통적인 수습 제도와 강의실 수업에서는 학습이나 교육이 하나의 제품으로 인지된다. 그러한 견해가 최근까지 견지되어온 것은 산업화 시대의 물질주의에 대한 향수 때문이라고 볼 수 있다. 이제 교육학 이론이 진보함에 따라 그러한 견해의 오류가 효과적으로 입증되고 있다."[7]

오늘날 전통적인 도제 관계는 자체적인 한계성으로 말미암아 역사의 무대 밖으로 급속히 퇴장하고 대신 그 자리에 멘토-제자 관계가 뿌리를 내리고 있다. 장인의 지도 아래 특정한 기술을 습득하고 노동에 상응하는 임금을 받는 대신 스승의 인도 아래 경험을 통해 다각적인 개인적 성장을 도모하는 것이 사회에 첫발을 내딛는 가장 바람직한 모델이 된 것이다. 이 모델에 따르자면 때로는 학습이 지나치게 복잡해질 수도 있고 때로는 궤도를 이탈하거나 아예 중단될 수도 있다. 하지만 잊어버리는 것도 배우는 것만큼 중요하다고 하지 않는가? 인턴십 붐을 옹호하는 교육계 인사들의 논리적 명분이 바로 여기에 있는 것이다. 쉽게 말하자면 좋은 인턴십도 있고 나쁜 인턴십도 있지만 그 양쪽 모두에서 배울 것이 있으니 괜찮다는 논리이다. 조지 워싱턴 대학이 자기네 학생들 가운데 절반이 전공을 포기한다고 당당히 밝힌 것도 같은 맥락이며, 사업자들이 빈번히 업종을 바꾸는 현실 또한 그 논리로 설명이 가능하다.

그러나 그 논리를 인턴십에 접목시키는 것은 무리다. 사회적인 모든 접촉이 경험 학습으로 간주된다면 복사기 앞에서 하루를 꼬박 보내거나 디즈니에서 햄버거 패티를 끝없이 뒤집는 것 역시 교육이란 말인가?

존 듀이John Dewey의 교육철학을 지지하는 미국의 학자들에 의해 지속적으로 전개되어온 '경험 교육' 운동은 상황 학습 이론과 긴밀한 연관을 지니고 있다. 오늘날 '경험 교육'은 초등학교 소풍 행사에서부터 야외 활동을 통한 인성 교육에 이르기까지 교육 과정의 모든 단계에 너무도 깊숙이 스며들어 있어서 오히려 그 실체를 확인하기가 힘들 정도이다. '경험 교육'이 정치적 색채를 지니고 있으며 진보적 사회주의의 몇 가지 단면을 내포하고 있는 것은 사실이지만, 그 이론의 핵심은 관료주의 혹은 획일주의의 타파와 창의성의 존중이라고 할 수 있다. '경험 교육'을 주창하는 인사들은 상당한 비용을 요하는 인위적인 교육 대신 저렴하고 자유방임적인 교육을 대안으로 제시한다.

상황 학습과 경험 교육의 기본 원리는 이렇듯 모든 사람의 긍정적인 관심을 유발할 만큼 정당하고 합리적일 수도 있다. 문제는 그 원리가 남용되고 있는 현실이다. 특히 수많은 고용주들이 비용 절감을 위한 편법이나 불법을 호도하기 위해 전가의 보도처럼 상황 학습과 경험 교육을 내세우는 작태는 개탄스러울 정도이다. 현재 상황 학습과 경험 교육의 기본 원리는 단순히 인턴십 제도만이 아니라 '새로운 개념의 자본주의'에 입각한 모든 새로운 관습의 논리적 명분으로 활용되고 있다. 볼탄스키Luc Boltanski와 치아펠로Eve Chiapello에 따르자면 '새로운 개념의 자본주의'란 네트워크를 구축한 기업들이 '조직 자본'을 토대로 삼아 프로젝트에서 프로젝트로 옮겨 다니며 유연하게 사업을 운영해나가는 경제 원칙을 말한다.[8] 20세기 중엽의 조직주의 기업들이 무형의 자산을 관리하고 증식시키기 위한 수단으로 연수 프로그램을 활용한 것처럼, 21세기의 '신개념 자본주의' 기업들은 인턴십 프로그램을 활용하고 있다. 두 프로그램 사이의 가장 큰 차이점은 체계성의 유무에 있다. 그러나 오늘날의 기업들은 자신들이 운영하는 인턴십이 체계적 교육 과정을 결여하고 있다는 지적에 거의 신경을 쓰지 않는 것 같다.

체계적이고 순차적인 교육 논리가 '경험'을 앞세운 새로운 논리의 파상 공격에 수세를 면치 못하고 있는 것처럼 일생에 걸쳐 점진적인 향상을 도모하는 직업 논리가 프로젝트 단위로 변화를 꾀하는 새로운 경제 논리에 밀려 구시대의 유물로 전락할 위기에 처해 있다. 체계적인 연수 과정이 시간 낭비일 뿐이며 '현장에서 몸으로 체득하는 학습'만으로도 충분하다는 주장이 현실적으로 득세하고 있는 것이다. "현장에서 일을 하는 과정을 통해 얼마든지 학습이 이루어질 수 있다." 수습 제도 연구 분야의 권위자로서 역사적으로 특기할 만한 여러 유형의 학습법을 연구해온 댄 자코비의 명언을 기억하는 사람들이 많을 것이다. 하지만 그 명언에 덧붙인 자코비의 다음과 같은 경고를 기억하는 사람은 그리 많은 것 같지 않다. "하지만 모든 학습이 오로지 현장 경험을 통해서만 이루어질 때 그 수준에 관해서는 그다지 기대할 수 없다. A라는 원리를 알아야 B라는 작업이 가능한 경우, A를 습득하는 과정을 건너뛴 채 곧바로 B 작업에 착수할 수는 없다. 수학 시간에 적용되는 원칙이 바로 그것이다. 대수를 이해하지 못하는 학생을 미적분 강의실에 밀어 넣게 되면 어떤 결과를 얻을 수 있겠는가."

## 산학협동
## 프로그램의 몰락

학생들이 미래 사회의 건강한 시민은 물론 견실한 직업인으로 성장하도록 보살피는 것이 학교의 주된 임무 가운데 하나라는 사실을 모르는 사람은 없다. 하지만 불행히도 많은 대학들이 그 본분을 다하기 위해 지원을 아끼지 않는 인턴십 제도와 강의실의 유대는 너무도 취약하기만 하다. 이미 오래전부터 대학 측 인사들은 학생들의 취업 통로를 확보하기 위해 산학 간의 돈독한 유대를 도모할 수 있는 방법을 모색해왔다. 그 방법 가운데 하나가 학문과 사회 경제 활동을 병행할 수 있는 '산학협동' 프로그램이다. 산학협동 프로그램은 20세기 초엽, 갈수록 새로워지는 '신기술' 분야의 인적자원 수요를 충당하기 위한 목적으로 1906년 신시내티 공과대학 학장이었던 허먼 슈나이더Herman Schneider에 의해 처음으로 도입되었다. 하지만 그 발상 자체는 전혀 새로운 것이 아니었다. 학문 분야를 비롯해서 사회 전반에 걸친 세상의 '급격한' 변화에 부응하기 위해 미국의 고등교육 기관들은 이미 40년 전부터 자체적으로 개혁을 거듭해오고 있었기 때문이다. 그러한 개혁의 리더들은 존스 홉킨스와 스탠퍼드를 비롯한 명문 사립대학의 당국자들이었다. 그들은 실질적 학문과 과학기술의 중요성을 깊숙이 인식하고 있었고 그에 따라 사회에서 활용 가능한 실용적, 혹은 응용적 학문 분야를 개척해나갔다. 하지만 슈나이더는 그 정도로는 충분치 않다고 느꼈다. 그는 강의실과 산업 현장을 통합한 대학을 구상했고 학문적 동지들과 함께 자신의 구상을 현실로 옮겼다. 그 이후 현재에 이르기까지 신시내티와 노스이스턴, 그리고 드렉셀 대학은 자신들의 산학협동 프로그램을 '가장 바람직한 인턴십 모델'이라고 자처하며 산학 공조의 요람으로서의 면모를 유지해오고 있다.

인턴십이 산학협동 프로그램에 비유되거나 그 아류로 분류되는 경우가 종종 발생하지만 그 둘 사이에는 분명한 차이가 있다. 산학협동 프로그램은 체계적이며 집중적인 연수 시스템을 갖추고 있으며 전체 과정에 소요되는 상당한 비용 부담을 대학과 산업체가 적절하게 배분하는 것이 특징이다. 또한 산학 간에 긴밀한 유대가 형성되어 있기에 강의실에서 배운 내용을 곧바로 산업 현장에서 실습할 수 있다는 장점이 있다. 게다가 학생들이 제공한 노동에는 반드시 금전적인 보상이 따른다. 그러한 특징과 장점들은 현재 운영되고 있는 어느 인턴십 프로그램에서도 찾아보기 힘들다. 대부분의 산학협동 프로그램들은 5년 단위로 구성된다. 마지막 1년은 학생들이 부족하다고 느끼는 기술력을 보완하거나 본격적으로 취업을 모색하는 기간으로 활용된다. 학생들은 전체 과정의 절반 정도의 기간 동안 산업체에 근무하며 경험을 쌓고 돈도 번다. 산학협동 프로그램의 대학 측 관리자들은 산업 현장에서의 학생들의 활동 상황을 직접 관찰하고 평가한다. 대부분의 인턴십 프로그램 담당자들처럼 고용주의 직인이 찍힌 소견서나 고과표를 통해 확인하는 게 아니다.

1960년대에 이르러 미국 전역에 전례 없는 고등교육 붐이 일었다. 그 여파로 산학협동 프로그램을 운영해오고 있던 교육기관들에게도 기회의 문이 활짝 열렸다. 연방 의회에서 전폭적인 지원을 약속한 것이다. 이후 20~30년에 걸쳐 총액 2억 2,000만 달러가 지원되었다. 1969년의 『저널 오브 하이어 에듀케이션』 기사에 따르자면 당시 130여 개 대학들이 산학협동 과정을 운영하고 있었으며 전체 6만 명을 웃도는 학생들이 4,000여 산업 현장에서 벌어들인 수입은 연간 1억 2,000만 달러에 달했다고 한다. 1983년도에 이르자 산학협동 과정을 개설한 대학은 어느새 1,000개교를 넘어서고 있었다. 특히 이공계 과정에서는 매년 수만 명의 학생들에게 일자리를 공급해줄 만큼 프로그램의 역량도 입증되었다. 오늘날 세계산학협동위원회World Association for Cooperative Education, WACE라고 불리는 전문 기구가 발족한 것도 1983년이었다. WACE는 43개국 소재의 대학과 사업체들로 구성된 협의 기구로서 WACE의 발족과 함께 산학협동 프로그램은 최고의 전성기를 구가하게 된다.[9]

하지만 1990년대 초에 이르러 연방 정부의 재정적 지원이 대폭적으로 감축되기 시작하면서 산학협력 분야 전반을 아우르던 산학협동 프로그램의 영화도 자취를 감추고 급기야 역사의 뒤안길로 사라질 위기에 처하게 된다. 사실상 현재 우리가 접할 수 있는 산학협동 프로그램은 원래 모습의 껍데기에 불과하다. 한편 '직업'이라는 단어가 산학협동 프로그램을 쇠락시킨 또 다른 이유라고 주장하는 전문가들도 있다. 야심만만한 학생들과 자식들의 미래에 대한 희망에 부풀어 있는 학부모들, 그리고 누구보다도 산학협동 프로그램과 항상 소원한 관계를 유지하고 있던 특권층 자제들이 그 프로그램에 반드시 수반되는 '직업 교육'이라는 단어에 상당한 거부감을 느꼈기 때문이라는 주장이다. 그 밖에도 내부적 문제가 자멸을 자초했다는 지적도 있다. 산학협동 프로그램 예찬론자인 리처드 월터Richard Walter 역시 그 지적에 공감한다. "산학협동 프로그램 붐의 가장 든든한 토대는 연방 정부의 재정적 지원이었다. 하지만 유감스럽게도 적지 않은 숫자의 교육기관들이 본연의 취지는 아랑곳없이 단순히 지원금을 배당받을 목적으로 그 과정을 개설하는 사기성 행각을 자행한 것이 전체의 몰락을 재촉했다."

필 가드너는 산학협동 프로그램의 몰락을 지켜본 산 증인이다. "수많은 산학협동 프로그램들이 부질없이 소멸되거나 인턴십 프로그램으로 전환되었다. 오늘날 그 프로그램은 인턴십 프로그램의 아류로 전락되기에 이르렀다." 연방 정부를 비롯한 외부의 지원에 의지하지 않고 독자적으로 산학협동 프로그램을 운영할 여력이나 의지가 없는 교육기관들은 앞다투어 인턴십 프로그램으로의 변신을 꾀했다. 비용을 비롯한 제반 부담을 학생들에게 떠넘길 수 있기 때문이다. 한때 산학협동 프로그램 전문 관리자들이 학생들의 취업을 적극적으로 주선하고 근무 실태를 면밀히 관리 감독하느라 분주했던 대학 취업센터에서는 이제 마이어스-브릭스 성격유형검사Myers-Briggs test 결과를 펼쳐놓고 학생들에게 인턴십에 관해 애매모호한 충고를 건네고 있다. 필 가드너는 현 상황에 대한 우려를 다음과 같이 털어놓는다.

"이미 물 건너간 얘기다. 산학협동 프로그램을 인턴십 프로그램으로 전환한 대학들은 더 이상 산업 부문과 긴밀한 유대를 유지할 필요조차 느끼지 못하고 있는 것 같다. 문제는 그뿐만이 아니다. 인턴십 프로그램과 대학 사이에 원심력이 작용하고 있다. 대학들은 자신들이 지원하고 있는 인턴십 프로그램들에 관한 관리 감독 의무에 소홀하고 인턴십 지원자들은 독자적인 활로를 모색하는 악순환이 가속화되고 있는 것이다. 그 결과 어떤 구체적인 계획이나 방향을 설정하지 못한 채 인턴십 프로그램에 참여하게 되는 소모적 사례가 급증하고 있다. 실제로 인턴 과정 동안 습득했던 실질적인 경험을 묻는 질문에 대해 제대로 답변하는 학생들을 찾아보기 힘들다. 이제 인턴십은 이력서를 장식하기 위한 의례적 과정으로 전락할 위기에 봉착했다."

물론 산학협동 프로그램이 교육 현장에서 완전히 사라진 것은 아니다. 온타리오 소재의 워털루 대학은 3,000여 개의 사업체에 근무하며 학업을 병행하는 재학생 숫자만 1만 1,000명에 달하는 세계 최대 규모의 산학 공조 요람이다. 노스이스턴 대학 역시 18개월의 사업체 근무 기간을 포함한 5년제 학부 과정을 고수하며 산학협동 프로그램의 최후의 보루를 자처하고 있다. 하지만 허먼 슈나이더의 취지를 고스란히 계승하려는 그 몇 안 되는 대학들의 의지마저도 자금난과 인력난 속에서 서서히 마모되어가고 있다. 필 가드너 역시 자구책을 찾으려는 노력의 일환으로 자신이 발행하는 전문지의 명칭을 『산학협동 저널』에서 『산학협동과 인턴십 저널』로 바꾸기까지 했지만 아직까지 별다른 효과를 보지 못하고 있다.

산학협동 프로그램은 비록 의도하지는 않았지만 현재의 인턴십 붐 현상을 초래한 주역 가운데 하나이다. 덕분에 스스로는 쇠퇴일로를 치닫고 있다. 하지만 불법과 편법이 난무하는 와중에서 처절하리만큼 과도한 경쟁의 양상을 보이고 있는 인턴십 프로그램의 대안은 현재로서는 산학협동 프로그램뿐이다. 적절한 지원이 따르고 효율적인 관리 감독 기능이 재정비된다면 학생들을 직업 세계와 연결시켜주는 가장 바람직한 프로그램으로 재탄생할 가능성이 얼마든지 있다. 하지만 그 기회는 요원하기만 하다. 우선적으로 대학 당국들이 전혀 의지를 보이지 않기 때문이다. 하기야 그들이 이미 훨씬 쉬운 방법에 길들여져 버렸으니 기대하기도 어렵게 됐다. 무거운 비용 부담과 막중한 관리 감독 의무에서 벗어나 '사회봉사적 차원의 실무 경험'이라는 표어를 앞세워 온갖 비전을 제시하기만 하면 어떤 무보수 인턴십 프로그램으로든 얼마든지 학생들을 끌어모을 수 있으니 말이다.

# 06

## 오늘의 희생은 내일의 보상?

국가를 이끌어가기에는 경륜이 부족하지 않느냐는
세간의 미심쩍은 시선을 불식하기 위해
버락 오바마 대통령 당선자가 '대통령 인턴십 과정'에 돌입했다.
현재 그는 매주 월요일과 수요일, 아침 열 시부터 저녁 여섯 시까지
스페인의 호세 루이스 로드리게스 사파테로 총리에게 지도를 받고 있다.
국정 운영에 필요한 모든 것을 직접 배우고 있는 것이다.

**『어니언』, 「오바마 대통령 인턴십에 착수하다」**

워싱턴 정가에서 인턴 생활을 했던 '그'는 나와의 점심을 겸한 인터뷰 자리에서 '그곳'에서는 인턴끼리도 서열이 있다고 털어놓았다. "가장 밑바닥은 하원의원 사무실 인턴이다. '변두리'로 출근하면서 어깨가 쳐져 있다면 바로 그들이라고 보면 된다. 다만 보스가 당직을 맡고 있는 인턴들의 경우에는 어깨에 좀 더 힘이 들어가 있다. 그다음은 상원의원 사무실 인턴이다. 하지만 그 경우에는 두각을 나타내기가 어렵다는 점을 미리 알아둬야 한다. 한 사무실에 30명 이상의 인턴이 근무하기 때문이다. 전혀 존재감 없이 한 여름을 그냥 넘겨버릴 수도 있다. 하원위원회 인턴들은 그보다 한 단계 위라고 보면 된다. 의사당에서 최고로 쳐주는 건 상원위원회 인턴들이다. 거기선 진짜 정치를 배울 수 있기 때문이다." 그는 잠시 쉬었다가 다시 말을 이었다. "지금까지 말한 건 전체적인 윤곽일 뿐이다. 실제로는 훨씬 더 복잡하다. 어떤 '연줄'을 잡고 있느냐에 따라 신분과 대우가 달라지기 때문이다. 자연히 더욱 튼튼한 연줄을 잡으려는 경쟁은 겁이 날 만큼 치열하다. 선망 대상 1호는 누가 뭐래도 백악관 인턴십이다. 물론 그곳에서도 각자의 역량이나 부서에 따라 서열이 정해져 있다."

이어서 그는 자신에 관해 이야기하기 시작했다. 자랄 때부터 정치가를 꿈꿔왔던 그는 서부의 명문 사립대학을 졸업한 즉시 워싱턴으로 왔다고 했다. "연방 의회에서 일하고 싶었다. 그러기 위해서는 인턴십 과정부터 밟아야 한다고 들었다. 대학 재학 시절 두 번의 여름을 워싱턴의 NGO 인턴으로 일했던 경험이 있었기에 비교적 손쉽게 일자리를 구할 수 있었다. 당직을 맡고 있는 어느 하원의원의 사무실이었다. 이후 단 3주 만에 다른 친구들의 부러움과 질시의 시선을 한몸에 받으며 상원위원회 인턴으로 자리를 옮겼다. 그곳에서는 4개월 동안 근무했다." 위원회 소속 상원의원들의 연설 초고 작성을 담당하면서 나름대로 상당한 경력을 쌓았다는 그의 자랑 끝에 내가 '나랏일'을 하는 동안 생활은 어떻게 유지했느냐고 물었다. "부모님이 지원해주셨다. 내키지 않았지만 다른 방법이 없었다."

매년 여름, 대략 2만 명의 인턴 지망생들이 워싱턴으로 모여든다. 그 가운데 6,000명 정도가 의회에 일자리를 얻는다. 의원 한 명당 100명이 넘는 꼴이다.[1] 그 밖에 의원 사무실들과 비영리 단체 사무실 및 지부를 비롯해서 크고 작은 현장에 자리를 잡는 숫자를 감안하면 최소한 여름 기간 동안에는 인턴 인구가 정규직을 넘어선다. 6월과 8월 사이에 워싱턴을 방문해본 사람이라면 거리마다 넘쳐나는 인턴들의 물결을 기억할 것이다. 인권과 평등의 고고한 깃발이 하늘 높이 펄럭이는 세계 민주주의의 중심지인 워싱턴의 땅바닥에는 돈과 권력을 꿈꾸며 연줄을 찾는 가장 세속적인 인턴들의 문화가 이제 도도한 강이 되어 휘감아 돌고 있는 것이다. 문제는 그들 대부분이 무보수로 노동력을 제공하고 있다는 사실이다.

## 워싱턴,
## 무보수 인턴십의 수도

"돈을 벌기를 원하는가, 아니면 세상에 봉사하기를 원하는가?" 대학교 졸업식 연설에 단골로 등장하는 질문이다. 물론 이때의 봉사는 '큰물'에 나가 꿈을 이루고 세상에 기여하는 것을 말할 것이다. 그것은 특히 이번 대통령이 자주 던지는 질문이기도 하다. 하지만 그건 아무나 할 수 있는 일이 아니다. 유복한 집안에 태어나 명문대학을 나오고 집안의 연줄로 인턴이 된 뒤에도 비슷한 환경의 경쟁자들을 수없이 물리친 뒤에야 비로소 가능한 일이니 말이다. "워싱턴의 인턴들이 총파업에 들어가면 미국은 망할 것이다." 워싱턴에서는 요즘 그런 얘기가 떠다닌다. 농담으로 치부하기에는 상당히 근거 있는 이야기다. 미국의 심장인 그곳의 일선 업무의 상당 부분을 20대의 무보수 인턴들이 담당하고 있기 때문이다. 일반 행정 업무와 소규모 연구 조사, 그리고 내방객 관광 안내는 거의 인턴들 선에서 이루어지고 있다. 특히 비영리 단체들의 워싱턴 지부들의 경우에는 인턴들 없이는 사무실 운영이 불가능할 정도이다.

1994년부터 스탠퍼드 학생들의 워싱턴 인턴십 진출 프로그램을 관리해오고 있는 정치학 교수 애드리엔 제미슨Adrienne Jamieson은 그 소문이 얼마든지 가능한 시나리오라고 말한다. "인턴들은 워싱턴의 일상을 정상적으로 돌아가게 만들어주는 일꾼들이다. 기본적인 행정 업무를 처리해주는 그들이 없다면 정규직들이 지금처럼 더욱 중요한 업무에 주력할 수 없을 것이다." 몇 년 전, 어느 여성 하원의원 사무실에서 5개월간 인턴 생활을 했던 아만다는 인턴들이 없다면 그 사무실도 하루를 넘기기 힘들었을 거라고 단언한다. "그 사무실엔 정규직 일곱 명과 나를 포함한 35명의 인턴들이 있었다. 인턴들을 위한 체계적인 연수도 없었고 관리 감독도 없었다. 하지만 우리는 열심히 일했다. 아니, 정확히 말하자면 열심히 일하려고 애썼다. 인턴들 숫자에 비해 일거리가 부족했기 때문이다. 그나마 비중 있는 일거리는 고참들 차지였고 신입들에게 돌아오는 건 잔심부름 정도였다. 우편물 발송이나 지역구에서 찾아온 유권자들에게 워싱턴 관광을 시켜주는 일이 대표적이었다."

아만다를 포함해서 대부분의 인턴들은 그 여성 하원의원의 지역구 출신이었다고 한다. "이력서를 장식하려는 목적을 달성하고 2, 3주 근무하다가 돌아간 사람들도 몇 명 있었지만 나머지 대부분은 '실제 업무'를 다룰 수 있는 고참이 되기 위해 치열하게 경쟁을 벌였다. 그래서 나 또한 가을까지 인턴 기간을 연장했고 결국 최고참이 될 수 있었다. 내 주 업무는 인턴들에게 할 일을 배분하는 것이었다(인턴이 인턴 프로그램 관리자가 되는 모순이다)." 얼마 후 아만다는 다시 한 번 '승진'을 한다. 정규직 한 사람이 한 달 동안 특별 휴가를 간 사이 그 빈 자리를 임시로 차지하게 된 것이다. "보스의 연설문을 작성하고 수행 업무도 담당하는 등 정말 비중 있는 일들을 할 수 있었다. 그러던 어느 날, 보수에 관해 얘기를 꺼내보았다. 그때까지 부모님의 도움으로 먹고살고 있었기 때문이다. 하지만 대답은 'No'였다. 그 많은 일을 얼마나 열심히 했는데…. 처음으로 불공평하다는 생각이 들었다."

아만다의 경우처럼 실질적인 업무 경험을 쌓을 수 있는 기회를 잡는 것은 모든 인턴들의 꿈이다. 하지만 그 기회는 시작에 불과하다. 많은 인턴들, 그리고 특히 그들의 가족들은 워싱턴에서 일단 인턴으로 자리를 잡게 되면 출셋길이 곧 열릴 거라고 믿는다. 하지만 그런 믿음이 실현되기 위해서는 갈 길이 멀다. 그 길의 첫걸음은 일단 주위에 '좋은 인상'을 심어주려고 노력하는 것이다.

1995년 11월, 의회에서 예산안이 부결되고 연방 정부의 기능이 마비 상태에 처하자 백악관은 자의든 타의든 떠나간 직원들의 자리를 메우기 위해 무보수 인턴들을 채용하기 시작했다. 모니카 르윈스키의 전기를 쓴 앤드루 모튼Andrew Morton은 그 상황에 관해 다음과 같이 말하고 있다. "처음부터 말이 안 되는 얘기였다. 일개 인턴이 한 국가를 움직이는 인물들과 아주 가깝게 엮이면서 이른 아침부터 늦은 밤까지 나라 일을 돌본다는 게 어디 상식적으로 납득이 가는 일인가?"[2]

르윈스키-클린턴 스캔들은 정상적인 시국이었다면 애초에 발생할 수도 없는 일이었다. 보좌진들을 비롯해서 상당수의 직원들이 백악관을 떠나고 그 공백을 인턴들로 메워야 했던 임시 조치가 희대의 사건을 낳은 것이다. 그러고 나서 10여 년의 세월이 흘렀건만 워싱턴의 인턴십 문화는 변한 것이 없다. '좋은 인상'을 남기려는 인턴들의 노력은 계속되고 있고 힘 있는 자들은 '말 잘 듣고' 당장의 보수조차 원치 않는 그들과 함께 '나랏일'을 돌보고 있다.

200~300개 남짓의 백악관 인턴 자리에 지원하는 사람은 연간 6,000명에 달한다. 하지만 르윈스키는 어렵지 않게 한 자리를 꿰찰

수 있었다. 여기서 어떤 인턴의 얘기를 잠시 들어보자. "나와 함께 어느 상원의원 사무실에 근무했던 30명의 인턴들 가운데 25명이 낙하산이었다. 하나같이 보스의 친인척이거나 자금줄인 집안의 자제들이었다."

르윈스키의 경우, 심리학과를 졸업한 뒤 한동안 놀다가 모친의 충고로 백악관 인턴십에 지원하게 되었다. 보험업계의 거물이자 민주당의 핵심인사인 월터 케이Walter Kaye와 집안의 친분, 그리고 그녀 모친이 운영하는 명품 숍의 단골이던 백악관의 중진 제이 푸틀릭Jay Footlik의 측면 지원이 있었으니 합격은 예정된 일이었다. 인턴으로 재직하는 기간 동안에도 르윈스키는 줄곧 그녀 모친 명의의 고급아파트에서 생활했다.

처음에 대통령 수석보좌관 사무실의 통신 담당으로 배정되었던 르윈스키는 상사의 권유로 인턴 기간을 연장한다. 백악관 직원이었던 매튜 베넷Matthew Bennett에 따르자면 "수석보좌관실의 인턴십은 백악관의 모든 인턴들이 갈망하는 자리이며 대개 고위직 인사들과 '긴밀한' 커넥션이 있는 인턴들에게 배정된다"고 한다. 베넷은 백악관의 인턴을 꿈꾸는 젊은이들에게 다음과 같이 충고한다. "그곳에서 당신들은 전화를 받거나 복사를 하게 된다. 연줄 있는 관람객을 길게 늘어선 대기 라인에서 빼내오는 것도 당신들의 업무다. 편지 심부름도 할 것이며 생일 카드도 작성해야 한다. 음료수와 커피 심부름은 물론이다. 간단히 말해서 당신들은 각 사무실의 허드렛일을 도맡게 된다."

물론 '일반적'인 인턴들의 경우에는 그렇다는 것이다. 든든한 연줄이 있는 인턴들은 정치적 현안들에 관해 리서치를 하고 의원들의 투표를 분석하는가 하면 심지어 대통령의 출장이나 외유에 따라나서기도 한다. 그러다가 실력과 배경을 인정받게 되면 '백악관 펠로우십 프로그램'에 선발될 가능성이 높아진다. 미래 미국의 지도자들을 육성하기 위한 목적으로 운영되는 이 프로그램에 선발된 극소수의 인턴들은 보수는 물론 백악관 정규직에 해당하는 온갖 혜택을 받는다.

2010년도 하계 인턴십 프로그램 참가자 134명을 발표하는 자리에서 오바마 대통령은 그들을 "나라에 봉사하기 위해 국가의 부름에 응답한 젊은이들"이라고 표현했다. 무보수로 노동력을 제공하고 그 희생 덕분에 백악관의 정규직들이 단순 관리 업무에서 놓여나 중요한 사안들에 전념할 수 있다는 점에서 보자면 적절한 표현이다. 사실 백악관은 인턴들에게 보수를 지급할 능력이 없다. 전체 직원의 보수가 일 년 단위의 예산으로 묶여 있고 그 예산 속에는 인턴에 대한 보수가 포함되어 있지 않기 때문이다. 백악관의 각 사무실에는 대개 12명의 정규직이 근무하며 그들의 업무를 보조하기 위해 4명의 인턴이 배정된다. 인턴들의 선발 과정은 영부인 집무실 소관이다. 백악관의 인턴십은 '젊은 미국인들에게 미국의 심장을 개방하는 프로그램'이라고 알려져 있다. 하지만 그곳에서 온갖 허드렛일을 도맡아 하는 인턴들에게는 미국의 심장이 뛰는 소리를 감상할 여유가 없다. 그들 대부분이 명문대 출신에 상당한 배경을 지닌 젊은이들이다. 하지만 백악관에서는 잡역부의 역할까지도 각오해야 한다.

워싱턴은 이제 민주주의만이 아니라 인턴십의 수도이기도 하다.

그곳에서는 명함이 있는 사람이라면 누구나 인턴들을 거느리고 있다고 해도 과언이 아니다. 그리고 그들 역시 인턴 경력을 지니고 있는 경우가 대부분이다. 빌 클린턴 전 대통령 또한 1967년에 아칸소 상원의원 윌리엄 풀브라이트J. William Fulbright 밑에서 인턴으로 여름을 보냈다. 클린턴은 인턴과 염문을 뿌린 첫 번째 미국 대통령이 아니다. 백악관 인턴십 프로그램이 아직 걸음마 단계였던 1960년대 초반, 다른 누구도 아닌 클린턴의 롤 모델 존 F. 케네디 대통령이 열아홉 살짜리 인턴과 한바탕 애정 행각을 벌였다는 사실이 새롭게 드러났기 때문이다. 워싱턴의 거물들과 인턴들 사이의 부적절한 관계가 더 이상 가십거리도 될 수 없을 만큼 흔한 일이 된 지 이미 오래다. 정규직들과 인턴들 사이는 말할 것도 없다. 저명한 정치평론가 앤드루 설리반Andrew Sullivan은 그러한 현실에 다음과 같은 촌평을 달고 있다. "내가 알고 있는 사람 중에 워싱턴 모처에서 오랫동안 근무해온 고위 공무원이 있다. 그는 새로운 여성 인턴들을 '살덩어리'flesh라고 부른다. 추접하기 그지없는 농담이지만 슬프게도 그 농담은 너무도 자주 현실로 드러난다. 워싱턴의 인턴들은 엄연한 성인들이다. 따라서 그들의 섹스라이프를 간섭할 수는 없지만 내 눈엔 그들이 피해자요, 희생양으로 비치는 걸 어쩔 수 없다. 물론 그 또래의 젊은이들은 시행착오를 겪어가며 진정한 어른이 되어간다. 하지만 워싱턴 인턴들의 시행착오는 대부분 권력과 돈에 현혹된 결과이기에 서글픈 것이다."[3]

## 연줄과 뒷거래가 만연한 인턴의 세계

워싱턴의 무보수 인턴십 프로그램은 애국심과 봉사주의라는 경건한 어구로 포장되어 있다. 하지만 그 포장을 들쳐보면 치졸한 위선과 이기주의로 점철된 실체가 드러난다. 최저임금법을 통과시킨 의회가 1995년 국회회계법령을 통해 의회에 근무하는 수천 명의 인턴들을 공정근로기준법 적용 대상에서 제외시켜 무보수로 부리고 있으니 위선이고 이기주의다.

사기업들의 불법 인턴십 프로그램 운영 실태의 근절을 강력히 주장하고 심지어 백악관의 무보수 인턴십 프로그램까지도 매섭게 비난하는 공화당 하원의원 대럴 아이사Darrell Issa가 자신의 사무실에서 허드렛일을 처리하고 있는 수십 명의 무보수 인턴들에 관해서는 단 한마디의 설명도 없는 것 역시 위선이고 이기주의다.

한편 대서양 건너 웨스트민스터에서도 워싱턴에 버금갈 정도로 인턴들의 노동력 착취가 자행되고 있다. 영국의 전국적 노동조합 유나이트Unite에 따르면 영국 국회의원 사무실 인턴들 가운데 최저임금, 혹은 그 이상의 보수를 받고 있는 비율은 1퍼센트에도 미치지 못하며, 자비를 들여 지출한 업무상의 경비를 환급받지 못한 경험이 있는 인턴들이 50퍼센트를 넘는다고 한다. 현재 영국 국회에 근무하고 있는 450명 남짓의 인턴은 주당 1만 8,000시간의 노동력을 무보수로 제공하고 있으며 그 결과 국회의원들은 연간 약 730만 달러의 인건비를 절약하고 있다. 자신을 '평범한 집안' 출신이라고 밝힌 어떤 전직 인턴은 다음과 같이 말한다. "상당수의 의회 인턴들이 말을 소유하고 있으며 좋은 자동차를 몰고 다닌다. 반면에 밤을 새워가며 아르바이트를 해서 생계를 꾸려나가는 인턴들도 있다. 그들은 차비가 없어서 출근하지 못할 때는 병을 핑계대기도 한다." 그 자신은 9개월 동안 버티다가 더 이상 생활비 부담을 견딜 수 없어 그만뒀다고 한다. 든든한 배경이 없는 국회 인턴들의 비참한 처지가 알려지자 영국에서는 특히 특권 계급 내에서 자성의 목소리가 일어나기도 했다. 하지만 워싱턴의 거물들은 끝내 침묵을 지키고 있다.[4]

정규직을 채용할 때와는 달리 인턴 채용은 공고를 낼 필요가 없다. 다시 말해 연줄과 뒷거래에 의한 정실인사가 만연할 수 있는 배경이 조성되어 있는 것이다. "거의 모든 인턴들이 연줄을 통해 들어온다. 워싱턴에서는 공공연한 비밀이다." 인턴 생활을 거쳐 현재 재무부에 근무하고 있는 어느 공무원은 그렇게 단언한다. 그 역시 무보수 인턴을 두 사람 거느리고 있는데 그중 하나가 형편이 너무 어려워 자신의 집에 데리고 있다고 했다. 물론 연줄이 전부는 아니다. 하원 외교위원회에서 일하다 국무성으로 발탁되어간 어느 인턴은 다음과 같이 말한다. "다들 나를 부러워한다. 의원 사무실에서 정부 부처로 뽑혀가는 게 그만큼 어렵기 때문이다. 워싱턴에서 자리를 잡으려면 연줄도 연줄이지만 처세법을 알아야 한다. 지원서를 내고 기다리는 동안 많은 일이 일어난다. 물론 연줄이 닿는 거물이 영향력을 행사해줄 수도 있다. 하지만 성실한 태도를 눈여겨본 이전 직장의 보스가 강력히 추천해줄 수도 있다. 나는 후자의 경우이다. 나는 무슨 일이든 자기에게 주어진 책임을 다하려고 노력하는 태도는 반드시 보상받는다고 믿는다. 우편물 심부름이건 전화 받기건 지켜보는 눈동자가 있다는 걸 잊지 말고 열심히 해야 한다. 한 가지 더 일러주자면 워싱턴에서 인턴으로 성공하려면 뻣뻣한 태도는 금물이다."

재무부에서 근무한 경력을 지닌 또 다른 전직 인턴은 자신이 낙하산이었다고 고백하며 다음과 같은 얘기를 들려주었다. "실력이 아니라 연줄로 들어간 게 잘못이었다. 거기에서 일하는 동안 얼마나 힘들었는지 모른다. 다른 인턴들의 실력이 워낙 쟁쟁했기 때문이다. 대부분 석사학위 과정 이상의 학력 소지자였다. 하버드 대학에다가 초일류 국제대학원 출신도 있었다. 30대 남자였는데 펜타곤에서 근무했던 경력까지 있었다." 그의 후회는 거기서 그치지 않았다. 가족들에게 부담만 안겨주면서 자신보다 우수한 인재들과 승산 없는 경쟁을 하기보다는 자신의 실력과 적성에 맞는 프로그램을 선택해서 생활도 해결하고 앞날도 준비했어야 했다는 것이다. 특히 최근의 경제 불황 속에서 우수한 인재들이 워싱턴의 인턴십 프로그램에 몰려드는 데에는 이력서를 수놓을 화려한 경력이나 정치에 대한 청운의 꿈 말고도 다른 이유가 있다. 잠시 머물며 기회를 기다리기 위해서이다.

정치판의 무보수 인턴십은 흔히 '계산된 자원봉사'라고 불린다. 결국 각자의 미래를 위한 투자의 일환이기 때문이다. 어쨌든 현재 미국의 정치판은 무보수 인턴십 프로그램이 없으면 돌아갈 수 없을 정도로 젊은이들이 공짜로 제공하는 노동력에 깊숙이 의존하고 있다. 인턴십 말고도 정치에 입문할 수 있는 길은 선거 캠프에 참여하는 것이다. 하지만 그 방면에서도 최소한 초기에는 무보수에 허드렛일을 해야 하는 건 마찬가지다. 참여 정치를 거창하게 표방했던 오바마의 선거 캠페인도 하나의 대규모 무보수 인턴십 프로그램이라고 볼 수 있다. '오바마 대통령직 인수위원회'조차도 '새로운 행정부에서 큰 몫을 할 인재들을 위한 고도의 무보수 인턴십 과정'이었다는 분석도 있다. 오바마의 선례를 따라서인지 요즘 정치인들 대부분은 선거 캠프를 풀타임 인턴들이나 자원봉사자들로 채우고 있다.

원래 선거 캠페인의 자원봉사는 순수한 정치적 신념의 발로여야 한다. 하지만 이제 정치판에서 그런 순수함을 찾아보기는 어렵다. 선거 캠페인의 자원봉사나 무보수 인턴십이 정치에 입문하는 필수 코스가 되어버렸기 때문이다. 현재 미국에서는 연방이나 주 정부는 물론 소도시에 이르기까지 행정 기구가 구성되어 있는 곳이면 거의 예외 없이 인턴십 제도를 운용하고 있다. 인턴브리지의 조사에 의하자면 행정기관이 운영하는 인턴십 프로그램들 가운데 절반가량이 보수를 지급하고 있다. 하지만 그런 프로그램들이라고 해서 모든 인턴들에게 보수를 지급하는 것은 아니다. 대부분 기계공학 부문의 인턴들에게는 보수를 주고 사회과학 부문의 인턴들에게는 보수를 주지 않는다. 대체 그런 이중적 기준은 어떤 원칙에서 비롯한 것일까? 보수는 그렇다 치고 산재보험이나 유급 휴가 같은 기본적인 근로 혜택은 어떤 부문의 인턴들에게도 주어지지 않는다. 공공 부문의 인턴십이 이 지경인데 민간 부문은 오죽하겠는가.

한편 대학 졸업자들 가운데 유능한 인재들을 공공 부문으로 영입하기 위한 일환으로 연방 정부는 10여 년 전부터 대규모의 '연방 공무원 인턴 프로그램'Federal Career Intern Program, FCIP을 운영해오고 있다.

상당한 보수가 따르는 인턴십이기는 하지만 여기에도 심각한 문제가 있다. 전체 과정이 2년으로서 상대적으로 장기간이며 오로지 운영진의 자의적인 결정에 따라 인턴들을 퇴출시킬 수 있는 조항을 비롯해서 시민평등법상 문제의 소지가 많은 계약이기 때문이다. 재무부 노조의 콜린 켈리Colleen Kelley는 FCIP가 "2년간의 실무적인 인턴십을 통해 국가를 경영할 인재들을 키우고자 하는" 원래의 취지에서 변질되어 이제는 "우수한 인턴들을 확보해서 그 노동력을 당장에 활용하려는" 프로그램이 되었다고 지적한다. 그래도 FCIP는 여전히 비전 있는 프로그램이기는 하다. 전 과정을 이수하고 나면 신규 채용에 앞서서 공무원으로 취업할 수 있는 기회가 자동적으로 주어지기 때문이다.

클린턴 전 대통령의 집권 말기에 행정 명령에 의해 도입된 FCIP는 당시 정부 측의 홍보에 의하자면 "최고의 인재들을 선발해서 상당 기간 동안 체계적 연수와 실무 경험을 통해 자질을 계발하고 추후 정부기관의 비중 있는 직책을 맡기려는 행정부의 전격적인 조치"였다. 그와 더불어 연방 정부는 모든 산하기관에 FCIP의 취지에 부합하는 인턴십 프로그램을 자체적으로 도입할 수 있는 재량권을 부여했다. 현재 국경수비대나 노동문제연구소까지도 인턴십 프로그램을 운영하고 있는 이유가 바로 거기에 있다. FCIP 프로그램은 클린턴 정부 이후로도 지속적으로 확산되어 그 프로그램을 통해 정부 부처를 비롯한 공공 부문에 취업한 인턴들의 숫자는 2000년의 411명에서 2009년에는 2만 6,709명으로 대폭적으로 증가했다. 즉 2009년도에 채용된 전체 연방 공무원들 가운데 8퍼센트가 FCIP 인턴 출신이라는 얘기다. 다른 정부 인턴십 프로그램들과는 여러 면에서 차이가 있지만 FCIP 역시 공공 부문에 입문하는 하나의 통로이다. 하지만 10년이 넘도록 뚫려 있던 그 통로가 영원히 막히게 될 운명에 처해 있다. 예비역 군인들에게 불리한 불평등적 요소들을 지니고 있다는 일각의 비난과 검증되지 않은 효율성을 이유로 최근 오바마 행정부에서 조만간 그 프로그램을 폐지하겠다고 밝혔기 때문이다.[5]

연방 공무원이 될 수 있는 또 다른 기회는 연방 정부의 하청을 받고 워싱턴 센터에서 운영하는 교육 과정에 등록하는 것이다. 흔히 '인턴십 대학'이라고 불리는 그 과정은 연간 1,500명의 등록생에게 정부기관의 인턴으로 일할 수 있는 기회를 알선하고 있다. "현재 연방 정부의 공무원들 가운데 상당수가 베이비부머 세대이다. 향후 5년 이내에 그들이 대거 은퇴하게 되면 업무의 공백이 생길 것이 당연하다. 그 공백을 메우기 위해서는 인턴십 프로그램들을 적극 활용하는 것이 최선이다. 하지만 연방 정부는 인턴십 프로그램을 직접 운영하기에는 일손이 너무 부족하다. 따라서 그들은 우리에게 그 운영을 위임한 것이다." 워싱턴 센터의 부이사장 제니퍼 클린턴Jennifer Clinton은 이렇게 설명하고 있다. 그녀는 정부기관들이 인턴십 프로그램을 하청 형식으로 전문기관에 위임하는 관행이 자리 잡아가고 있는 중이라고 덧붙였다. 일례로 워싱턴 센터는 교통부의 하계 인턴십 프로그램을 5년 계약으로 위탁 운영 중이다. 국방부를 비롯한 정부 부처 및 산하기관들도 최소한 인턴십 프로그램의 일부분은 외부기관에 위임하고 있다.

"특히 워싱턴의 인턴십은 거의가 무보수이기 때문에 예전에는 대부분의 인턴들이 상당한 배경을 지닌 엘리트들이었고 그 경향은 아직도 어느 정도 남아 있다." 그래서 워싱턴 센터는 외부의 영향력에 구애받지 않고 '민주적'으로 인턴직을 배정하기 위해 노력해오고 있다는 것이 그녀의 설명이다. 하지만 문제는 '인턴십 대학'에 내야 하는 수업료이다. 정실과 연줄을 배제하고 형평을 기하기 위한 취지의 일환으로 등록생 모두에게 일률적으로 고지되는 그곳의 수업료는 기숙사를 포함해서 학기당 9,000~1만 1,000달러에 달한다. 1975년도에 설립된 이래로 지금까지 400여 개 대학과 제휴를 맺고 4만 3,000명의 졸업생을 배출한 워싱턴 센터에는 75명의 직원이 근무하고 있으며 연간 예산은 1,800만 달러에 육박한다.

한편 하버드 로스쿨을 비롯한 명문 교육기관들은 이미 수십 년 전부터 워싱턴에서 자체적인 인턴십 프로그램을 운영해오고 있다. 미국 정치 1번지이자 국제 외교의 중심지인 워싱턴에 학연으로 이어진 교두보를 마련하고 유지하기 위해서이다.

이제 우리는 한 가지 결론에 도달했다. 워싱턴에서 인턴으로 자리를 잡고 비전을 펼치기 위한 가장 확실한 방법은 '든든한 연줄, 워싱턴 센터와 같은 전문기관의 알선 프로그램, 명문 교육기관의 인턴십 프로그램', 이렇게 세 가지 통로로 압축된다는 사실이다. 유감스럽지만 그 틈바구니에서 자력으로 인턴십을 구해보려는 젊은이들의 노력은 성공하기가 어렵다는 사실을 인정할 수밖에 없다. 설사 성공할 경우에라도 그물처럼 엮어진 학맥과 인맥의 네트워크 속에서 미래를 보장받기란 불가능에 가깝다. 더구나 한 달 평균 1,500달러에 이르는 생활비는 그들의 전망을 더욱 어둡게 만든다. 스탠퍼드 대학의 워싱턴 인턴십 프로그램 책임자 애드리엔 제미슨 역시 워싱턴에서 학맥이나 인맥 없이 인턴으로 성공하기란 현실적으로 불가능하다는 사실을 인정한다. 그녀의 얘기에 따르면 스탠퍼드 재학생들의 경우 명문대라는 후광 덕분에 매년 평균 30명이 비전 있는 인턴으로 일할 수 있는 기회를 얻는다고 한다. "이제 대학들 간의 경쟁도 장난이 아니다." 워싱턴에 교두보를 마련하려는 대학들이 지속적으로 증가하고 있는 현실을 지적하며 그녀는 "조만간 포화 상태에 다다를" 워싱턴 인턴십의 미래를 전망한다. 제미슨은 "순수한 학문적 연장선상에서 학생들의 견문을 넓혀주려는 취지"라고 스탠퍼드의 인턴십 프로그램을 옹호하고 있지만 당사자인 학생들의 생각은 훨씬 현실적이다. 그들 대부분이 학맥을 통해 정치에 입문하려는 꿈을 다지고 있는 것이다.

## 비영리 단체는 누구의 노동으로 움직이나?

무보수 인턴들은 워싱턴에 둥지를 튼 모든 비영리 조직을 움직이는 가장 근본적인 원동력이다. 유엔 지부부터 전위예술 단체와 심지어 종교 단체 사무소들에 이르기까지 수많은 비영리 사업체들이 보수 없이 노동을 제공하는 젊은이들 덕분에 정상적으로 운영되고 있는 것이다. 의회와 백악관 그리고 정부 부처에서 운영하는 대부분의 인턴십 프로그램들이 현재의 모습을 갖춘 것은 이미 1960년대와 1970년대의 일이다. 요즘엔 싱크탱크와 시민 단체, 전문직 종사자 조합,

경제계 각 부문의 사업자 협회 등이 자체적인 인턴십 프로그램을 정비하고 있다. 극우파 기독교 정치인들에 관해 줄기차게 연구해온 제프 샬렛Jeff Sharlet은 최근 어느 여성 인턴과의 인터뷰를 통해 워싱턴의 종교 인턴십 프로그램의 현주소를 확인할 수 있었다고 한다. 독실한 기독교도인 그 인턴은 자신의 신앙심을 통해 세상에 봉사할 수 있는 길을 찾겠다는 포부로 워싱턴에 입성했다. 하지만 현재 그녀는 말이 인턴이지 실제로는 개인 비서처럼 존 엔사인John Ensign 상원의원이나 올리버 노스Oliver North 같은 극우파 인사들의 시중을 들고 있다.[6] 그녀가 '근무'하는 곳은 'C 스트리트 센터'이다. 그곳은 하원의 극우파 실세들이 클럽하우스처럼 사용하고 있는 장소로서 현재 추문의 온상으로 지탄받고 있다. 개인 용도로 사용되는 건물을 교회로 등록해서 세금을 면제받아오고 있는 것도 그렇고 그곳에서 불륜 행각이 잇따라 벌어졌다는 것도 그렇다. 특히 그곳에 드나드는 인사들과 기독교 근본주의 비밀 결사인 '펠로우십'과의 긴밀한 연관이 최근 밝혀지면서 악명까지 얻게 된 장소이다.

종교 단체와 비영리 단체의 인턴들은 다른 조직의 인턴들에 비해 인턴 과정을 여러 차례 반복하는 특징을 보인다. 인턴 경력이 많을수록 기회가 커진다는 현실적인 이유도 있지만 특히 그 두 분야에서는 인턴 경력이 정규직 채용으로 이어지는 경우가 드물기 때문에 계속 인턴으로 남을 수밖에 없기 때문이기도 하다. 물론 분야가 분야인 만큼 투철한 봉사 정신의 발로라는 측면도 빼놓을 수는 없겠다.

이제 앤디의 얘기를 들어보자. 앤디는 비영리 단체의 인턴 과정을 세 개씩이나 섭렵한 베테랑 인턴이다. 나는 인터뷰를 시작하자마자 그의 얼굴이 25세 나이에 비해 너무도 지쳐 보이는 까닭을 알 수 있었다. 도합 20개월 동안의 무보수 인턴십이 남긴 흔적이었다. 그는 인터뷰 내내 '인턴'이라는 단어를 한 번도 입에 올리지 않았다. 대신 '근무' 혹은 '일'과 같은 단어들을 번갈아가며 사용했다.

앤디의 인턴십 대장정은 결국 꿈을 버리는 과정이었다. 세 차례의 인턴십 과정을 거치는 동안 현실의 벽을 매번 뼈저리게 깨달으며 비영리사업 부문 최고의 모금전문가, 탁월한 정책가, 그리고 명망 있는 사회사업가라는 꿈들을 하나씩 접어야 했던 것이다.

"대학까지 휴학해가며 아시아협회의 '근무'를 자원했을 당시에는 세상이 내 것인 것 같았다. 하지만 시간이 지나면서 회의가 일기 시작했다. 세상과 내 자신을 기만하고 있다는 생각이 자꾸만 들었다. 세계 굴지의 비영리 기업에서 포부를 품고 무슨 일이든 열심히 하려는 내 모습은 분명 자신의 길을 개척해나가는 훌륭한 사회인이었다. 하지만 아파트 월세까지 부모님께 의지하면서 생계를 걱정하는 나는 아직 어른이 못 된 아이에 불과했다. 겉은 화려했지만 속은 초라한 이중적인 삶 속에 빠져든 것이다." 갈수록 깊어지는 회의를 몰아내기 위해 앤디는 더욱더 일에 열중했다. "중국의 정치 판도에 관한 기초 자료 작성과 회원 관리가 주 업무였다. 그래도 일에 몰두하고 있는 동안에는 돈 걱정을 잊어버릴 수 있었다." 6개월 뒤 앤디는 아시아협회의 인턴 과정을 마치고 두 번째 인턴십 과정에 착수했다. 이번엔 외교관계협의회였다. 국제 정치나 외교 부문을 전공하는 젊은이들의 선망의 대상인 그곳에서 앤디는 2004년 미국 대선에 관한 세계 각국의 특기할 만한 반응들을 자료화하는 업무를 맡았다. "한마디로 화려한 곳이었다. 사람들은 물론 엄청난 돈이 몰리는 그곳에서 우리들에게 최저임금조차 지급하지 않는 까닭을 이해할 수 없었다. 동료들과 함께 상부에 진정서를 전달한 적이 있었는데 '잘 받아 보았다'는 내용의 짤막한 전화만이 각자에게 걸려왔을 뿐 더 이상 아무 반응도 없었다. 실망이 컸지만 최고의 경험을 쌓을 수 있는 기회를 포기할 수 없었다."

앤디는 외교관계협의회에서의 여름이 앞으로 전개될 자신의 미래를 위한 총연습의 기간이 되기를 고대하고 있었다. 국제 정세와 미국의 외교 전략에 대해 이해의 깊이를 더해서 훌륭한 정책가로 성장할 발판을 마련할 수 있는 기회로 여겼던 것이다. 외교관계협의회는 보수는 지급하지 않았지만 근무 시간은 유연하게 편성해서 생계를 해결하기 위해 아르바이트를 해야 하는 인턴들의 편의를 봐주고 있었다. 하지만 결국 그런 처지의 인턴들은 여러 모로 불이익을 당할 수밖에 없다. 그 점에서 앤디는 엄청나게 유리했다. 여전히 부모님의 도움으로 생활하고 있었기에 풀타임으로 협의회 업무에만 전념할 수 있었기 때문이다. 결국 엘리트 인턴 사회에서도 각 개인의 미래는 가정 환경에 크게 좌우되고 있는 것이다. "그곳에 근무하면서 가장 먼저 깨달았던 사실 가운데 하나는 우리 같은 사람들은 늘 부지런하고 성실한 자세를 유지해야 한다는 것이었다. 나는 출근 시간을 반드시 지켜가며 열심히 일했다. 어느 정도 시간이 흐르자 내 책상과 컴퓨터가 생겼다. 나의 직장 동료이자 룸메이트였던 친구는 종종 밤을 새워가며 아르바이트를 하느라 협의회 업무에 올인할 수가 없었다. 결국 그 친구는 끝까지 자기 자리를 배정받지 못했다. 심지어 어떤 날엔 사무실 구석에서 등받이 없는 의자에 올라 앉아 노트북 컴퓨터를 무릎 위에 펴놓고 일한 적도 있었다."

몇 년 후, 영국에서 유학 중이던 앤디는 인권 부문에 깊은 관심을 갖게 됐다. 인턴십에는 신물이 났고 또다시 부모님께 손을 벌리기도 민망했지만 그는 다시 무보수 인턴십에 도전하기로 마음먹었다. 사실 선택의 여지도 없었다. 유학생 신분이라 영국에서는 보수가 따르는 경제 행위를 할 수 없었기 때문이다. 결국 그는 런던 소재의 어느 NGO 사무실에서 그 한 해의 대부분을 인권 문제에 관한 현안들에 파묻혀 보냈다. 하지만 결국 무보수라는 조건은 그로서는 뛰어넘을 수 없는 장벽이었다. "나는 보수를 받고 일을 해본 경험이 전혀 없다. 그래서 남들이 말하는 '월급 봉투의 감동'을 한 번도 느껴보지 못했다. 내 힘으로 돈을 벌어본 적이 없다는 사실을 떠올릴 때마다 나는 여전히 어른이 되지 못한 나 자신을 질책하게 된다. 나는 하고 싶은 일을 하면서도 최소한 자기 앞가림 정도는 할 수 있어야만 진짜 어른이라고 생각한다. 런던에서 나와 같은 일을 하면서 보수를 받는 직장 동료들을 지켜보며 이제 보수가 따르지 않는 일들과 영원히 작별할 때가 됐다는 걸 느꼈다."

유학을 마친 뒤 미국으로 돌아와 취업을 준비하던 시절에도 앤디는 인턴십의 유혹에 시달려야 했다. 주위 사람들이 인맥을 자랑하며 소위 '특급 인턴십' 알선을 자청해왔기 때문이다. 하지만 앤디는 모든 '호의'를 거절했다. 제자리 뛰기를 하고 있으면서 부질없이 꿈만 키우는 무보수 인턴십과 영원히 작별을 고하는 순간이었다.

현재 앤디는 세 번의 인턴 과정을 통해 (혼자 힘으로) 얻은 경험들을 세상과 나눌 수조차 없다는 사실을 안타까워하고 있다. "나는 교육이나 연수를 통해서는 아무것도 배운 게 없다. 다만 선배들이 하는 일을 지켜보고 흉내 냈을 뿐이다." 소위 '특급' 인턴십 프로그램들은 인턴들이 이미 충분한 경험과 기술을 지니고 있어서 즉시 업무에 투입될 수 있다는 황당한 가정을 전제하고 있다는 사실을 깨달았다고 앤디는 말한다. 결국 인턴 과정에 투자했던 20개월의 세월은 앤디에게는 씁쓸한 기억으로 남고 말았다. "업무의 기본 윤곽을 파악하느라 6개월 혹은 9개월을 투자해야 한다는 건 정말이지 낭비가 아닐 수 없다. 몇 주 동안의 체계적인 연수면 충분할 일을 말이다. 지금 돌이켜보면 내가 돈 한 푼 받지 않고 투자했던 그 엄청난 시간을 통해 무엇을 얻었는지 모르겠다."

## 노동 시장의 균형을 무너뜨리는 자원봉사 인턴십

미국자선통계관리국National Center for Charitable Statistics, NCCS에 따르면 현재 미국의 비영리 조직은 150만 개에 달한다. 그들 대부분이 국세청에 등록된 면세 대상 비영리 단체이고 나머지는 종교 단체이다. 1995년에서 2005년에 이르는 10년 동안 비영리 조직의 숫자는 27퍼센트 증가했으며 이후 매년 평균 5만 개가 신규 등록하고 있는 상황이다.[7] 역시 최근의 NCCS의 조사 자료에 의하면 비영리 부문의 연간 총수입은 1조 8,600억 달러이고 전체 자산 규모는 4조 2,400억 달러에 이른다. 수입 구조는 서비스에 따른 재정적 수입과 정부 보조금, 그리고 연간 3,000억 달러에 달하는 민간 기부금이 각각 1, 2, 3위를 차지하고 있다.

하지만 통계 자료에는 드러나지 않은 또 다른 엄청난 규모의 수입원이 있다. 자원봉사자들의 노동력이 바로 그것이다. 그들의 노동력 기부가 없다면 미국의 비영리 부문은 큰 타격을 입게 될 것이다. 2006년도 기준으로 하루 평균 미국 전체 인구의 6.5퍼센트, 즉 약 1,500만 명에 이르는 자원봉사자들이 그들의 귀중한 시간과 땀을 어딘가에서 기부하고 있기 때문이다. 경제적 수치로 환산하자면 760만 명의 풀타임 근로자들의 하루 업무량으로서 2006년의 연방 최저임금으로만 계산해도 연간 660억 달러에 달한다. 자원봉사자들의 노동력 기부는 '봉사의 소명에 대한 화답'이다. 금전적인 계산을 떠나 그 자체로 숭고한 행위가 아닐 수 없다. 하지만 문제는 그 숭고한 행위가 오용되어 결국 다른 사람들의 삶에 피해를 주고 있다는 데 있다. 노동자로서의 권리를 주장하며 인간다운 삶을 보장할 수 있는 급여와 근로 조건을 위해 투쟁하는 정규직들의 입지를 위협하기 때문이다. 다시 말하자면 '이상주의적 비전'에 감응되어 무보수, 혹은 상대적으로 열악한 근무 조건도 마다 않고 '봉사의 소명에 화답'할 준비가 되어 있는 젊은 자원봉사자들의 노동력을 담보로 조직들이 골치 아프고 인건비도 많이 드는 정규직들을 미련 없이 해고할 수 있는 여건이 충분히 조성된 것이다. 실제로도 그런 상황이 도처에서 벌어지고 있다. 그 선봉에는 아메리코(AmeriCorps, 미국 내 지역 사회 봉사 단체)가 버티고 있다. 그런 단체들의 '눈부신 활약' 덕분에 이제 '봉사의 소명에 대한 화답'은 납세자의 혈세로 정규직들을 몰아내는 불합리하기 짝이 없는 횡포를 정당화시키는 명분으로 악용되기에 이르렀다.

연간 약 7만 개의 일자리를 대학생 위주의 젊은 자원봉사자들과 연결시켜주고 있는 아메리코는 대개 1년 미만의 계약 기간 동안 노동의 대가로 한 달에 1,000달러 남짓의 보수를 지급하고 경우에 따라 1년에 최고 5,325달러까지 교육 장려금을 지원한다. 게다가 사회봉사 활동에 따르는 보람과 주위의 칭찬까지 누릴 수 있으니 언뜻 생각하기에는 아주 바람직한 프로그램이다. 그러나 사실상 그 프로그램은 안정적이고 호혜적인 노동 문화를 추구하는 것이 아니라 오히려 노동 시장의 균형을 무너뜨리고 있는 일종의 진화된 인턴십 시스템이다. 아메리코나 그와 유사한 단체들이 운영하는 프로그램들 덕분에 이제 미국의 모든 비영리 조직들은 정규직을 채용하지 않거나 해고하고 대신 젊고 값싼 노동력을 공급받을 수 있게 되었다. 간단히 말해서 그 프로그램들은 비영리 조직들을 부추겨 정규직들의 일자리를 빼앗고 있는 것이다.

세계적 비정부기구인 국제자연보호협회Nature Conservancy, TNC의 경우, 총 자산 60억 달러라는 엄청난 규모에도 불구하고 취업 문호를 넓히기는커녕 오히려 신규 채용을 감축하고 대신 아메리코와 같은 단체로부터 노동력을 공급받는 전략을 통해 인건비를 대폭 절감하고 있다. 현재 직장 수호 운동가로 활약하고 있는 그렉 브라니잔Greg Vranizan의 이야기를 들어보자. "2008년도에 오리건의 윌래멋 밸리에서 근무할 자연보호관리직을 모집하는 국제자연보호협회의 채용 공고를 보고 난 뒤 나는 직장 수호 운동에 투신하기로 결심했다.

그 공고에 '아메리코에 등록된 자원봉사자에 한해서'라는 단서가 붙어 있었기 때문이다. 그 전 해인 2007년도에만 해도 상당한 보수를 제공하는 공개 모집이었는데 말이다. 나도 그 자리에 지원했던 당사자였으니 내 기억은 정확하다. 사기업에서 무보수 인턴십 프로그램을 활용하는 것과 똑같은 방식으로 비영리 조직들도 아메리코와 같은 프로그램들을 활용해서 우리 같은 가장들의 일자리를 빼앗아가고 있다. 국제자연보호협회는 오로지 인건비가 저렴하다는 이유로 산림청까지 회유해서 산책로 관리 보수에서부터 산림 간벌이나 화석 연료 소비 감축 프로젝트까지 모든 일자리에 아메리코의 인턴들을 투입하고 있다. 평생 그 일로 먹고 살아온 나 같은 사람들은 어쩌란 말인가?"

비영리 조직은 경제적 관점으로는 그 설립 취지와 활동의 범위로 미루어 비과세 대상이 되는 사업체라고 규정할 수 있다. 하지만 사회적 관점으로는 오해와 착각의 소지가 다분하다. 특히 비영리 업체를 누구든 자원봉사자로서 받아들일 수 있는 권리를 보장받은 조직이라고 간주하는 것은 엄청난 착각이다. 인턴들을 채용해서 그들에게 정규직과 동일한 업무를 맡기면서도 임금을 지불하지 않는 비영리 업체들은 5장에서 도마에 올랐던 사기업들의 부당한 고용 계약과 유사한 불법을 자행하고 있는 것이다. 놀랍도록 많은 숫자의 비영리 업체들이 자신들은 비과세 대상이므로 자신들이 고용한 인턴들의 법적 신분은 계약서를 비롯한 제반 절차에 관계없이 당연히 자원봉사자라고 믿고 있다. 아니, 정확히 말하자면 대부분의 비영리 업체들이 그 문제에 관해서는 전혀 신경도 쓰지 않고 있다. 대부분의 언론 매체들의 관련 보도 자세도 그 착각을 조장하고 있다. 대다수의 대학 교수들과 대학 취업센터 담당자들 또한 그 착각을 기정사실로 믿고 있다.

이렇게 한번 가정해보자. 미국 전역에 걸쳐 비영리 사업체에 근무하는 약 1,300만 명의 정규직들을 무조건 자원봉사자로 규정하고 임금을 비롯한 근로자로서의 모든 혜택과 권리를 박탈하거나 모조리 해고한 뒤, 대신 그 자리에 아메리코의 자원봉사자들을 투입한다면 어떨까? 자유의지에 따른 사회봉사는 미국인의 삶 속에 유전자처럼 이어져 내려오며 미국을 미국답게 만드는 덕목이다. 그 덕목에 대한 해석을 고의적으로 혼란시키는 것은 미국인들의 삶에 대한 위협이자 자원봉사 정신에 대한 모욕이다. 레베카 햄버그Rebecca Hamburg는 비영리 사업체들의 법적 지위에 관해 다음과 같이 말한다. "엄밀히 말해서 그들 역시 고용주이기 때문에 관계법령에 관한 한 다른 모든 부문의 고용주들과 동등한 대상으로 간주되어야 한다. 비영리 사업체를 위한 특별법은 존재할 수도 없고 존재하지도 않는다." 아주 특별한 경우가 아닌 한 쌍방 간에 고용 계약이 성사됐을지라도 사기업은 법적으로 자원봉사자를 채용할 수 없다. 만일 그러한 법적 규제가 없다면 사기업 고용주들은 곤경에 처한 구직자나 실직자들의 노동력을 너무도 손쉽게 착취하게 될 것이다. 그런 관점에서 보자면 타임워너Time Warner의 계열사이자 자체적으로도 1만 1,000명의 종업원을 거느리고 있는 대기업 터너 브로드캐스팅 시스템Turner Broadcasting System이 자사의 무보수 인턴십 프로그램을 '대학생 자원봉사자들에게 현장 실습 경험을 제공하기 위한 시스템'이라고 대내외적으로 홍보하며 인터랙티브 마케팅에서부터 웹 디자인이나 보도 자료 수집에 이르기까지 각종 업무에 인턴들을 투입하는 것은 언제가 됐든 사법 당국의 제재를 받게 될 엄연한 불법 행위이다.

반면에 비영리 사업체들은 그러한 제재로부터 자유롭다는 것이 일반적인 생각이다. 하지만 그에 관한 법적 해석은 사뭇 까다롭다. 노동법 전문 변호사들인 카렌 기슬먼Karen Gieselman과 웬디 스미스Wendy Smith의 의견을 참고해보자. “비영리 사업체들은 자신들이 고용한 인턴들이 ‘공익과 자선, 박애주의에 감응되어 어떤 대가도 바라지 않고 기꺼이 노동을 제공하는’ 자원봉사자들이라는 자의적 해석, 혹은 세간의 착각에 근거해서 그들의 노동력을 활용하면서도 법적으로 하자가 없다고 주장한다. 하지만 인턴들이 어떤 업무를 자원하게 되는 가장 대표적인 동기가 실질적인 지식과 경험을 넓히고 미래의 안정을 도모하기 위해서라는 점을 감안할 때 대부분의 인턴들은 자원봉사자로 간주될 수 없다.”[8]

실제적으로도 ‘별도의 생계 수단을 갖추고 자신의 업무 시간을 조절할 수 있는 상황에서 선의에서 우러나와 무보수로 사회를 위해 일하는’ 자원봉사자들과 ‘자원봉사자 그룹에 비해 상대적으로 훨씬 소규모이며 젊은 연령대에 있으면서 무보수 혹은 저렴한 가격에 노동력을 제공하는 가장 큰 동기가 자신의 미래를 위해서인’ 인턴들을 구분하기란 그다지 어려운 일이 아니다. 따라서 자신들의 자의적인 해석이 두 집단 사이의 구분이 불분명하기 때문이라는 비영리 단체들의 주장은 그저 구실에 불과하다. 젊은 자원봉사자들의 관심을 끌기 위해 단지 인턴이라는 단어를 차용한 경우를 제외하고는 구분이 모호할 수가 없기 때문이다.

관계법령의 엄격한 적용이 자칫 자원봉사라는 긍정적인 사회적 원동력을 위축시킬 것을 우려하여 사법 당국은 자비로 지출한 경비 상환이나 용돈 수준의 사례금, 혹은 적절한 수준의 근무 혜택 형식으로 자원봉사자들이 '당연한 보상'을 받는 관행을 판례상으로 용인하고 있다. 하지만 또다시 아이러니하게도 무보수 인턴에게 실제 인건비의 절반 이상의 보수를 지급하고 숙식을 비롯한 '과도한' 혜택을 제공하는 비영리 사업체는 사법적 제재의 대상이 된다. 간단히 말해서 사법부의 방침은 고용주들이 인턴들에게 갈수록 관대해져서 인턴과 정규직 간의 구분이 모호해지게 되는 상황을 미연에 방지하자는 것이다. 결국 무보수 인턴을 고용하게 되면 인정사정 볼 것 없이 철저하게 착취해야만 법적으로 안전하다는 얘기가 되고 만다. 고용주들이야 크게 아쉬울 게 없겠지만 인턴들만 죽어나는 것이다.

자원봉사자와 인턴의 개념적 구분이 용이한 반면 실제 근무 현장에서의 자원봉사자 업무와 정규직 업무의 구분은 거의 불가능에 가깝다. 하지만 비영리 사업체의 자원봉사자 인턴들이 어쨌든 노동을 제공하는 것은 사실이며 금품은 아닐지라도 특히 정식 채용을 비롯해서 여러 가지 형태로 그들에게 보상이 주어지는 것 또한 사실이므로 사법 당국은 자원봉사자들 역시 노동자로 간주하여 노동관계법령의 보호 대상에 포함시켜야 할 것이다.

여기서 가장 심각한 문제는 법적인 것이 아니다. 이젠 없어서는 안 될 인턴들이 비영리 부문에 입문하게 되는 경위, 그리고 그들에게 보수를 지급하기도 힘들고 그들 없이 사업을 꾸려나가기도 힘든 재정상으로 빈약한 자선 단체들의 진퇴양난의 처지에 관해 좀 더 자세히 살펴봐야 할 필요가 있다.

일단 비영리 사업체들은 상호 모순되는 두 가지 자세로 인턴들을 대하고 있다. 한편으로는 그들의 경험과 업무 수행 능력의 부족함을 지적하며 언제든지 내팽개칠 준비를 하고 있으면서도 다른 한편으로는 대가를 지불하지 않아도 되는 그들의 노동력을 마음껏 활용할 자신들의 권익을 보호하기 위해 기를 쓰고 있는 것이다. 한편 비영리 사업체를 자원한 인턴들은 보상 문제에 관한 한 지나칠 만큼 소극적이다.

여기서 아냐 카메네츠의 견해를 다시 한 번 인용해보기로 하자. "자신들을 위해서라기보다 세상을 위해 그 일을 하고 있다는 초심을 간직하고 있기 때문이다. 쉽게 말해서 '멸종 위기에 처한 고래를 구하는 일'에 제 발로 따라 나선 상황에서 보수를 요구하는 건 웬만큼 얼굴이 두꺼워선 할 수 없는 일이지 않은가."

앞장에서 우리는 정부 부처나 사기업들이 인턴들을 위해 내실 있는 연수 시스템을 운영하는 경우가 드물다는 사실을 확인했다. 비영리 사업체의 경우에는 그 정도가 훨씬 심각하다. 대부분의 조직들이 사업 규모에 비해 항상 재정난에 쪼들리고 있기에 그 부분까지 감당할 여력이 없다는 것이 가장 큰 이유다. 하지만 어쨌든 수습사원에 관한 공정근로기준법 적용 제외 6개 조항을 모두 충족시키지 못하고 있는 것은 사실이기에 다른 부문의 고용주들의 경우와 마찬가지로 인턴들에게 급여를 주지 않는 행위는 법률에 위배된다.

그렇다면 어떻게 해야 할 것인가? 간단히 해결할 수 있는 방법이 있다. 인턴들의 노동력 제공을 경제 행위로 인정하고 적정한 보수를 지급하는 것이다. 그렇게 되면 당연히 이직률은 낮아지고 생산성은 훨씬 높아질 것이다. 중대형 비영리 업체 임원들의 연봉이 수십만 달러에 이르는 현실 속에서 인턴들에게 급여를 제공할 만한 재정적 여력이 없다는 핑계는 말이 안 된다. 또한 공공의 복지와 사회불평등 해소를 표방하면서 인턴들에게 최저임금조차 지급하지 않는 건 도무지 앞뒤가 맞지 않는다. 차라리 자기네 인턴들은 모두 유복한 집안 출신이라서 그 정도의 희생쯤은 감수할 수 있다고 주장하는 것이 그보다는 설득력이 있을 것이다.

최고 중역의 연봉이 120만 달러에 이르는 미국암학회는 자체 무보수 인턴십 프로그램을 통해 인턴들의 노동력을 무상으로 활용하고 있다(용돈 수준의 급여를 주는 인턴도 별도 모집한다). 140만 달러에 육박하는 연봉을 챙기는 중역이 있는 메트로폴리탄 박물관은 무보수와 최저임금 이상의 임금을 지급하는 조건을 병행해서 많은 직원들을 채용하고 있다. 한 조직 내에서 최고 소득자와 최저 소득자의 격차가 어마어마하게 벌어져 있는 것이다. 비영리 사업체들 사이에서 급속하게 퍼져가고 있는 그러한 경향은 사기업의 전문 경영인 영입제도나 프로 스포츠 팀의 '스타플레이어' 우선주의, 혹은 월스트리트의 '연봉 합산 후 차등분할제'를 방불케 한다.

에바가 근무하는 어느 국제적 NGO의 예를 들어보자. 세계적인 명성에 걸맞은 이상주의적 신념과 표어로 단단히 무장하고 있는 그 단체의 어느 해외 지부 소장과 인턴들의 평균 연봉은 각각 22만 5,000달러와 6,000달러로서 무려 35배나 차이가 난다. "인턴들에게 충분한 보수를 지급할 재정적 여력이 없다는 건 헛소리다! 이 단체는 언제든, 얼마든 돈이 필요하면 구할 수 있는 능력이 있다. 비영리 업체이므로 직원들의 임금은 예산 편성에서 우선순위가 아니라는 말도 인턴들을 공짜로 부려먹기 위해 지어낸 구실이다. 위쪽에 있는 사람들이 챙겨 가는 연봉을 보면 모르겠는가!" 에바에 따르면 그 단체의 유럽 본사에서 인턴들은 대개 6개월의 계약 기간 동안 주당 50여 시간씩 '기본 관리 업무의 95퍼센트 이상'을 담당하고 있다. 항상 20여 명 선을 유지하는 인턴들은 대부분이 석사학위 이상의 소유자로서 100명 남짓 되는 정규직들과 함께 근무하고 있다. "만일 인턴들이 없다면 우리 조직은 하루아침에 무너질 것이다. 언제든 우리 사무실에 들러보라. 인턴들만 만나게 될 것이다. 정규직들은 출장이나 미팅 때문에 거의 언제나 자리를 비우기 때문이다. 다시 말해서 우리의 '요새'를 지키는 건 인턴들이다."

그 단체 직원들의 약 3분의 1이 인턴에서 정규직으로 특채된 케이스다. 에바 역시 그들 가운데 한 사람이다. "직원 계약을 맺을 당시 내 은행 잔고는 거의 바닥나 있었다." 물론 그녀가 아직은 보조 역할을 담당하고 있기 때문이기도 하지만 그녀는 인턴 시절의 업무와 정규직으로서의 업무가 별다른 차이가 없다고 말한다. "비영리 부문에서 인턴십에 관한 가장 기본적인 원칙은 원하는 대로 취업할 수 있다는 것이다. 어디든 가능하다. 신입사원 채용 공고가 없다고 해서 주저할 필요가 없다. 신입사원이라는 직급은 아예 없기 때문이다. 다른 부문의 신입사원들의 역할을 인턴들이 맡고 있으니 말이다." 물론 새로운 일손이 필요할 때마다 내부적으로 그 상황이 공지되기는 한다. "NGO에서 일하고 싶다면 바로 그 내부적인 공지에 관한 정보를 입수해야 한다. 우리 단체 같은 경우 현재 인턴 모집 공고를 내기는 한다. '실무 경험이 있는 박사학위 소지자 우대!' 무보수 인턴십에? 좀 지나친 것 같지 않은가?"

현재 비영리 부문에 종사하고 있는 고위급 인사들의 상당수가 인턴에서부터 출발했고 따라서 그 부문에서 운영하고 있는 인턴십 프로그램의 모순점을 충분히 파악하고 있다는 사실을 감안할 때 한바탕 개혁의 바람이 일어날 것을 기대하는 것은 당연한 일이다. 하지만 현실은 정반대이다. 그 모순점들이 관행으로 굳어져버렸기 때문이다. 최소한 그들에게 있어서 인턴십이란 비영리 부문에 입문하는 첫 단계일 뿐 경쟁에서 뒤처지거나 탈락하는 동료들은 적극적인 관심의 대상이 아니다. "바로 그 6개월 전엔 자신도 같은 처지였으면서 인턴들을 마치 사무실의 일부처럼 관리한다는 건 아무래도 옳지 않은 것 같다." 에바의 NGO는 박애주의와 다양성을 표방하고 있으면서도 최소한 인턴 관리 시스템에서만큼은 근본주의적인 원칙을 고수하고 있다.

에바는 말한다. "내 상사들은 인턴들을 데리고 있어주는 것만으로도 큰 호의를 베푼다는 생각을 갖고 있다. 말과 행동이 다른 것이다. 우리는 편법을 구사하는 사기업들을 비난한다. 그러나 우리 역시 위선적이기는 마찬가지다. 우리도 그들과 똑같은 편법을 자행하고 있으니 말이다."

# 07

## 청춘 착취의 경제학

더 이상 운영 자금을 끌어올 수 있는 방법도 없었고
나 혼자서 회사 살림을 꾸려 나갈 수도 없었다.
따라서 경기가 밑바닥을 치고 있던 당시,
무보수 인턴들에게 의존하는 것이 나로서는 유일한 살 길이었다.
이제 다시 닥쳐온 경제 위기 속에서 주위를 둘러보라.
무직자나 실직자들 가운데 놀라운 재능을 지닌 사람이 얼마나 많은가!
그들의 능력을 실험할 수 있는 가장 적절한 방법이
무보수 인턴십 제도라고 나는 확신한다.

**마크 큐번, 억만장자**

일이라는 것은 무엇인가? 대가가 따르는 일의 범위는 어디까지인가? 같은 일의 대가가 금전적이어야만 하는 경우와 자기만족으로 충분한 경우는 어떻게 구분해야 할까? 많은 사람들과 인터뷰를 해오는 동안 수많은 의문이 일어났다. 이번 장에서는 인턴과 고용주 모두를 위해서 금전적인 계산법을 통해 구체적으로 인턴십에 접근할 것이다. 그리고 그 과정 중에 여러 전문가들의 견해를 빌려 젊은이들을 위한 노동 시장의 실태와 최저임금의 경제학 같은 현안들을 검토할 것이다.

자본주의 사회에서 일과 금전적 보상은 불가분의 인과 관계를 이루고 있다. 더 많이 일할수록 더 많은 돈을 버는 것이 당연한 사회이다. 하지만 그 당연한 원칙을 거스르고 보상에 대해 어떤 기대도 없이 무상으로 노동을 제공하는 경우가 있다. 그리고 세상에는 돈으로 사고팔 수 없는 본질적인 재화나 서비스가 있다. 가정주부의 가사노동이 대표적인 경우이다. 금전적으로 환산한 가사노동의 가치를 여성인권주의자들이나 경제학자들이 아무리 강조한다 할지라도 가족을 위해 흘린 땀을 돈으로 보상받으려 하는 어머니는 없을 것이다. 가족만이 아니라 친구 사이에서도 서로를 위한 수고를 당장에 금전으로 보상하는 것은 대부분의 경우 큰 실례가 된다. 물론 돈이 아닐 뿐이지 다른 형태로 보상을 주고받게 된다는 점에서 '베푸는 행위' 역시 경제적 관점에서 해석할 수는 있다. 하지만 직접적인 금전상의 보상이 없는 행위를 숫자로 측정하기는 거의 불가능하다.

모든 제품과 서비스에 가격이 매겨진 오늘날의 물질주의 세계에서 언제부터인지 가족이나 친구 관계가 아닌 사람들 사이에서도 '베푸는 행위', '물물교환', 혹은 '신용 적립' 등의 비자본주의적 거래가 활기를 띠면서 경제 현장 곳곳으로 깊숙이 스며들고 있다. 공짜로 노동력을 제공하는 무보수 인턴십 역시 그런 거래의 한 가지 유형이라고 할 수 있다. '실질적 경험'이라는 보상이 따르긴 하지만 보수가 없으므로 '베푸는 행위'이고 노동력과 경험이 맞바꿔지기에 '물물교환'이며 미래를 위해 현재의 희생을 감수하므로 '신용 적립'이다.

무보수 인턴들이 제공하는 무상의 노동력이 미국 경제 전반에 끼치는 영향력을 숫자로 환산한다는 것은 불가능에 가깝다. 다만 '전문가로서의 체면'을 의식한 일부 학자들에 의해 '연간 1억 2,400만 달러'라는 통계가 한 차례 나와 있기는 하다. 그 수치는 5만 명의 무보수 인턴들이 여름 12주 동안 주당 40시간을 일했다는 가정 아래 2006년도 연방 최저임금을 적용해서 도출된 것이다.[1] 부정확하나마 그 계산을 토대로 2010년도 총액을 어림잡아보면 최저임금 상승액과 최소한 50만 명으로 늘어난 무보수 인턴들의 숫자를 곱하고 곱한 결과는 대략 20억 달러이다. 그 엄청난 금액에 해당하는 자산이 제너럴 일렉트릭General Electric을 비롯한 대기업부터 갓 출범한 소규모 IT 기업들까지 무보수 인턴십 프로그램을 운영하는 모든 사업체에 골고루 투입되어 원가를 절감시키고 제품과 서비스를 향상시키는 커다란 원동력으로 작용하고 있는 것이다.

무보수 인턴십 프로그램은 1980년대에 본격적으로 도입되어 1990년대를 거치면서 활성화되었다. 노스웨스턴 대학 취업센터의 자료에 따르자면 1996년도 졸업생의 24퍼센트가 한시적인 조건의 무보수 인턴십을 긍정적으로 받아들이고 있다. 경기가 호황이던 시기였기에 더욱 눈길을 끄는 결과이다.

무보수 인턴들의 공짜 노동력을 성장의 원동력으로 활용한 무자본 닷컴들이 미국 서해안의 어느 '계곡'에 세계 신기술의 허브를 이룩할 것을 누구도 예측하지 못할 때였다. 30세 미만의 젊은이들이 '공짜'라는 마법의 숫자에 홀려 더 많이 일하고 더 많은 것을 기대하게 될 가까운 미래를 예견한 베스트셀러 『프리: 비트 경제와 공짜 가격이 만드는 혁명적 미래』*Free: The Future of a Radical Price*가 아직 크리스 앤더슨Chris Anderson의 머릿속에서 아이디어로만 간직되어 있던 때였다.[2] 그리고 특히 인터넷 사이트마다 '공짜'가 넘쳐나는 세상을 아무도 예견하지 못할 때였다.

인터넷은 정말 많은 것을 바꿔놓았다. 불과 30~40년 전만 해도 미국에서 보수 없는 직장이란 생각할 수도 없는 일이었다. 하지만 오늘날의 사이버 공간에는 보수 없이 일을 하는 젊은이들이 넘쳐나고 있다. 지금으로부터 10년 전, 크리스 앤더슨은 온라인상에서 이루어지는 모든 작업 가운데 40퍼센트가 직접적인 보상이 따르지 않으며 거기에 투입되는 노동의 총량은 1,300만 명의 노동자가 15년 동안 풀타임으로 일하는 분량에 해당한다고 추정했다.

오늘날 웬만한 기업들은 모두 웹사이트를 운영하고 있다. 그 사이트들은 대부분 상당한 보수를 받는 전문가들의 작품이다. 하지만 전체 사이버 공간에서는 그 숫자의 몇 백, 몇 천 배 되는 전문가들이 무료 콘텐츠 사이트를 운영하고 있다. 그들 가운데 상당수가 자신들의 사이트가 엄청난 조회 수를 기록하고 광고가 밀려들어올 언젠가를 꿈꾸며 보수 없는 노동을 감수하고 있다. 많은 젊은이들이 보수 없이 인턴으로 일하고 있는 것도 같은 이유에서이다. 그들 역시 당장의 금전적인 보상 대신 경험을 쌓고 인맥을 형성해서 바라마지 않던 사회 집단에 성공적으로 입성할 미래를 꿈꾸며 공짜로 노동력을 제공하고 있는 것이다.

따라서 닷컴 신화를 이룩한 신세대 기업인들의 사업 정신이 '리스크 감수'와 '개인 브랜드화'였다면 인턴십 붐을 가속화시키는 원동력은 '공짜'라는 신시대적 사고방식이라고 말할 수 있다.

문제는 무보수 인턴십이 젊은이들의 꿈을 이룰 수 있는 최선의 수단이 아님은 물론 그것이 효율적인 방법인지조차 검증되지 않았다는 사실이다. 공짜로 얻을 수 있는 물건을 굳이 돈을 주고 사려는 소비자는 없다. 무보수 인턴십 프로그램을 운영하는 고용주들의 입장이 바로 그렇다. 무보수 인턴들에게서 탁월한 역량과 엄청난 가능성을 발견하지 않는 한 그들을 정규직으로 채용해서 상당한 인건비를 지출할 이유가 없는 것이다.

행동경제학자 댄 애리얼리Dan Ariely의 최근 저서 『상식 밖의 경제학』*Predictably Irrational*에는 보수 수준에 따라 같은 일에 대해 사람들의 자세가 달라지는 과정에 관한 실험 결과가 수록되어 있다. 일단 상당한 보수가 제시되자 실험 참가자들 대부분이 기꺼이 업무에 응했다. 이후, 예견됐던 대로, 보수가 낮아질수록 그들의 반응도 비례해서 시들해졌다. 그런데 실험 맨 마지막 단계에서 예상치 못했던 반전이 일어났다. 아예 무보수를 조건으로 업무를 부탁하자 상당한 보수가 제시됐던 첫 단계와 비슷한 수준의 적극적인 반응이 나타난 것이다. 애리얼리는 그 현상을 봉사 정신이 작용한 결과라고 설명한다.

인턴십 붐이라는 현상의 이면에는 바로 그 봉사 정신의 역학 또한 작용하고 있다. 하지만 봉사 정신으로 시작한 인턴십은 그 자체로 큰 문제점을 가지고 있다. 무보수 인턴십 프로그램을 운영하는 어느 기업체 사장의 경험담을 들어보자.

"내가 인턴들을 실컷 이용해 먹고 나서는 버려버린 것 같은 기분이 든다. 하지만 어쩔 수 없었다. 처음에 그들은 정말 열심히 일했다. 그런데 어느 정도 시간이 지나자 업무에 전혀 의욕을 보이지 않는 것이었다. '어차피 돈도 못 받는 일, 아무려면 어때!', 그런 배짱인 것 같았다. 나 역시 임금을 주지 못하는 입장에서 그들에게 더 이상 일을 시킬 수 없었다."

심리학자들에 따르자면 '자원봉사적' 열정은 그 속성상 오래갈 수가 없다고 한다. 시간이 지날수록 자신이 베푸는 행위를 평가절하하게 되기 때문이라는 설명이다. 무보수 인턴십의 경우, 손쉬운 구직, 실무 경험과 인맥 구축, 인건비 절감을 통한 업체의 경쟁력 향상 등 특기할 만한 장점이 많은 반면 인턴 당사자들의 심리적 변화와 그에 따른 갈등이 그 장점을 상당 부분 상쇄하게 된다. 결국 노동과 금전적 보상이 긴밀한 인과 관계로 엮여 있는 전통적 자본주의 경제 구조 속에서는 '공짜'란 경제적 행위가 될 수 없는 것이다.

아냐 카메네츠는 학자금 융자로 인한 채무를 잔뜩 짊어진 채 대학 문을 나서서 공짜로 노동력을 제공하는 동안 생계를 꾸리기 위해 다시 융자를 얻고 신용카드를 한도까지 긁어야 하는 요즘 젊은이들을 '빚더미 위에 앉은 세대'라고 표현한다. 자신도 그들 가운데 한 사람인 그녀는 이상과 다른 현실을 깨닫고 자신과 사회 모두를 향해 울분을 토한다. "모두 돈 때문이다. 이 사회에서 우리 무보수 인턴들은 제대로 사람 취급을 받지 못한다. 돈을 벌지 못하기 때문이다. 돈이 모든 걸 대변하는 세상에서는 돈이 있어야 존경도 받는다는 걸 몰랐다."

앞에서도 여러 번 언급했듯이 인턴들이 제공하는 무보수 노동은 노동 시장의 질서를 어지럽힌다. 상당한 보수를 받아야 자신과 가족을 부양할 수 있는 일반 노동자들에게 큰 피해를 주기 때문이다. 인턴들도 힘들기는 마찬가지다. 생계를 유지할 수단을 다른 곳에서 구해야 하니 말이다.

## 대가 없는 노동

고용주들은 꿀 먹은 벙어리로 만들고 젊은이들은 시작 단계에서뿐 일망정 희망에 넘치게 만드는 무보수 인턴십 제도를 뒷받침해주는 이론적 근거는 무엇인가? 그 질문에 답을 얻기 위한 학자들의 노력은 현대적 인턴십이 도입된 이래로 지속되어오고 있다. 1964년, 젊은 나이에 이미 시카고 경영대학원의 스타 강사로 각광을 받기 시작하던 게리 베커는 "미국 사회에서 대졸자와 고졸자의 차이를 금전으로 환산하는 실험"에 착수했다. 그 결과 "사람에 대한 투자 과정을 객관적인 견지에서 추적하는" 시도 속에서 베커는 "인적자원"이라는 단어를 탄생시키며 "교육이나 직업 훈련은 배우는 사람이 수혜자가 되는 일종의 투자 과정이므로 제반 비용을 당사자가 부담해야 한다"라는 이론을 발표하게 된다.[3] 베커의 이론은 보수주의자들의 열렬한 성원을 등에 업고 각계각층으로 일약 확산되었다. 당시 시민평등권 정신의 실질적 구현의 일환으로 계층과 인종에 관계없이 중등교육 의무화를 밀어붙이던 연방 정부에 불만을 품고 있었던 세력들에게는 너무도 반가운 이론이었기 때문이다. 하루아침에 전국적 유명인사가 된 베커는 거기서 그치지 않았다. 이번에는 식민지 시대 아메리카를 비롯해 세계 도처에서 자행됐던 계약 노예제마저도 옹호하고 나선 것이다. 노예들은 육체적 노동력을 이용해서 자신들의 시장성을 높였으며 덕분에 인적자원으로서의 그들의 가치가 대폭적으로 증가했다는 주장이었다.

그 주장은 단지 순수한 학자적 관점이었다고 치자. 사실 베커의 원래 의도는 대학 졸업자들이 무보수 노동과 맞바꾼 '실무 경험'과 정식으로 취업했을 때 '상대적으로 높은 보수' 형태로 얻게 되는 보상 사이의 역학관계를 숫자로 환산하는 것이었다. 다시 말해서 인적자원에 대한 투자의 결실을 금전적인 가치로 나타내고자 했던 것이다. 오늘날 베커의 '인적자원 투자' 이론은 일시적 혹은 과도기적 경제 행위에까지 적용될 만큼 널리 확산되어 있다. 베커의 이론을 신봉하는 노동경제학자 존 펜커벨John Pencavel에 따르면 모든 유형의 초기 투자는 추후에 거둬들일 경제적 이윤을 전제로 한다. 거기에는 주식 투자만이 아니라 건강 관리나 해외 이주도 포함된다. 무보수 노동 또한 마찬가지다. 펜커벨은 또한 베커의 "위대한 연구" 덕분에 투자의 원가와 보상의 인과 관계를 수치로 환산할 수 있는 표준 공식이 정립됐다고 추켜세운다. 한편 1980년대 당시 백악관의 주인이었던 로널드 레이건Ronald Reagan이 공식석상에서 여러 차례에 걸쳐 베커의 이론을 지지하는 발언을 했다는 사실은 알 만한 사람들은 모두 알고 있다. 이렇듯 인적자원 투자 이론에 대한 학계와 정계의 학문적, 정책적 지원은 오늘날 많은 정부기관과 사기업들이 인턴들의 교육비용에 철저하게 인색할 수 있는 커다란 명분이 되고 말았다.

한편 대부분의 경우 다른 사람들에게 생계를 의존해야 하는 무보수 인턴들은 무의식중에 인적자원에 대한 투자 이론을 실천하고 있는 셈이다. 학자금을 융자받아서 석사 과정을 마친 스테파니는 '가나 난민을 위한 UN 고등판무관' 사무실에서 무보수 인턴으로 근무한 8개월 동안 융자금 이자와 생계비를 충당하기 위해 가족과 친지들에게 손을 벌려야 했다.

"정말 창피했다. 하지만 꼭 그 일을 하고 싶었고 그러기 위해선 다른 방법이 없었다. 그래서 주변에 도움을 요청하는 편지를 보냈다. 놀랍고 감사하게도 사람들은 가슴과 지갑을 함께 열어주었다." 45명으로부터 8,000달러가 넘는 기부금이 모아진 것이다.

경제학자 그레그 캐플런은 다음과 같이 주장한다. "인턴십은 명백히 인적자원에 대한 투자의 일종이다. 업무 능력이 보수 수준에 미치지 못하는 건 자신에 대한 인적 투자에 소홀했다는 증거이고 그 소홀함을 보충할 수 있는 최선의 방법은 인턴십이다. 게다가 인턴들은 기꺼이 무보수로 노동을 제공한다. 그 희생을 훨씬 능가하는 보상을 기대하기 때문이다."

한편 1960년대 당시 인적자원 투자 이론을 정립하는 과정에서 베커는 자신의 이론이 야기할 부정적인 영향력을 예견한 바 있었다. "기업들이 투자에 해당하는 교육비용을 실제 업무에 투입된 수습사원들(인턴들)의 임금에서 공제하게 될 것이므로 그들이 실제로 받게 될 보수는 형편없이 적거나 심지어 마이너스가 될 경우도 있을 것이며 따라서 수습(인턴십) 프로그램을 통해 자신에 대한 인적자원 투자를 도모하는 사람들은 미래에는 평균을 웃도는 연봉을 향유할 수는 있어도 당장에는 생활고에 시달릴 것"을 정확히 내다본 것이다. 하지만 많은 고용주들이 자신의 이론을 사욕을 채우기 위한 구실로만 내세울 뿐, 정작 젊은이들의 무보수 노동을 보상하이줄 내실 있는 교육 프로그램이나 채용상의 특혜에는 관심조차 갖지 않는 오늘날의 현실은 베커조차 예견하지 못했다.

또 한 가지 문제는 베커의 인적자원 투자 이론의 취지에 명실공히 부합하는 인턴십 프로그램이라고 해서 인턴들의 희생을 반드시 보상하이줄 수 있는 건 아니라는 사실이다. 모든 투자에는 위험이 따르기 마련이며 인턴들의 숫자가 기하급수적으로 늘어가는 현실을 감안할 때 투자에 실패할 확률도 대폭 증가하기 때문이다.

캐플런에 따르면 "구성원들의 소득 그래프가 가파른 편차를 보이는" 사회에서는 젊은이들이 무보수 혹은 저렴하게 자신들의 노동력을 제공하며 그 와중에서 생계를 위해 빚을 지거나 다른 사람의 호의에 의존하게 된다. 지나간 시절에는 많은 기업들이 과도기 상태에 있는 젊은이들의 생활을 보장했었다. 우수한 인재를 유치하고 그들의 충성심을 다지기 위해 신입사원이나 연수생들에게 상당한 보수를 지불했기 때문이다. 하지만 현재 그들의 방침은 180도 전환된 상태이다. 안정적인 보수를 지급하는 시기를 최대한 늦추어서 젊은이들이 무보수 인턴십이라는 희생을 기꺼이 감수하며 '그때'를 기다리게 만들고 있는 것이다. '그때'까지 젊은이들은 부모나 신용카드 회사에 생계를 의존하게 된다. 하지만 고용주들은 그 안타까운 상황을 당연하게 여기고 있다. 심지어 "오히려 우리가 인턴들에게 돈을 받아야 한다"는 주장까지 나오고 있는 현실이다.

그럼에도 불구하고 인적자원 투자 이론은 여전히 낙관적인 희망을 심어주고 있다. 그 이론에 감응한 학생들과 학부모들이 당장에는 교육과 기술 연마에 상당한 투자를 해야 하지만 결국에는 그 이상의 보상을 받게 된다고 믿게 되는 것이다. 미국 사회에서 대졸자와 고졸자의 평생 소득의 차이는 현재 30만 혹은 40만 달러로 추산되고 있다(한때는 100만 달러까지 추산된 적도 있었다). 많은 경제학자들은 그 차이를 인적자원에 대한 투자의 직접적인 결과라고 주장한다. 즉 고등교육을 받고 인턴 과정을 이수한 사람들이 그렇지 않은 사람들보다 업무 능력이 뛰어나며 고용주들은 그 능력을 더욱 높은 보수를 통해 보상한다는 것이다. 제조업 부문에서는 그들의 주장을 뒷받침할 수 있는 사례들을 얼마든지 찾아볼 수 있다. 공업용 부품 공장에서 시간당 10개의 부품을 만들어내던 직원이 연수를 받고 난 뒤에는 15개를 만들어낼 수 있는 것이다. 하지만 사무직이나 서비스 부문에서 노동자들의 생산성과 교육이 비례한다는 주장은 다만 추정에 불과할 뿐이다. 대학 졸업장이 세일즈맨이나 프로젝트 매니저의 생산성에 과연 큰 도움이 되는지는 실제로 검증하기가 까다로운 문제이다. 게다가 고학력자나 명문 인턴십 과정 출신자들이 누리는 보상은 그들이 희생을 감수하며 감행했던 투자에 대한 결과가 아닌 경우도 수두룩하다. 단순히 해당 사업체에 필요한 부문을 전공했기 때문일 수도 있고 그들의 배경이나 연줄 때문에 우대받을 수도 있는 것이다.[4]

어떤 경제학자들은 고학력자나 명문 인턴십 과정 출신자들은 일단 고용주에게 긍정적인 '신호'를 전달하게 된다고 주장한다. 현재까지는 소위 '타이틀'이나 경력이 신입사원들의 '인적 자산' 가치를 가늠할 수 있는 최선의 기준이기 때문이다. "한정된 정보 때문에 적재적소에 신규직원을 배정하기가 상당히 어렵다." 경제학자 마이클 스펜스Michael Spence는 이렇게 얘기하고 있다. 그는 베커의 인적자원 이론에 못지않은 영향력을 지닌 '신호 전달' 이론의 주창자이다. 신규사원을 채용할 때는 이를테면 우수한 학교 성적 같은 '신호'를 통해 당사자의 능력과 자질을 평가하지만, 시간이 흐름에 따라 실제 능력이 드러나면서 처음의 판단과 기대도 지속적으로 수정된다는 것이 스펜스의 '신호 전달' 이론의 요지이다. 신호 전달 이론에 따르면 우수한 성적으로 대학을 졸업한 신규직원의 실제 업무 실적이 형편없을 때 고용주는 추후 신입사원을 채용할 때 '대학 성적이 전달하는 신호'를 아예 무시하거나 비중을 두지 않게 된다. 또한 모든 지원자들이 똑같은 신호를 고용주에게 전달할 때, 이를테면 모든 지원자들의 성적이 아주 우수할 때, 고용주는 그 신호에 더 이상 의미를 두지 않게 된다. 스펜스는 "모든 사람이 시장의 현실에 이성적으로 반응하고 있는 경우"일지라도 특정한 신호를 전달하기 위해 "지나친 인적 투자가 시도되는" 현상이 아주 흔하게 발생한다고 말한다.[5]

이론상 인턴 경력은 고용주들에게 긍정적인 신호를 전달함으로써 사무직 부문의 취업에 유리한 변수로 작용한다. 여러 현장에서 인턴으로 근무했던 경력이 빼곡하게 적힌 이력서는 당사자가 더욱 빠른 시간 내에 새로운 업무를 익힐 수 있으며 사무실 분위기에도 더 빨리 적응할 수 있는 인재라는 신호를 보내는 것이다. 특히 자체 인턴십 프로그램은 인턴들의 미래를 결정하는 중요한 기준으로 활용될 수 있다. 인턴들의 업무 능력을 현장에서 파악할 수 있게 해주기 때문이다. 반면에 육체노동 부문에서는 '신호'의 역할이 그다지 크지 않다. 기술이나 체력은 직접 확인할 수 있기 때문이다.

오늘날 젊은이들이 하이테크와 사무직 부문을 선호하는 경향은 갈수록 심화되고 있다. 기능공 제도가 내리막길을 치닫고 있는 반면 인턴십 붐이 가속화되고 있는 상황이 그 사실을 입증해주고 있다. 하지만 작업복 대신 넥타이를 선택한 젊은이들은 많은 고용주들이 인적자원 투자의 가치를 강조하며 인턴 경력을 취업 필수 조건으로 내세우고 있는 진정한 의도를 알아야 한다. 그런 의미에서 캐플런의 다음과 같은 지적은 시사하는 바가 크다. "구직자들이 넘쳐 나는 현실을 틈타 고용주들이 직원 교육에 소요되는 비용을 절감하기 위해 인턴 과정을 필수로 요구하는 경우가 많다."

미국의 젊은이들은 화이트칼라와 블루칼라의 세계를 가르고 있는 협곡의 깊이를 잘 알고 있다. 그들 가운데 많은 사람들이 그 협곡을 건너기 위해 인턴십이라는 다리를 선택한다. 동시에 그들은 그 다리를 오가며 미래를 준비하는 방법을 깨우치고 있다. 쉽게 말하자면 화이트칼라의 세계에서 자리를 잡기 위해 임금 없이 노동을 제공하면서 당장의 생계를 위해서는 블루칼라의 세계에서 임금을 받고 노동을 하는 젊은이들이 많다는 것이다. 문제는 그들이 블루칼라 세계에서의 '생업'에 전혀 의미를 부여하지 않는다는 데 있다. 지나 네프는 언론사의 무보수 인턴으로 근무하는 자신의 제자들의 경우를 들어 그 현실을 다음과 같이 지적하고 있다. "그들은 무보수 인턴으로 근무하는 동안 잠바주스Jamba Juice 같은 음료수 가게나 아베크롬비Abercrombie 같은 옷가게에서 일을 하며 생활비를 번다. 하지만 그들은 그 일을 결코 직업이라고 생각하지 않는다. '그 별 볼 일 없는 당장의 밥벌이'가 그들이 원하는 목표에 이르도록 도움을 주고 있으며 그 과정을 통해 쌓은 경험이 언젠가는 유용하게 쓰일 수도 있다는 사실을 아예 외면하고 있는 것이다."

인적자원 이론과 신호 전달 이론의 영향력 아래서 많은 경제학자들은 무보수 인턴십이라는 당장의 투자, 혹은 희생이 미래에 상당한 보상을 안겨준다고 주장한다. 하지만 아무리 정통한 경제적 이론이 뒷받침해주고 있다 해도 현실을 외면한 채 인턴십에 올인하는 전략은 그다지 바람직한 것이 아니다. 거듭 강조하거니와 투자란 본질적으로 위험을 내포하는 행위이다. 애초에 보상이 불가능한 경우도 있고 중간 과정에서 시장에 변화가 일어나 모든 것이 물거품이 되는 경우도 있다. 그런가 하면 불충분한 투자는 오히려 손실을 초래하기도 한다. '빚더미에 앉은 세대'들인 아냐 카메네츠의 동료들 가운데에는 6개월 동안 풀타임 무보수 인턴으로 일하고 난 뒤, 기존의 학자금 융자에 생활비 융자가 보태진 은행 빚 5만 5,000달러와 신용카드 빚 1,000달러 위에 '올라 앉아' 결국 졸업마저도 기약할 수 없게 된 학생도 있다.

## 갈수록 처절해지는 생존 경쟁

사회학자 마크 그래노베터는 인턴십을 취업을 위한 최선의 통로로 간주하고 올인하는 것은 실리콘밸리의 신생기술 기업에서 주식 지분을 약속받고 무보수로 일하는 것과 같다고 지적한다. "휴지조각이 될지도 모르는 주식 5~6만주를 약속 받고 기꺼이 무보수로 노동력을 제공하려는 사람들이 놀라울 정도로 많다. 그들의 모험의 동기는 크게 두 가지로 요약된다. 회사가 대박이 날 것이라는 확신 때문이거나 다른 대안이 없기 때문이다."

노라는 비슷한 처지에 있는 다른 인턴들처럼 회사의 '선처'를 고대하고 있다. MBA를 취득한 뒤, 그녀는 뉴욕의 어떤 신생기업에서 6개월 기한의 풀타임 무보수 인턴으로 일하고 있는 중이다. 그녀에게는 원래 분명한 목적이 있었다. 학부 때 전공이었던 회계학에서 마케팅으로 전문 분야를 옮기기 위해 실무 경험을 쌓는 것이다. 전공을 바꾸기 위한 더 나은 방법을 찾지 못해 자원한 인턴십이었지만 현재 그녀는 회사가 자신을 성공으로 이끌어주기를 간절히 바라고 있다. 물론 그것이 상당한 리스크가 따르는 투자라는 사실을 그녀도 잘 알고 있다. 몇 달 후면 여러 해 동안 일을 해서 모아둔 자금이 바닥날 것이라는 사실은 더욱 잘 알고 있다. 하지만 다행히도 그때가 되면 지원해주겠다는 약혼자의 약속을 받아두었다고 한다. 최근 노라는 상당한 업무 성과를 올렸다. 회사의 웹사이트를 성공적으로 론칭한 것이다. 이제 회사에서 주식을 나눠주거나 보수를 책정해줄 것을 기대하고는 있지만 그 마음을 겉으로 드러내지는 않고 있다. 그들이 먼저 제안할 때까지 기다리는 게 좋을 것 같아서라고 한다.

노동에 대한 보수를 원치 않아서 무보수 인턴십을 지원하는 젊은이는 없다. 그들에게 다른 대안이 없다는 것이 가장 큰 이유이다. 실제로 보수가 따르는 취업 시장에서 경험이 없는 젊은이들에게 선택의 기회가 주어지는 일자리들은 거의 모두가 불안정하거나 비전이 없는 것들이다. 그런 상황에서 그들은 인턴십이 던져주고 있는 희망의 불빛에 이끌리게 되는 것이다. 대학생 나이의 젊은이들이 당장의 희생을 감수하며 무보수 인턴십에 뛰어드는 현상은 그래서 충분히 이해가 간다. 그 나이쯤의 미국 젊은이들은 블루칼라 세계의 허드렛일을 통해 돈을 벌어본 경험을 대부분 가지고 있기 때문이다.

"미국 청소년들의 대다수가 학교에 다니면서도 어떤 식으로든 노동을 하고 있다. 그래서 노동 현장에서는 14~15세의 소년 소녀들을 흔히 만날 수 있다." 2000년도 노동통계국BLS 보고서의 일부 내용이다. 물론 혹독한 노동 착취에 노출된 1억 1,500만 명의 개발도상국 어린이들에 견줄 것은 못되지만 노동 현장에 진출하고 있는 미국 10대들의 비율은 다른 선진국들에 비해 단연 높다. 하지만 노동 현장에 있는 청소년들의 가정 환경은 일반의 인식과는 달리 그다지 어려운 편만은 아니다. 가정 형편이 지나치게 어려운 청소년들은 대부분 집에서 해야 할 허드렛일들이 많기 때문에 아르바이트를 할 시간적 여유조차 없기 때문이다. BLS의 조사 결과에 따르자면 "일을 하는 청소년들 대부분은 번 돈을 가계에 보태기보다 개인적인 용도로 지출하고 있다."

1997년 BLS는 1980년에서 1984년 사이에 출생한 9,022명의 청소년들을 무작위로 선정해서 성장에 따른 노동 행태의 변화를 추적하기 시작했다. 지금까지도 계속되어오고 있는 그 실험을 통해 BLS는 상당한 자료를 축적할 수 있었다. 그 자료에 따르면 실험 대상 청소년 가운데 과반수가 14세 무렵에 이미 보수를 받고 노동을 제공하는 경험을 갖게 되는 것으로 밝혀졌다. 그들은 대개 잔디 깎기나 캠프도우미 혹은 아이 돌보기처럼 일종의 프리랜서 일을 통해 직업 세계에 입문한다. 하지만 대학생이 되는 나이에 다가가면서 그 양상은 현격한 변화를 보인다. 1990년대 말에 시행된 조사에 따르면 미국의 17세 청소년들 가운데 39퍼센트가 학기 중에도 일을 하며 방학 동안 직업을 가진 비율은 48퍼센트였고 주당 평균 20시간을 일하고 있는 것으로 드러났다. 미국의 쇼핑몰이나 스낵 가게에서 앳된 얼굴의 종업원들을 늘 만나게 되는 이유가 거기 있는 것이다.

한편 마크 부스케Marc Bousquet의 『대학생들이 일하는 방법』*How the University Works*에서 우리는 한 가지 흥미로운 사실을 확인할 수 있다. 대학생들이 대학에 다니지 않는 또래들보다 더 많이 일을 하고 있다는 사실이다. 그 책에서 부스케는 노동자와 대학생을 별개의 집단으로 간주하는 이분법적 구분은 완전히 잘못된 것이라고 지적한다. "미국에서 전혀 일을 하지 않는 대학생의 비율은 20퍼센트에 불과하다. 전체 대학생의 50퍼센트는 주당 평균 25시간을 일한다. 나머지 30퍼센트는 풀타임, 혹은 여러 직장에 다니면서 주당 평균 39시간을 일한다." 등록금을 빚으로 해결하는 대학생 비율은 1993년도에는 전체의 절반이 채 안됐으나 현재는 3분의 2에 달하고 있으며 4학년 학생들은 학자금 융자로 일인당 평균 2만 3,000달러의 빚을 지고 있다. 이런 상황이니 대학생들이 일을 해서 번 돈은 더 이상 개인적인 필요에 따라 쓸 수 있는 용돈이 아니다. 현재 미국의 대학생들은 빚더미에 올라앉지 않으려고 안간힘을 쓰고 있는 것이다. 지난 몇 십 년 동안에 걸쳐 입학생 대비 졸업생 수가 지속적으로 감소하고 있으며 수업료가 저렴한 국립대에 학생들이 몰리는 것도 그래서이다. 한 가지 흥미로운 점은 강의실에서 보내는 시간보다 일터에 머무는 시간이 훨씬 많은 상황에서도 대학생들은 자신들의 신분을 학생이라고 밝힌다는 점이다. 사회에서도 그들을 학생이라고 간주한다. 다시 말해서 자타가 공인하는 그들의 사회적 신분은 그들이 실제로 하고 있는 일과는 다른 것이다.

대부분의 10대들과 상당수의 대학생들이 하는 일들은 식당 서빙처럼 공정근로기준법의 적용 대상에서 제외되거나 교육비용을 공제하는 경우가 많기 때문에 대부분 최저임금 수준 이하의 보수가 지급된다. 그런가 하면 1996년 도입된 '청소년 최저임금제'에 의거하여 고용주들은 청소년을 고용한 뒤 처음 3개월 동안 성인 노동자들에게 적용되는 최저임금에 비해 낮은 수준의 보수를 지급할 수 있다.

낮은 보수, 열악한 노동 환경, 그리고 젊음의 특권인 호기심과 변덕 때문에 젊은 세대들의 이직률은 엄청나게 높다. 20년 전에 시행된 어떤 연구 조사 결과에 의해 18세부터 30세에 이르는 기간 동안 미국 남성들과 여성들이 각각 8.9개와 8.4개의 직장을 거친다는 사실이 밝혀졌다. 이후로 새로운 연구가 진행되지 않았기 때문에 정확히는 모를 일이지만 그 수치는 현재 늘었으면 늘었지 줄어들지는 않았을 것이다. 미국에서 직장을 다닌다는 것이 그만큼 힘들고 안정적이지 못하다는 얘기다. 어떤 연구에 따르자면 미국인들이 평생에 걸쳐 직장을 바꾸는 전체 횟수의 3분의 2가 사회에 입문한 뒤 첫 10년 동안에 몰려 있으며 그 가운데 절반 이상은 단순히 회사만이 아니라 직종과 분야까지도 바뀐다고 한다. 인턴십은 그러한 직업 전환의 매개적 역할을 하고 있으며 그 역할의 비중은 갈수록 커지고 있다.

경제학자 데렉 닐Derek Neal은 젊은 시절에 직업을 자주 바꾸는 것이 평생의 소득을 증가시키는 긍정적인 역할을 한다고 주장한다. 실제로 젊어서부터 안정성만을 추구하느라 직업 전환을 하지 못한 사람들은 성공이나 출세와는 거리가 멀어지는 경우가 많다. 경제학자 리사 칸Lisa Kahn은 일련의 연구 조사를 통해 경기 침체 시기에 직장 생활을 시작한 젊은이들의 소득이 '침체'를 벗어나기가 상대적으로 힘든 현상이 드러났다고 주장한다. 경기가 호전된 상황에서도 직업 전환을 망설이느라 기회를 놓치기 때문이라고 한다. 또한 전국적으로 실업률이 1퍼센트 증가할 때마다 신입사원들의 임금은 최고 7퍼센트까지 감소하며 호황기에 사회생활을 시작한 사람들과의 소득 격차는 꾸준히 벌어져서 수십 년 뒤에는 10퍼센트까지 차이가 난다

는 사실도 그녀의 연구를 통해 밝혀졌다.[6]

현재 16세에서 24세에 이르는 미국 젊은이들의 실업률은 20퍼센트에 육박하고 있다. 어느 다른 연령대의 실업률보다 높은 수치이다. 현재의 불경기가 지속된다면 젊은 세대들이 입게 될 타격은 치명적이 될 것이다. 미국의 청소년들은 대개 다섯 단계를 거치며 성인이 된다. ①부모의 슬하를 떠난 뒤 ②대학을 졸업하고 ③경제적으로 독립한 다음 ④결혼을 하고 ⑤아이를 갖는, 이 다섯 단계가 갈수록 시기적으로 늦춰지고 있는 현상은 재정적인 문제와 직접적인 연관이 있다. 2000년도의 어느 연구 조사 결과에 따르면 30세에 '성인'이 된 비율은 남녀 각각 31퍼센트와 46퍼센트에 불과한 것으로 드러났다. 1960년도에 각각 65퍼센트와 77퍼센트를 기록했던 것과 비교하면 큰 차이다. 26세의 젊은이들 가운데 아직 부모의 슬하를 떠나지 않고 있는 비율은 20퍼센트로 나타났으며 이는 1970년에 비해 두 배 늘어난 수치이다. 이렇듯 '청소년기'가 연장되고 있는 현상에도 역시 인턴십이 깊숙이 개입되어 있다. 안정적인 직장을 구할 때까지 인턴십을 일종의 유예 기간으로 활용하는 젊은 세대들이 늘어가고 있기 때문이다.

"노동 시장에서의 거래는 개인이 결정할 수 있는 게 아니다. 그것은 자체적으로 진화하거나 정책에 의해 결정된다." 그레그 캐플런은 노동 시장의 성격을 이렇게 규정하고 있다. 이론상으로는 젊은이들이 무보수나 저임금 인턴 생활을 하면서 기회를 찾고 기다리는 전략이 그럴듯하게 들리지만 현실은 그런 여유를 허락하지 않는다. 물론 무보수 인턴십을 통해 엄청난 기회를 잡게 되어 그동안의 희생을 한

번에 보상 받는 행운을 누리는 젊은이들도 있기는 하지만 그들은 생계를 꾸릴 수 있는 다른 방법이 있었기에 처음부터 행운아들이었던 셈이다.

오늘날 인턴십 붐에 따른 과도한 경쟁 속에서 일반적인 인턴십으로는 고용주들에게 '신호'를 보낼 수 없다. 고용주들이 더 많은 '인적 자원 투자'를 요구하고 있기 때문이다. 명문 인턴십에 대한 경쟁이 치열함을 넘어서서 처절한 양상을 보이고 있는 이유가 바로 여기에 있다.

## 공짜 노동력을 확보하라

인턴십이란 본질상 미래 지향적인 투자이다. 인턴들과 그들의 부모들은 상당한 보상을 기대하며 리스크를 감수하고 투자를 한다. 많은 고용주들이 인턴십 프로그램을 단지 경비 절감의 한 가지 수단으로 간주하고 있는 것은 사실이지만, 특히 금융과 신기술 부문을 비롯해서 고도의 생산성과 기술력을 필요로 하는 산업 분야에는 인턴들을 여전히 투자 대상으로 여기는 대기업들이 상당수 건재하고 있다. 그런 기업들이 운영하는 프로그램들은 인턴들의 잠재력을 키워주는 실질적인 내용으로 구성되어 있으며 대개 상당한 보수가 따른다. 우리는 이렇듯 본연의 취지에 충실한 프로그램들을 '모범적 인턴십 프로그램'이라고 부른다. 모범적 인턴십 프로그램을 운영하기 위해서는 인턴들에게 지급하는 보수 외에도 상당한 경비가 소요된다. 바람직한 근무 환경을 조성하기 위해 사무 공간을 꾸며야 하는 것은 물론 인턴들의 신원을 비롯해서 기타 여러 절차에 필요한 정보를 얻기 위해 정보 전문 회사에도 정기적으로 대가를 지불해야 하기 때문이다. 인턴십 프로그램만을 담당하는 전문 관리자를 채용할 경우, 경비는 더욱 늘어나게 된다.

고용주들이 모범적 인턴십 프로그램을 운영하는 까닭은 무엇이며 과연 그들의 투자는 그만한 가치가 있는 것인가? 의아하게 들리겠지만 상당한 지출을 감수해야 하는 모범적 인턴십 프로그램의 경제적 장점은 우선적으로 '비용 절감' 효과이다. 모범적 프로그램의 비용 절감 효과는 인턴들을 정규직으로 특채하는 과정에서 여실히 드러난다.

"당시 우리 부서는 눈코 뜰 새 없이 바쁘게 돌아갔다. 인턴들에게 특채에 관해 제의를 하고 그들이 우리의 제의를 받아들이면 즉시 정규직으로 채용하는 과정이 쉬지 않고 이어졌기 때문이다." 나탈리 룬드스틴은 샌프란시스코에서 인턴십 프로그램을 관리하던 시절을 이렇게 회상한다. 『매니지먼트 리뷰』*Management Review*에 게재됐던 어떤 연구 조사 결과에 따르자면 1990년대 중반, 모범적 인턴십 프로그램들이 대거 운영되던 시기에 기업들은 인턴들을 정규직으로 채용함으로써 한 사람당 1만 5,000달러의 비용을 절감할 수 있었다고 한다.[7] 미시간 주 소재의 어느 건설 회사의 인사관리 부회장은 2010년에 한 인터뷰에서 모범적 인턴십 프로그램의 비용 절감 효과를 구체적으로 설명했다.[8] "헤드헌팅 업계의 관행상 소개 수수료는 계약 연봉의 30퍼센트이다. 신입사원의 연봉은 일반적으로 5만 달러 선이므로 그들을 통해 신입사원을 소개받게 되면 즉석에서 1만 5,000달러를 지불해야 하는 것이다. 인턴들을 정규직으로 채용하면 그 금액을 고스란히 절약할 수 있다. 게다가 자체 인턴십 프로그램 출신들은 회사의 내부 사정과 업무에 익숙해 있기에 상당한 경비가 소요되는 별도의 연수 과정이 필요 없으니 일거양득이다."

호경기 때 모범적 인턴십 프로그램의 규모와 신입사원 채용 규모가 비례하는 이유가 바로 거기에 있다. "우리 부서의 임무는 오로지 회사의 앞날에 기여할 수 있는 인재들을 발굴하고 그들의 잠재력을 개발하는 것이었다." 몬산토Monsanto 그룹의 중역으로서 인턴십 프로그램을 지휘했던 테리 매카슬린Teri McCaslin은 이렇게 얘기한다. 그의 부하 직원이었던 하워드 커티스Howard Curtis는 인턴들 가운데 50퍼센트를 정규직으로 채용하는 것이 회사의 방침이었다고 말한다. 그에 따르자면 현재와는 달리 그 당시에는 비전 있는 인턴들을 확보하는 것이 어려웠다고 한다.

특히 신기술이나 컨설팅, 그리고 금융 분야의 기업들이 모범적 인턴십 프로그램을 고수하는 또 다른 이유가 바로 그것이다. 즉 인재 유치 경쟁에서 우위를 선점하기 위해서이다. 컨설팅 전문기업 딜로이트 투셰이Deloitte Touche가 그 좋은 예이다. 딜로이트 투셰이는 우수한 학생들의 관심을 사로잡기 위해 모의 인턴십 프로그램까지 운영할 만큼 적극적으로 홍보 활동을 펼쳐오고 있다. 게다가 인턴들의 시급이 무려 24달러 50센트이니 학생들 사이에서 '명문' 프로그램으로 정평이 난 것도 당연하다고 하겠다.

한편 틈새시장을 공략하기 위한 전략의 일환으로 소수 인종이나 여성들 위주의 인턴십 프로그램을 운영하는 기업들도 있다. 그 부분에 관해서는 9장에서 살펴보기로 한다. 닷컴 열풍이 한창이던 시절에는 인재 발굴에 혈안이 된 기업들이 정규직들만 누릴 수 있었던 특전을 인턴들에게도 베푸는 경우가 다반사였다. 1,000명이 넘는 인턴들을 위해 매년 여름 빌 게이츠가 소매를 걷어붙이고 통돼지를 구웠던 '게이츠 바비큐 행사' 역시 그런 경우 가운데 하나였다. 그런 특전들에 현혹되어 채 졸업도 하기 전에 인턴십 프로그램 담당자들을 따라나선 학생들도 적지 않았다. 물론 그 학생들은 특전을 누리는 만큼 회사의 기대에 부응하기 위해 노력해야 했다. 인턴들에게 엄청난 특전을 베풀기로 유명했던 런던투자은행 인턴십 프로그램을 세밀히 검토한 적이 있는 룬드스틴은 당시 그 프로그램의 인턴들은 "회사의 인사 체계를 존중하며 경험 많은 선배들에게 순종하고 동료들끼리 화합하려고 노력하며 책임자의 지시는 무슨 일이든 누구의 도움에도 의지하지 않고 성공적으로 수행할 의무"가 있었다며 혀를 내둘렀다.

엑슨모빌ExxonMobil의 정유소 두 곳에서 엔지니어링 인턴으로 일했던 티나의 경험담도 같은 맥락이다. "대기업의 인턴 생활은 배우는 것도 많고 보수도 좋다. 다만 회사나 정규직들이 인턴들에게 너무 많은 기대를 하고 있다는 게 문제다. 그들은 보통 대학생들이 경험이나 지식이 부족하다는 사실을 일부러 외면하는 것 같다."

하지만 회사의 사정이 안 좋아지면 인턴십 프로그램에 대한 고용주들의 태도는 달라진다. 경기가 불황에 빠지게 되면 가장 먼저 타격을 입는 것이 모범적 인턴십 프로그램이다. 하워드 커티스의 얘기는 그 사실을 뒷받침해주고 있다. "불행하게도 힘든 시기가 닥치면 인턴십 프로그램 예산이 제일 먼저 삭감된다. 요즘이 바로 그런 시기다." 고용동결 시기 동안에는 당연히 인재 발굴을 목표로 하는 인턴십 프로그램들의 중요성은 현격히 감소된다. 인재들을 쉽게 구할 수 있다는 것이 경제 불황의 유일한 장점이기 때문이다. 최근의 총체적 난국에서 살아남기 위한 전략의 일환으로 얼마 전 마이크로소프트는 인턴들의 숫자를 20퍼센트 감축했다. 금융 부문의 대기업들 사이에서도 상당한 규모의 감축 바람이 불고 있다. 2009년 한 해에만 모범적 인턴십의 규모는 전체적으로 21퍼센트 감축되었다.[9] 수십억 달러의 자산을 보유한 플로리다 최고의 금융기관 뱅크애틀랜틱BankAtlantic마저도 최근 모범적 인턴십 프로그램을 무보수 프로그램으로 전환했다. 그 조치를 발표하는 자리에서 수석 부회장 톰 트리오지Tom Triozzi는 다음과 같이 선언했다. "이제 인턴들에게 보수는 없다. 우리는 그들이 실질적인 업무 경험을 얻는 대신 무보수로 일할 것을 요구한다."

이제 우리는 경기가 악화되어 사업이 힘들어지면 인턴십 프로그램에 대한 고용주들의 태도가 180도 변한다는 사실을 확인했다. 소위 경기가 재채기를 하면 모범적 인턴십 프로그램이 폐렴에 걸리는 현실은 그 프로그램 또한 기업들의 사업 전략의 한 방편일 뿐, 진정한 의미에서 교육의 연장 과정이나 산학협동의 일환은 아니라는 진실을 시사한다.

모범적 인턴십 프로그램의 핵심은 인재 발굴과 육성이다. 반면에 무보수 인턴십 프로그램의 목적은 공짜 노동력 확보이다. 따라서 경기가 침체되면 '게이츠 바비큐'가 벌어지던 세상은 스산해지지만 무보수 인턴들은 더욱 바빠진다. 정리 해고된 정규직들의 업무 공백까지 메워야 하기 때문이다. 하지만 무보수 인턴십 프로그램은 당장의 미봉책으로만 유용할 뿐 조만간 그 한계를 드러내게 된다. 많은 경우 그 프로그램을 도입한 이유가 그 프로그램을 폐지해야 할 원인으로 작용한다. 앞에서도 지적한 대로 갈수록 저하되는 인턴들의 업무 능력과 예상치 못한 간접비용 때문에 인건비 절감 수단으로서의 기능을 잃게 되기 때문이다.

무보수 인턴십 프로그램은 결국 악순환의 고리를 형성한다. 무보수 인턴십 계약은 대부분 단기간이고 인턴들이 정규직으로 채용될 확률은 제로에 가깝다. 그 사실을 인턴 본인들도 잘 알고 있기에 자연히 사기는 저하되고 업무 실적은 저조해진다. 그러다보면 고용주는 그들에 대한 투자는 낭비라는 편견을 더욱 굳히게 되어 그들을 단기간만 활용하고 버리는 전략을 고수하게 된다. 경험이 없는 인턴들을 수시로 교체해가면서 어떤 금전적 보상도 없이 실제 업무를 맡기는 행위는 엄연한 불법이고 요행히 법망을 피한다고 해도 더욱 혹독한 재난으로 이어질 가능성이 높다. 최근 들어 고용주들이 무보수 인턴들에게 웹사이트 관리를 맡기는 추세가 증가하고 있다. 신세대들에게 적합한 업무라고는 하지만 미래에 대한 희망도 없이 노동력을 착취당하는 판에 신나게 일할 사람은 없다. 그러다 보니 콘텐츠의 내용이나 사이트 관리가 엉망이 되어 회사의 이미지에 먹칠을 하게 되는 사고가 빈번하게 발생한다. 체계적인 연수 과정을 받지 못했으니 회사에 관해 잘 알지도 못하고, 아무런 보상도 받지 못하니

애사심이 있을 리도 없는 젊은이들에게 회사의 이미지 관리를 맡긴 어리석은 조치에 대한 응분의 대가이다.

모범적 인턴십 프로그램을 무보수 프로그램으로 전환하는 작업도 그리 간단한 일은 아니다. 일단 그 과정에도 상당한 경비와 노력이 소요된다. 잡지사 『아웃사이드』*Outside*의 라이언 크로Ryan Krogh는 회사의 인턴십 프로그램을 관리하기 위해 주당 20~30시간을 투자하고 있다. 그의 본래 업무인 편집에 전념할 수 있는 시간이 극도로 줄어든 것이다. 크로에 따르자면 『아웃사이드』가 인턴십 프로그램을 180도 전환한 것은 '순전히 돈 때문'이었다. 경기가 호황이던 시절에는 평균 4~5명의 인턴들에게 시간당 10달러의 최저 생계유지비를 지급했었지만 이제는 그만한 경비를 감당할 수가 없기 때문이다. 그 자신도 인턴으로 사회생활을 시작했다는 크로는 "금전적인 보상을 주지 못하는 대신 인턴들이 실질적인 경험을 쌓을 수 있도록 프로그램의 교육적인 측면을 강화하고 있다"고 말한다. 그 결과 인턴십 프로그램 관리자로서의 그의 업무는 더 늘어나게 됐다. 하지만 그의 노력에도 불구하고 인턴들의 사기는 계속 저하되고 있다고 한다.

크로에 따르면 인턴십 프로그램 전환 조치는 또 다른 부작용을 일으키고 있다. "인턴들의 자질이 현격히 떨어진 것이 문제다. 보수가 지급되던 시절에는 인턴들 대부분이 언론 계열의 대졸자 이상의 학력 소지자들이었다. 그들은 당연히 잡지사가 돌아가는 방식을 어느 정도 알고 있었다. 피차 기운 빠지게 일일이 잔소리를 하지 않아도 웬만한 일은 알아서들 처리했는데… 지금 인턴들은 정말이지 아무것도 모른다."

보수는 중단됐지만 『아웃사이드』의 인턴십 프로그램에는 여전히 많은 지원자들이 몰리고 있다. “인턴들의 사무실은 아래층의 경리과와 붙어 있다. 그 친구들이 큰소리로 떠들고 웃어대는 통에 경리직원들이 계산이 안 된다고 불평한다. 그래도 그들의 웃음소리가 사라지게 되면 회사 전체가 침울한 분위기에 빠지게 될 것이다. 여러 모로 그들은 우리 회사에 반드시 필요한 존재들이다.”

## 대안:
## 인턴 최저임금제

수많은 고용주들이 모범적 인턴십 프로그램을 포기하고 무보수 인턴십 프로그램을 선택하는 원인은 무엇일까? 즉 인재들을 발굴해서 정규직으로 채용하는 대신 단기간 ‘이용하고 버리는’ 전략을 채택하는 가장 큰 이유는 무엇일까? 경제적 원칙에 입각한 수요와 공급의 불균형 때문이라는 것이 그 질문에 대한 가장 일반적인 대답일 것이다. 인턴 자리에 비해 지원자들이 너무도 많기 때문에 고용주들이 더 이상 신경을 쓰지 않는다는 것이다. 어느 정도 일리가 있는 설명이긴 하지만 정작 근본적인 이유는 다른 데 있다. 조작되고 왜곡된 인턴십 시장의 현실이 바로 그것이다. 인턴십 프로그램의 효용성이 입증되지 않았고 더구나 불법 프로그램들이 활개를 치는 상황에서 미국 내 4,000개가 넘는 대학들이 1,000만 명에 가까운 대학생들을 대상으로 필요한 경우 학점까지 인정해주면서 인턴십 프로그램 참여를 권장하고 심지어 강요까지 하는 현상은 결코 바람직하다고 볼 수 없다. 또한 1990년 이래로 인턴으로 일하는 외국인 유학생들의 숫자가 기하급수적으로 늘어났다는 사실은 그들의 체류 신분을 감안할 때 인턴십의 또 다른 불법적, 편법적 면모를 충분히 짐작할 수 있게 해준다.[10] 물론 인턴십의 허와 실에 관해 자세히 알아보지도 않고 거의 무조건적으로 지원하는 학부모들이나 대학, 혹은 정부의 태도에도 문제가 있지만, 무보수 인턴 학점인정제에 의해 학생들이 별도로 부담해야 하는 수업료가 대학 등록금과 분명하게 구분이 되지 않는 형태로 고지되는 시스템은 아무래도 석연치 않다. 무엇보다도 인턴십을 규제하는 법률이 부재하는 현실과 노동 당국의 부실한 관리 감독 실태는 무보수 인턴십에 건강한 시장의 원칙이 적용될 여지를 허락하지 않고 있다.

사실 오늘날 인턴십 시장의 수요와 공급처럼 파행적인 양상을 보이는 구도는 유례를 찾아보기가 어렵다. 많은 대학들의 전폭적인 지원 아래 학점인정제 무보수 인턴십 프로그램을 활용해서 단단히 이익을 보고 있는 기업들은 마치 독점기업과 같은 배짱을 부리고 있다. "제반 경비를 부담하고 인턴으로 근무하든지, 아니면 아예 지원할 생각을 말고 취업 경쟁에서 불이익을 감수하라"는 것이다.

인턴십 시장에 건강한 시장의 원칙이 뿌리내리게 하기 위한 첫걸음은 인턴십에도 최저임금제를 적용하는 것이다. 최저임금을 받게 되면 수입도 수입이지만 인턴들도 법적으로 어엿한 노동자 대접을 받게 되기 때문이다. 인턴 최저임금제를 보장하는 법적 제도를 마련하는 것은 결코 어렵거나 복잡한 일이 아니다. 경제학자 그레그 캐플런은 그에 관해 다음과 같이 주장한다. "경제학적인 관점에서 볼 때 결과적으로는 큰 차이가 없다. 시장이 허락하는 범위 내에서 최저의 임금을 지급하려는 것이 기업의 생리다. 그 최저의 한계를 정해주는 것이 최저임금제가 아니고 무엇인가? 다만 사회적 관점에서는 최저임금이라는 사안이 종종 이념적인 문제로 비화되는 경향이 있다는 것이 문제이긴 하다." 하지만 오늘날에는 아무리 골수 자유시장주의자일지라도 최저임금제를 법적으로 규정하는 조치가 사회적으로 큰 문제를 일으킨다고 법석을 떨지는 못할 것이다. 최저임금제로 인한 실업률 증가와 인플레이션 혹은 경기 침체를 장담했던 반대론자들의 예언이 지금까지 단 한 차례도 맞아떨어졌던 적이 없으니 말이다. 오히려 많은 경제학자들은 최저임금 규정이나 인상 조치가 부정적인 영향을 끼친 적은 단 한 번도 없었다고 입을 모은다.

최저임금제가 경제에 미치는 영향력에 관해 오랫동안 연구해온 경제학자 데이비드 카드David Card는 자신의 연구 결과를 토대로 다음과 같이 주장하고 있다.[11] "최저임금을 정하게 되면 상대적으로 젊고 경험이 부족한 노동자들의 취업 기회가 줄어든다는 것이 통념인 것 같다. 그 통념의 타당성을 뒷받침해주는 주장이나 이론은 부지기수다. 하지만 그런 주장이나 이론들을 입증할 수 있는 실제 사례는 찾아보기 힘들다. 나 역시 최저임금제의 부정적인 영향력을 입증할 수 있는 실제 사례를 지난 수십 년에 걸쳐 찾아보려 했지만 현재까지 단 한 건도 만나지 못했다. 최저임금제로 인해 실업률이 증가한 사례를 입증했다고 주장하는 연구 결과들은 많았지만, 거의 대부분이 굳이 최저임금제가 아니더라도 취업 기회가 줄어들 수밖에 없는 극소수의 변두리 집단들을 대상으로 삼은 것들이었다. 그 가운데 참고할 만한 가치라도 있었던 연구 결과는 단 한 번으로 기억된다. 그 부문에서 최고의 권위를 지닌 기관에서 시행한 연구로서 '연방최저임금이 10퍼센트 인상될 때마다 십대들의 취업률이 1~3퍼센트 감소한다'는 사실이 그 결과 밝혀지게 되었다. 하지만 그 결과 역시 조사방법에 문제가 있었던 것이 드러났으며 어느 정도 시간이 흐르자 그 부작용은 최저임금의 순작용에 의해 흔적도 없이 흡수되고 말았다."

카드의 연구는 수십 년에 걸쳐 이루어진 만큼 최저임금제의 변천과 그 영향력에 관한 관찰자적 기록이라는 장점을 지닌 소중한 자료이다. 캘리포니아 주 정부가 최저임금 상향 조정을 통해 저임금 노동자들의 수입을 일률적으로 5~10퍼센트 증대시켜 결국 주 전체의 경기 활황을 촉진시켰던 1980년대의 기록도 있고, 연방 정부가 최저임금을 13퍼센트나 인상했지만 저임금 정책을 고수해왔던 몇몇 주에서 우려했던 경기침체 현상이 전혀 나타나지 않았다는 1990년 4월의 기록도 있다. 그런가 하면 정부 기준의 최저임금제를 따르지 않기로 악명 높았던 펜실베이니아와 뉴저지 주의 패스트푸드 레스토랑들이 1992년 한꺼번에 최저임금제를 도입하게 된 경위도 기록되어 있다.

최저임금 규정이나 상승으로 인해 가장 취약한 부문의 노동자들조차 해고나 시간 하향 조정 같은 불이익을 받은 바 없었고 물가가 급등하는 사태도 벌어진 적이 없었으며 도산이 잇따르는 재난도 없었다. 고용주들은 최저임금 인상으로 조금 더 부담하게 된 인건비를 번번이 자연스럽게 고정비용으로 소화시켰다. 실제로는 대부분의 경우, 그 손실은 이자까지 데리고 고용주들의 호주머니로 되돌아왔을 것이다. 헨리 포드Henry Ford가 1914년 그의 자동차 공장 직원들에게 하루에 5달러를 지불했던 결과가 입증하고 있듯이 노동자들의 지출은 언제나 늘어난 수입을 초과하게 마련이니 말이다. 2009년에 연방 정부가 최저임금을 7달러 25퍼센트로 인상하자 미국경제정책연구소가 2010년도의 소비자 지출 총액이 55억 달러 증가할 것이라고 추산했던 것 역시 그 사실을 뒷받침해주는 일례이다.

카드의 주장에 따르면 "최저임금이 인상되면 어떤 기업들은 고용을 축소하지만 어떤 기업들은 고용을 증대시킨다. 최저임금 상승폭이 완만할 때는 그 두 가지 경향이 서로 상쇄 작용을 일으키므로 결국 부정적 영향력은 소멸된다." 또 다른 이론에 따르자면 "임금이 인상되면 고용주들은 오히려 종업원들에 대해 더 많은 투자를 하게 된다. 생산성 향상을 통해 본전을 뽑아야 하기 때문이다. 결국 최저임금 인상을 통해 쌍방 모두 득을 보게 되는 것이다." 한편 경제학자 매들린 자보드니Madeline Zavodny는 다음과 같은 주장을 펼친다.[12] "최저임금제가 부정적인 영향을 미친다는 관념은 엇비슷한 규모의 기업들과 고만고만한 수준의 노동자들이 집중되어 있는 노동 시장에 대한 단편적인 시각에서 비롯한다. 그런 시장의 경우, 최저임금이 상승되면 상대적으로 낮은 임금의 노동자들의 고용은 분명히 감소되지만 전체적인 고용 규모에는 아무런 변동이 없다. 게다가 감소의 근본적 원인도 능력과 경험일 경우가 많다."

최저임금 법제화가 미치는 진정한 영향력에 대해서는 아직까지 누구도 자신 있게 말하기는 힘들다. 하지만 한 가지 분명한 사실은 사회 전체를 놓고 볼 때 실보다는 득이 되는 부분이 훨씬 크다는 것이다. 미국 국민들의 67퍼센트가 최저임금이 시간당 10달러가 되는 날을 고대하고 있다는 사실이 전국 규모의 설문 조사를 통해 밝혀졌다. 절대 다수가 이념과 당파를 초월해서 최저임금제를 지지하고 있는 것이다. 2005년에 애리조나, 콜로라도, 몬태나, 미주리, 네바다, 오하이오의 여섯 개 주에서는 최저임금 상승안에 대한 찬반을 묻는 주민 투표가 실시되었다. 결과는 "6개 주 모두 통과!"였다. 그 결과로 가장 혜택을 입은 노동자 집단은 직장여성들과 편부, 편모 노동자들이었다.

물론 인턴들에게 최저임금을 보장하는 제도를 마련하는 것은 단순히 최저임금을 몇 퍼센트 상승시키는 조치보다는 훨씬 심각한 문제일 수 있다. 기존의 임금이 제로였기 때문이다. 또한 제도 시행 초창기에는 상당한 규모의 인원 감축을 충분히 예상할 수 있다. 그러나 인턴 과정이 대부분 단기간이고 인턴들이 회사 곳곳에 골고루 투입돼 있기 때문에 특정한 업무의 공백이나 마비 현상은 일어나지 않을 것이다. 설사 그런 현상이 일어난다고 해도 선택된 데다가 보수까지 받게 되어 사기 충만해진 나머지 인턴들이 그 부분을 충분히 메우고도 남을 것이다. 한편 노동 당국은 인턴십 최저임금제 시행 절차에 주의를 기울여야 할 것이다. 전격적인 도입보다는 이를테면 '연수 임금'을 보장하는 등 세계 각국에서 이미 활용하고 있는 방법을 따르는 것이 바람직하다. 물론 그렇게 되면 인턴십 말고도 비정규직으로서 연수 단계에 있는 모든 (예비)노동자들에게 최저임금에 준하는 보수를 지급해야 한다. 결국 인턴십 부문에서도 경제 사이클이 결정적인 역할을 하게 될 것이다.

어떤 경우에도 인턴십 제도가 한꺼번에 영영 사라지게 되는 사태는 결코 일어나지 않을 것이다. 다시 말하자면 인턴십에 최저임금 제도를 접목시킨다는 건설적인 발상에 가장 큰 불만을 품고 있는 거의 유일한 세력, 즉 젊은이들의 노동력을 착취해온 불순한 고용주들의 저주 혹은 협박은 결코 이루어지지 않을 것이다.

인턴십에 소요되는, 인턴과 고용주 양측의 경비와 그로 인해 얻게 될 각자의 수익을 정확하게 계산하기는 어렵다. 또한 인턴십 포화 현상이 전체 경제 구조에 미치는 인과 관계를 분명히 파악하기란 불가능에 가깝다. 하지만 어느 특정한 집단이 인턴십을 통해 막대한 수익을 챙기고 있다는 사실만은 의문의 여지가 없다. 그들은 젊은이들에게 희망을 강매하고, 무보수 노동력을 알선하는 과정에서 수수료를 챙기며, 인간의 미래를 상품화하여 주머니를 두둑이 채우고 있다. 다음 장에서는 그들, 인턴십 장사꾼들에 관해 살펴보기로 한다.

# 08
## 인턴십 장사꾼들

딘 존스: 나도 대런의 인턴십 근무 일지를 읽어봤다.
그가 했던 일이라고는 빨래하고, 닭장 손 보고,
뉴먼 씨와 차 마시는 게 전부였다.
크레이머: 그렇다. 큰일을 하는 것 같지 않겠지만
그게 우리 크레이머리카의 일상적인 업무이다.
딘 존스: 닭 한 마리 없는 난장판 창고에서
혼자 지내는 게 무슨 업무란 말인가?
크레이머: 대런과 같은 인턴들이 열심히 일해주면
곧 닭도 들여올 수 있게 되고 사업도 번창할 것이다.

**미국 텔레비전 시트콤 〈사인필드〉, "목소리"**

"매일같이 우리는 사람들의 인생에 변화를 일으키고 있다." 에릭 노밍턴Eric Normington은 자신의 사무실로 나를 안내하면서 그렇게 말했다. 사무실에 들어선 뒤에도 그의 얘기는 계속 이어졌다. "우리는 사람들에게 기회에 접근할 수 있는 방법을 제시한다. 그들의 삶에 정말로 큰 영향을 주는 일을 하고 있는 것이다. 이 일을 하면서 깨달은 건데 나한테는 사람들을 결집시키는 힘이 있다. 그리고 사람들에게 닥친 고난을 최고의 기회로 바꿔줄 수 있는 능력도 있다. 그게 내 성공의 비결이다." 대학 미식축구 선수 같은 몸매의 노밍턴은 마치 신흥 벤처사업가와 방문판매 세일즈맨을 반씩 섞어놓은 것처럼 청산유수 같은 화술을 구사하는 달변가다. 하지만 그의 사업 아이템은 신기술도 아니고 주방세제도 아니다. 그가 '꿈을 이루는 대학'University of Dreams, UD에서 파는 상품은 다름 아닌 인턴십이다. 10년 전에 '설립된' UD는 구글이나 애플이 부럽지 않을 정도로 성공가도를 달리고 있다. 명칭에 들어 있는 '대학'이라는 단어 때문에 사람들이 간혹 헷갈려 한다고 변명하듯 말하며 그는 본격적으로 인터뷰를 시작했다. 사실 이름만 대학일 뿐 그곳에는 분필을 든 선생도 없고 필기를 하는 학생도 없으며 과제물도 없고 스포츠 동아리도 없다. 캘리포니아의 유서 깊은 도시 레드우드시티에 자리 잡고 있는 그 '대학'은 외양은 낡았지만 내부는 마치 갓 창업한 신기술 기업처럼 젊은이들의 취향에 맞도록 깔끔하게 장식되어 있다. 그곳은 샌디에이고와 시카고를 비롯한 미국 내 대도시는 물론 홍콩과 시드니에까지 뻗어 나간 열다섯 군데 '분교'들의 총사령부이다. 방학도 없이 일 년 내내 운영되는 UD는 30개 산업 부문의 크고 작은 기업 3,500곳과 제휴를 맺고 인턴들을 알선하고 있다. 창립 첫 해인 2000년도에는 몇 백 건에 불과했던 인턴십 거래가 2005년도부터는 연간 평균 2,000건에 이를 만큼 사업이 번창하고 있다.

UD의 8주 코스 여름 강좌의 '등록금'은 7,999달러이다(런던 '분교'의 경우 9,499달러). 그에 비하면 대학 등록금이 너무 싸다는 생각이 들 정도이다. 고용주들이 수업료 일부를 부담하는 경우도 간혹 있지만 UD 측에서는 보수가 있는 인턴십 프로그램을 물색하기 위해 특별한 노력을 하지도 않으며 고용주들에게 강요하지도 않는다. 오히려 학점인정제 인턴십 프로그램을 통해 무보수 인턴을 고용하는 고용주들이 법적인 문제에 신경을 쓰지 않도록 배려한다. 노밍턴은 수업료가 비싼 것 같아도 그 속에 기숙사비와 식대가 포함되어 있다고 잽싸게 변명했다. '오리엔테이션' 경비와 '동창생 평생 네트워크 행사비' 등에 소요되는 각종 경비까지 감안하면 그다지 높은 편이 아니라고 했다. 그러더니 아주 유감스럽다는 표정을 지으며 언젠가의 신문기사 내용을 들먹였다. "'학생들이 인턴십 프로그램에 참여하기 위해 돈을 지불한다'가 헤드라인이었고 그 기사를 쓴 기자는 '학생들이 인턴이 되기 위해 왜 그렇게 많은 돈을 내야 하는지 나로서는 이해할 수가 없다'는 자신의 편견까지 떡하니 올려놓았다. 그런 기사를 접하고 나면 우리를 충분히 오해할 수도 있다. 하지만 우리가 제공하는 교육적 경험과 기회는 사실 돈으로 따질 수 있는 게 아니다." 이쯤 되면 궤변 수준이 아닌가! 등록하지 않은 학생들에게도 건당 1,500달러에서 2,000달러까지 받아 챙기며 '인턴 취업'을 알선하고 있으면서도 '교육적 경험' 운운하니 말이다. 2,000명의 인턴들에게 1인당 8,000달러씩 거둬들이는 '수업료'만 해도 이 회사의 연간 매출은 1,600만 달러에 이른다. 내가 그 부분에 관해 묻자 노밍턴의 목소리가 날카로워졌다. "CMO로서 나는 회계에 관한 부분을 당신에게 밝힐 필요는 없다고 생각한다. 다만 우리가 자수성가한 기업이라는 사실만은 분명히 해두고 싶다. 우리는 창업 당시부터 지금까지 벤처 지원금이든 뭐든 외부의 도움을 받은 적이 한 번도 없다. 우리 힘으로 일어서서 여태까지 열심히 달려온 건강한 기업이라는 걸 알아줬으면 좋겠다. 사실 이 분야의 시장성이 널리 인식되고 난 뒤, 편법을 통해 한몫 챙기자는 제안을 해온 사람들도 많았다. 하지만 우리는 초심을 지키기 위해 그 모든 유혹을 뿌리쳤다. 젊은이들이 꿈을 이룰 수 있도록 영감을 불어넣고 자질을 계발하며 끈기 있게 노력하는 여건을 만들어주자는 것이 우리의 초심이다."

나는 그 젊은이들이 누구를 말하는 것인지 궁금해졌다. 노밍턴은 내 마음을 읽기라도 한 듯 말을 이었다. "우리 프로그램에 어떤 젊은이들이 가입하는지 궁금할 것이다. 모두 부유한 집안 출신이라고 생각하겠지만 꼭 그런 건 아니다. 여느 대학교에서나 만날 수 있는 젊은이들이다." 물론 나는 그 말을 믿을 수 없었다. 자식들에게 여름 한 철 동안 8,000달러를 투자할 수 있는 부모가 그렇게 흔한가? 고개를 갸우뚱거리는 나를 무시한 채 노밍턴은 말을 이어갔다. "빚을 내서 다니는 학생도 있고 부모나 친지들의 지원을 받는 학생도 있다. 우리 또한 학생들의 사정에 따라 수업료를 '할부'로 받기도 한다. 물론 '전액이나 부분 장학금' 제도도 있다." 내가 조사한 바에 따르면 그 수업료를 할부로 낼 때에는 상당한 액수의 수수료를 별도로 지불해야 하고 '전액이나 부분 장학금'은 학생들의 수업료 납입 총액의 1퍼센트 남짓이었다!

'꿈을 이루는 대학'의 창업주이자 CEO인 에릭 록테펠드Eric Lochtefeld가 시장성이 검증되지 않았던 인턴십 알선 사업에서 대박을 터뜨린 것은 순전히 닷컴 열풍 덕분이었다. "실리콘밸리의 초대형 기업들 가운데 일곱 개와 제휴를 맺었다. 창립 첫 해에 등록한 600명이 넘는 학생을 그들이 모두 데려갔다. 그런데 후발 업체들의 추격이 만만치 않았다. 발리에 2주간 휴가를 다녀오고 나니 고객 숫자가 절반으로 줄어 있었다." 초창기의 대박에 이어 닥쳐온 위기 속에서 록테펠드는 경기나 경쟁의 영향을 받지 않으려면 학생과 학부모들에게 직접 다가가야 한다는 사실을 깨달았다고 한다. "경기가 좋을 때든 나쁠 때든 인턴들과 가족들은 우리 같은 회사를 필요로 하기 때문이다. 우리는 학생들을 고객이라고 생각한다. 물론 대학 취업센터들은 못마땅하게 여기겠지만 그래야만 사업에 전심전력할 수 있기 때문이다." 대학 취업센터에서는 무료인 이런 서비스에 엄청난 가격을 붙여 폭리를 취하면서도 그가 무리 없이 사업을 키워올 수 있었던 것도 상당 부분 '고객 원칙' 전략 덕분이었다. 물론 록테펠드의 성공에 가장 큰 기여를 한 것은 그의 탁월한 사업가적 수완이었다. 사실 인턴십 절차 대행 업무는 대학 당국이나 워싱턴 센터 같은 비영리 기관에서 이미 오래전부터 시행해왔던 것이기에 록테펠드의 모델이 독창적이라고는 말할 수 없다. 하지만 그의 프로그램은 '분교'들을 모집한다거나 학점을 대량으로 사들이는 등 몇 가지 측면에서는 상당히 혁신적이라고 할 수 있다.

UD에게 대량으로 학점을 '공급'하는 곳은 멘로 대학이다. 노밍턴의 사무실에서 몇 킬로미터 떨어진 곳에 위치한 경영학과 중심의 소규모 대학인 이 학교는 UD의 인턴들 한 명당 45달러씩을 받고 학점인정서를 발급해주고 있다고 한다. 멘로의 취업센터가 그렇게 해서 벌어들인 돈은 2008년도에만 5만 달러로 추산된다. 노밍턴의 주장에 따르면 그렇게 '공급'된 학점은 인턴들의 본교 커리큘럼의 필수와 선택 과목 모두에서 인정받을 수 있다고 한다. 워싱턴 센터의 마이클 스미스Michael Smith는 그들의 "거래"를 "양심 없는 짓"이라고 비난한다. "멘로는 돈 때문에, UD는 법망을 피하기 위해서 그런 짓을 저지르고 있다." 최근 멘로의 총장으로 임명된 제임스 켈리James Kelly는 교무처장 재임 당시 『크로니클 오브 하이어 에듀케이션』과의 인터뷰에서 그 부분에 관해 질문을 받자 멘로가 판매한 것은 '진짜 학점'이 아니라고 말했다. 대학다운 분위기를 진작시키고 싶다는 UD의 간곡한 부탁에 못 이겨 형식적으로 발급한 것으로서 멘로는 물론 어느 대학에서도 인정해주지 않는 '가짜'라는 것이다.[1] 노밍턴과 켈리 둘 중 한 사람이 거짓말을 하고 있는 것이 명백한 와중에서 멘로 취업센터의 책임자는 뜬금없이 원론적인 주장을 내세우며 상황을 더욱 복잡하게 만든다. "그것은 공동체에 대한 일종의 서비스다. 우리는 대학생들에게 직업 세계로 진출하는 길을 안내해주고 있는 것이다."

UD가 인턴 지망생들에게 인기를 끌고 있는 이유 가운데 하나는 그들을 예비 근로자라기보다는 고객으로 대우하는 UD의 사업 전략 때문이다. "인턴십에 관해 잘 모르는 학생들은 당연히 우리 같은 기관들을 먼저 찾게 된다." UD 같은 업체의 필요성 자체가 의문인 상황인데도 노밍턴은 그렇게 장담하며 궤변을 이어간다. "모든 인턴 지원자들의 공통점은 경험이 없다는 것이다. 따라서 우리의 도움이 절대적으로 필요하다." UD 이전의 인턴 경력은 경험이 아니라는 말인가? 질문을 던질 새도 없이 노밍턴의 억지는 이어진다. "인턴들이 커피나 복사 심부름 같은 허드렛일들을 도맡는다고 말들이 많은데 실제로 그런 일은 없는 걸로 안다."

그는 내 표정을 흘깃 살핀 뒤 준비하고 있던 결정타를 터뜨린다. "우리 학생들에게 물어보면 안다. 전체 과정이 끝날 때쯤 우리가 실시하는 설문 조사가 있다. 평균 85퍼센트의 학생들이 우리와 함께 보낸 8주 동안을 자신들 인생에서 최고의 여름이었다고 답변하고 있다." 그래서 무조건 UD를 믿으란 말인가? 그런 질문에조차 대비하고 있었다는 듯, 노밍턴은 달변을 이어간다.

"기업체들이 우리에게 인턴 모집 과정 일체를 일임하는 것은 우리가 양심적인 기업이라는 사실을 알고 있기 때문이다. 정말이지 우리는 애정과 신뢰를 바탕으로 이 일을 하고 있는 것이다." 프로그램을 구체적으로 소개하기에 앞서 노밍턴은 다시 자화자찬을 늘어놓았다. 그의 말대로 UD에게 전폭적으로 인턴 모집 과정을 위임하고 있는 고용주들이 많은 건 사실이다. 일단 비용 부담이 전혀 없기 때문이다. 하지만 그러다 보면 원하는 조건을 갖춘 인턴들을 유치하지 못할 확률이 당연히 높아진다. 그럼에도 불구하고 대부분의 고용주들은 알선 업체를 통한 인턴 수급 시스템에 상당히 만족해하고 있다.

"훌륭한 자질을 갖춘 인턴들을 유치할 수 있는 아주 좋은 방법이다. 게다가 우리가 직접 수고할 필요도 없으니 일석이조다." 어떤 대기업의 인사 책임자는 내게 그렇게 말했다. 그의 회사는 더 이상 인턴 프로그램을 운영하지 않는다. "너무나 많은 지원자들이 몰렸기 때문"이었다고 한다. 고용주들이 UD를 비롯한 인턴십 전문 업체들에게 인턴 모집 전 과정을 일임하는 관행이 급속히 확산되고 있는 것은 게을러서일 수도 있고 커넥션 때문일 수도 있다. 하지만 그 근본적인 이유는 인턴들이나 인턴십 프로그램 자체를 대수롭지 않게 여기고 있기 때문이다. 윌리 프랜즌은 그 부분을 정확히 지적하고 있다. "기업들은 수준에 미달하는 인턴들이 들어와도 별로 신경을 쓰지 않는 것 같다."

어쨌든 노밍턴의 장광설은 계속된다. "우리는 대학생들에게 다가가서 이렇게 말한다. '지금이 당신의 미래를 결정짓는 중요한 시점이다. 당신의 꿈에 대해 생각해야 한다. 당신은 무엇을 이루고 싶은가? 한번쯤은 부모님, 친구들, 그 밖에 다른 어떤 관계에도 영향받지 말고 오로지 당신 자신에 관해서만 생각해볼 수 있어야 한다. 이제 인턴십은 선택이 아니라 필수다.'"

이런 이야기에 귀를 기울이는 젊은이들이 갈수록 많아지고 있다. 대학 재학생들만이 아니라 고등학생들과 갓 대학을 졸업한 젊은이들,

그리고 세계 각국의 젊은이들까지도 인턴십 시장으로 몰리고 있다. 신나는 것은 UD와 같은 인턴십 전문 업체들이다. UD는 최근 DC, Inc.Dream Careers, Inc.로 상호를 변경했다. 그들의 주장에 따르면 순전히 "대학 자체 내에서 일어난 근본적인 변화" 덕분에 대박을 터뜨린 기업체에 잘 어울리는 이름이다. 노밍턴은 웃음을 감추지 못하며 말한다. "인턴십은 이제 정말로 필수 과정이 되었다. 물론 우리로서는 잘된 일이다. 졸업하기 위해서라도 인턴 과정을 이수해야 하는 많은 학생들이 우리의 도움을 원하고 있기 때문이다."

한편 록테펠드는 사업의 밝은 미래를 점치며 회심의 미소를 짓고 있다. 그가 믿고 있는 것은 소위 '원거리 인턴십'이다. "30년 전 일어났던 유학 붐의 세 배가 넘는 시장이 형성될 것이다. 연간 최소한 100만 명의 대학생들이 국제 인턴십에 참여하리라고 본다. 우리 사업은 이제 시작 단계일 뿐이다. 야구로 치면 2이닝쯤이라고나 할까?"

## 인턴 여왕, 인턴 구루, 인턴 레이디

4년에 걸쳐 15개의 인턴 과정을 섭렵한 로렌 버거Lauren Berger는 자칭 인턴의 여왕이다. "나는 내 자신의 가치를 높이기 위해 자기 브랜딩과 마케팅에 많은 노력을 기울인다. 인턴 여왕이라는 명칭도 그런 노력의 일환이다." 그 화려한 명칭은 그녀가 인턴십에 퍼부은 엄청난 투자에 대한 최소한의 대가일 수도 있다. 15번이나 인턴 생활을 하면서 그녀가 보수를 받은 적은 단 한 번, 그것도 100달러가 전부였다. 현재 그녀는 인턴십에 관한 자신의 경험을 사업 아이템으로 활용하기 위해 애를 쓰고 있다. 그녀의 전략은 순회 강연회이다. 청중과의 잦은 만남을 통해 인지도를 높여서 명사의 반열에 오르고 싶은 욕심도 있기 때문이다. 하지만 유감스럽게도 아직까지는 두 마리 토끼 가운데 한 마리도 잡지 못하고 있다.

사실 그녀는 인턴십 예찬론자의 수준을 넘어선 숭배론자이다. 그녀는 자신에게 귀 기울이는 예비 인턴들에게 복종의 미덕을 가르친다. 구체적으로 말하자면 "미래를 위해 반드시 필요한 경력을 쌓고 이력서의 두께를 더하기 위해서는 무보수 인턴십도 감사히 받아들여야 한다"는 것이다. 항상 자신을 낮추면서도 밝은 모습을 잃지 않는 것이 그녀가 주장하는 가장 바람직한 인턴의 태도이다. 그런 태도를 견지하면서 '명문 인턴십 과정' 수료증들을 차곡차곡 쌓아가는 것이 그녀가 말하는 가장 성공적인 인턴 생활이다. 물론 그녀 자신의 경험에서 우러나온 주장이라는 점에서는 일고의 가치가 있기는 있다. 사실 트랜스 콘티넨탈Trans Continental의 TV 방송국 인턴을 비롯해서 그녀가 거친 15개의 인턴십 과정 모두가 많은 젊은이들이 원하는 소위 '명문' 인턴십 프로그램들이다. 그 가운데 NBC와 FOX 그리고 MTV, 세 곳에서는 동시에 인턴 과정을 거쳤으니 과연 인턴 여왕이라고 불릴 만하다.

요즘 10대와 20대 초반의 젊은이들 대부분은 인턴십 경력이 사회적 자산이라는 사실을 알고 있다. 인턴 여왕이 노리고 있는 틈새시장이 바로 그 부분이다. 인턴십에 관한 긍정적인 인식을 실제 행동으로 옮기도록 그들에게 자극을 줄 수 있는 대변인과 스타, 그리고

'티셔츠'의 시장성을 확신한 것이다. 그 확신의 산물이 '인턴 여왕 주식회사'Intern Queen Inc.이다. 인터넷 블로그 '나는 인턴이다'I AM INTERN를 통해 젊은이들에게 무보수 명문 인턴십을 알선하고 이력서를 다듬어주며 인턴십에 관한 제반 정보를 제공하는 것이 그 회사의 주력 사업이다. 그 사업을 통해 우리의 여왕은 아직까지 대박은 못치고 있지만 어느 정도 체면 유지는 하고 있다고 한다. 인턴 여왕 주식회사는 계열사도 하나 거느리고 있다. '인턴 에식스'Intern Ethiks라는 의류 업체로서 주력 상품은 여왕의 영감이 번뜩이는 문구가 인쇄된 티셔츠이다.

한편 인턴 여왕은 자신이 북아메리카 전역에 걸쳐 500개가 넘는 기업과 제휴하고 있다고 주장한다. 또한 지금까지 16개 주, 35개 대학에서 강연회를 개최했고, 자신의 웹사이트의 한 달 평균 접속 건수는 4만 건에 달하며, 인턴십 알선 성공 사례는 수백 건이라고 자랑한다. 그 진위를 일일이 확인할 수는 없지만 최소한 노밍턴의 DC, Inc. 그리고 개인 브랜딩 웹사이트 원큐비클OneCubicle과 협력 관계에 있는 것만은 사실이다.

나머지 주장도 모두 사실이라면 그녀의 사업은 곧 대박을 칠 수도 있을 것이다. 하지만 사업을 떠나서 그녀의 견해만 놓고 보자면, 너무나 미안한 이야기지만, 그녀는 철학도 없고 실속도 없으며 장광설만 늘어놓는 헛소리꾼에 불과하다. 언젠가 그녀가 잡지 『세븐틴』*Seventeen*에 기고했던 칼럼을 예로 들어보자. 「당신의 경험을 최대한 활용할 수 있는 다섯 가지 비밀」이라는 제목의 그 글에서 그녀는 비굴함을 각오하는 처세술과 출세지향주의를 모두가 따라야 할 인턴십의 덕목이라고 추켜세우고 있다. "네 번째 충고: 당신의 처지를 분명히 인식할 것"이라는 소제목 아래 그녀는 다음과 같이 '자신의 경험에서 우러나온' 충고를 건넨다. "인턴으로서 당신은 누가 먼저 묻기 전에는 절대로 자신의 의견을 드러내서는 안 된다. 나는 내 직분의 경계선을 넘어서지 않기 위해 조심하고 또 조심했다." 그런 충고가 요즈음의 당돌한 신세대에게 먹힐 것이라고 생각했단 말인가? "두 번째 충고: 커피 타는 기술을 익힐 것" 부분 역시 황당하기는 마찬가지다. 일단 커피나 복사 심부름이 인턴 업무 가운데 상당한 비중을 차지한다는 사실을 시인한 뒤 그녀는 다음과 같이 얘기한다. "인턴 초년병 시절에 나는 커피 메이커를 제대로 사용할 줄 몰랐다. 따라서 상사들에게 미숙한 인턴으로 평가받게 된 건 순전히 내 잘못이었다. 그들이 나에 대한 신뢰를 회복하고 비중 있는 업무를 맡겨줄 때까지 나는 두 배로 열심히 일해야 했다." 그런 비참하면서도 우스운 경험담을 읽고 나서 젊은이들이 인턴십에 관한 생각을 고쳐먹을 수도 있다는 생각은 하지 못했단 말인가?

논리적 설득력과는 상관없이 인턴 여왕이 극단적 인턴십 예찬론자라는 것만은 분명하다. 여기서 우리는 그녀와 같은 사람들이 인턴십의 미래를 이끌어갈 수도 있다는 사실에 주목해야 한다. 갈수록 치열한 양상을 보이는 인턴십 경쟁에 지레 겁을 집어먹은 수백 명의 젊은이들이 그녀를 롤 모델로 삼고 그녀의 말 한마디 한마디에 귀 기울이고 있다. 앞으로 추종자들의 숫자는 더욱 늘어날 것이며 그들의 연령대 또한 점점 낮아질 것이 분명하다. 끝을 알 수 없는 불황 속에서 정규직들을 해고하고 그 자리를 인턴으로 메우기 위해 인턴 여왕 주식회사를 찾는 고용주들의 숫자도 갈수록 늘어날 것이다.

인턴 여왕은 미래는 자신과 같은 사람들의 차지라고 확신하고 있다. 즉 막강한 연줄 덕분에 경쟁도 치르지 않고, 든든한 배경 덕분에 생계 걱정도 없이 무보수 명문 인턴십을 원하는 대로 섭렵하며 인맥과 경험을 넓힌 인턴 출신자들이 미래의 주인이라고 단언하고 있는 것이다.

'인턴 구루'의 접근 방법은 더욱 논리적이고 효과적이다. 하지만 그의 궁극적 목표는 인턴 여왕과 동일하다. 인턴십 골드러시 시대를 선도하며 한몫 단단히 챙기는 것이 목표인 그의 본명은 매튜 진먼Matthew Zinman이다. 그는 항상 자신을 '교육운동가이자 신개념 사회사업가'라고 소개하지만 실상은 인턴십 인스티튜트Internship Institute라는 비영리 사업체를 필두로 서비스 교육 프로그램 어프렌티코ApprentiCorps, 인턴십에 관한 그의 강력한 주장들로 빼곡한 '인턴 구루'Intern Guru 블로그, 그리고 교육 전문 업체 'Z 대학교' 등 여러 '허풍선' 조직과 프로그램을 운영하는 술수의 달인이다. 최근 그는 심혈을 기울여 론칭했다는 베티BETI, Businesses for the Ethical Treatment of Interns 프로그램을 통해 대학생 인턴십 의무화 제도를 주장하고 있다(아마 그는 동물 보호 운동에도 관여하고 있을 것이다). 진먼의 본업은 인턴십 프로그램을 운영하는 기업들을 대상으로 교육용 DVD와 관련 자료들을 판매하고 컨설팅 서비스를 제공하는 것이다. 인턴십 업계에 종사하고 있는 대부분의 경쟁자들처럼 그 또한 교육과 사회 정의에서부터 시작해서 자연스럽게 비즈니스로 넘어가는 화법의 달인이다. 그는 "인턴십이야말로 능력 있는 미래의 일꾼들을 배양하고 대학생들에게 올바른 직업관을 심어주는 가장 바람직한 제도"라는 메시지를 항상 입에 달고 다닌다.

'인턴 레이디'인 신디 모건 자페Cindy Morgan-Jaffe 역시 인턴십 붐을 절호의 기회로 삼아 사업을 시작한 인물이다. 『초보자 필독서: 인턴십을 찾아라』(59달러 95센트), 『놓치지 마라: 인턴십은 곧 절호의 기회이다』(29달러 95센트) 등 인턴십에 관한 책자와 프로그램을 판매하는 것이 그녀의 주업이다. 그녀가 가장 적극적으로 권하는 상품은 『인턴 레이디의 인재 산실』(350달러)이다.

미리 말해두건대 나로서는 절대 추천하고 싶은 마음이 없다. 오프라인에서의 간단한 인터뷰, 형식적인 포트폴리오(이력서, 자기소개서, 온라인 프로필 등) 검토, 그리고 '취업 준비 완료 인증서' 발급으로 구성된 황당한 프로그램이기 때문이다. 내 경고를 귀담아 듣지 않으면 그녀에게 넘어가기 쉽다. 그녀 역시 그 업계에서 둘째가라면 서러워할 화술의 달인이기 때문이다. "특히 인턴십은 80퍼센트 이상이 인맥이다"라고 단언하면서 수많은 명문 인턴십 프로그램들과 자신의 '인재 산실'이 인맥으로 엮여 있다고 호언장담하니 귀가 솔깃할 수밖에 없다.

인턴십이나 정규 신입직 알선을 사업 아이템으로 삼고 있는 업자들 가운데 대부분이 무보수 인턴들의 노동력을 착취해서 사업을 꾸려나가고 있는 현실은 너무나 모순적이다. 인턴십 옹호론의 대표주자로서 대중 매체에도 간간이 등장하는 헤더 허먼Heather Huhman의 경우가 바로 그렇다. 그녀는 어느 자리에서나 서슴지 않고 인턴십에 관한 자신의 소신을 밝힌다. "대학생들과 갓 졸업한 젊은이들이 그들이 꿈꾸는 직업을 가질 수 있도록 돕는 일에 최선을 다해야" 한다는 것이다. 하지만 정작 그녀가 운영하는 직업 컨설팅 업체는 무보수 노동력에 상당 부분 의존하고 있다. 2010년 현재 11명의 직원 가운데 6명이 무보수 인턴이다.

"모든 직업은 일시적이다"라는 명제 아래 발전적인 전직을 표방하는 직업 컨설팅 블로그 커리어리얼리즘Careerealism의 운영자 오도넬J. P. O'Donnell은 최근 20명의 '트윈턴'들을 신규로 채용했다. 트위터를 통해 사이트의 인지도를 높이는 업무에 투입된 그들은 실질적으로는 무보수 인턴에 다름 아니다. 누군가의 블로그를 튼실하게 만들어주기 위해 일주일에 8시간씩 자판을 두드리는 게 과연 발전적인 전직의 한 과정일까?

물론 인턴십 업계에는 '인턴 변호사' 리처드 보트너Richard Bottner처럼 지각 있는 인물들도 적지 않다. 보트너는 인턴들과의 약속을 우습게 여기는 고용주들의 횡포를 목격하고 보스턴의 명문 인턴 자리를 박차고 나온 이력의 소유자이다. 그가 운영하는 인턴브리지는 미국 대학의 인턴십 프로그램들에 관한 정확하고 구체적인 정보 제공 업체로서 명성을 날리고 있다. 그의 주거래 고객은 기업체들과 대학 취업센터 담당자들이며 그가 제공하는 서비스에는 온라인 세미나를 비롯해서 리서치 대행, 인턴십 지침서, 기타 인턴십과 연관된 모든 부문에 대한 컨설팅이 포함된다. "우리 회사의 고객들은 패밀리 비즈니스에서부터 포춘 500대 기업들에 이르기까지 다양한 계층을 이루고 있다. 현재 인턴십 시장은 눈에 띄게 성장하고 있다. 자연히 기회를 노리고 뛰어드는 사람들도 많아지고 있다."

로빈 리처즈Robin Richards 역시 "기회를 노리고 뛰어드는 사람들" 가운데 한 명이다. 리처즈는 도메인을 노리고 Tickets.com과 MP3.com을 론칭한 타고난 수완가이다. '세계 최대의 인턴십 거래 시장'의 초석으로 Internships.com을 론칭한 목적도 큰물에서 놀고 싶어서였다고 한다. 2010년 현재 2만 2,000개에 조금 못 미치는 인턴십 구인구직 리스팅을 빠른 시일 내에 100만 개까지 늘리는 것이 그의 목표이다. 다른 구인구직 리스팅 전문 업체들은 바짝 긴장해야 할 것이다.

상대적으로 규모가 작은 업체들은 틈새시장을 공략하는 전략을 통해 생존과 성장을 도모하고 있다. 무보수 노동력 의존도가 높은 신생기업들과 인턴들을 연결해주는 업무만을 전담하는 업체들이 눈에 띄게 증가하고 있는 현상도 그런 맥락에서이다. 뉴욕에 근거를 두고 있는 '어번 인턴스'Urban Interns의 경우, 30일간 게재되는 구인 광고 한 건당 39달러 95센트를 고용주에게 받고 있다. 인턴들에게는 명문 인턴십 프로그램에 관한 세부 자료를 판매해서 수익을 올린다. 그 회사의 어느 관계자는 사업 전망이 밝은 이유를 다음과 같이 설명한다. "다양한 옵션을 추구하는 고용주들이 갈수록 많아지기 때문이다. 파트타임 인력이라든가 무보수, 혹은 가변 임금제로 일할 사람을 찾는 경향이 두드러지고 있다."

대서양 건너편에서는 옥스퍼드 졸업생 몇 사람이 모여 기업가entrepreneur와 인턴십을 합성한 '엔턴십'enternship이라는 단어까지 만들어내며, 같은 이름으로 개설한 자신들의 웹사이트에 엔턴십 구인 리스팅을 게재하는 고용주들에게 최대한의 편의를 제공할 것을 약속하고 있다. 모든 부문에서 '최고'를 다짐하며 등장한 업계의 새로운 별 유턴YouTern도 엔턴십과 유사한 사업 전략을 펼치고 있다. 그런가 하면 불법과 편법의 경계를 오가며 사업을 하는 패스트트랙 인턴십Fast Track Internships 같은 업체도 있다. 그곳에서는 인턴 지원자의 응시 서류를 고용주 모르게 '다듬고 편집해서' 명문 무보수 인턴십 프로그램에 안착시키는 대가로 799달러를 받는다. 물론 실패할 경우에는 전액 환불이다. 공동 창업주 스티브 로뎀스Steve Rodems에 따르면 회사 고객의 10퍼센트가 불경기로 앞날이 막막해진 대졸자들이라고 한다. 상대적으로 후발 주자인 잡놉Jobnob은 실직이나 무직 상태의 대졸자들을 타깃으로 삼고, 그들에게 새롭게 출발한다는 의미에서 신생기업의 무보수 파트타임 자리를 적극적으로 추천하고 있다. 잡놉이 명문대학 캠퍼스를 순회하며 주최하는 '해피 아워즈'Happy Hours 이벤트는 언론 매체에 소개될 정도로 선풍적인 인기를 모으고 있다.[2]

지키지 못할 약속들만 무성한 콘텐츠, 여기저기서 퍼온 진부한 사진들, 깨진 URL들…. 인턴십 시장에 참여하고 있는 대부분의 업체들의 웹사이트만 훑어봐도 그들의 목표가 내실 있는 서비스가 아니라 오로지 돈이라는 사실을 충분히 짐작할 수 있다. 과연 인턴십 시장에서 이제 공정한 기업가 정신은 찾아볼 수 없게 된 걸까? 인턴스포유닷컴internsforyou.com 같은 명망 높은 업체가 "필요에 따라 언제든지 활용할 수 있는 숙련된 노동력이 대거 준비되어 있음"을 홍보하며 30일 혹은 60일 단위의 단기 '인턴십 상품'들을 버젓이 판매하고 있는 현실은 안타깝기 그지없다. 이런 현실 속에서는 어떤 전략이 가장 유리한 것일까? 고용주나 인턴 지원자들에게 인턴십에 관한 제반의 서비스를 제공하는 전통적인 방법을 고수하는 것이 나은가, 아니면 알선만을 전문으로 하는 게 나은가? 그것도 아니면 인턴십을 직접 판매하는 게 더 나은가? 그에 대한 대답은 아직 아무도 모른다. 하지만 인턴십 시장이 확산되든 축소되든, 그 시장에 뛰어든 업체들이 통합을 거듭하든 거짓말을 계속하든, 인턴십이라는 제도 자체가 유망한 사업 아이템이 됐다는 사실만으로도 젊은 세대의 미래는 어두워지고 말았다. 그들의 노동력을 공짜로 착취하려는 시도가 더욱 기승을 부릴 것이 분명하기 때문이다.

## 옥션에서 사고팔리는 인턴십

인턴십의 가치는 얼마쯤일까? 일에는 반드시 보수가 따라야 한다는 전근대적인 관념에서 벗어난 독자들이라면 그 계산에는 많은 변수가 따른다는 사실을 알고 있을 것이다. 현실 속에서 인턴십이란 비록 단기간에다가 파행적으로 운영되고 있기는 하지만, 하급 직종의 모든 특성을 구비하고 있는 분명한 직업이다. 그러나 인턴십이 지니는 사회 문화적 의미와 경제적 변수로서의 기능은 그와는 전혀 다른 관점을 가능케 한다. 그 관점에 따라 시나리오를 구성해보면 대충 다음과 같을 것이다. 원래 인턴은 돈과 시간을 들여 미래를 준비하는 '투자자'인 동시에 이력서를 꾸미기 위해 지속적으로 인턴십이라는 상품을 필요로 하는 '소비자'이다. 그런가 하면 고용주들은 인턴들에게 근무 공간을 마련해주고 그들의 알량한 잠재력을 대폭 증진시킬 수 있는 기회를 제공해주는 참 좋은 사람들이다. 그랬던 것이 세월이 흐르면서 지원자가 넘쳐나게 되자 어느새 착한 사마리아인 역할에 싫증이 나 있던 고용주들은 그들의 엄청난 권력을 깨닫고는 심경에 획기적인 변화를 일으킨다. "인턴십을 판매하는 것은 어떨까?"

인턴십 옥션은 서브프라임 시대의 독창적인 산물이다. 그 시대는 가고 없지만 인턴십 옥션만은 최근의 불경기 속에서 오히려 그 당시보다 더욱 활성화되고 있다. 인턴십 옥션 과정은 그 단어 자체대로 옥션이다. 누군가 인턴십을 경매대 위에 올리면 누군가 최고액을 제시한 사람이 차지하는 것이다. 인턴 채용 공고를 낼 이유도 없고, 지원 서류들을 검토하고 면접을 보느라 가뜩이나 바쁜 시간을 쪼갤 필요도 없으며, 엘리트주의 운운하는 비난의 소리에 신경을 거스를 일도 없다. 최소한 이 상황에서는 판매 금액이 자선 단체에 기부되기에 '직업'을 사고파는 행위가 정당화된다. 회사가 지원하는 자선 단체를 위해 매년 인턴십 한 자리를 경매에 내놓고 있다는 어느 인사책임자는 "추호의 망설임도 없이 무조건 추진했던 사안이었다"며 "매년 낙찰가가 오르고 있다"고 귀띔을 한다.

그러한 취지의 인턴십 옥션은 수백 건 이상 이루어지고 있다. 자선 전문 웹사이트 채리티버즈닷컴CharityBuzz.com 자체만으로도 비영리 단체나 패션 업체, 혹은 언론기관 등의 협찬을 받아 지금까지 100개 이상의 인턴십을 판매했다. 웬만한 인턴십의 평균 낙찰가는 2,000~3,000달러에 달한다. 명문 인턴십의 경우엔 당연히 그 액수가 훨씬 늘어난다. 뉴욕 시의 베르사체Vercace 인턴십이 5,000달러에 낙찰된 적이 있었고 영국 허핑턴 포스트Huffington Post의 블로깅 인턴십 자리가 1만 3,000달러에 낙찰되어 화제를 불러 모은 적도 있었다. 이례적인 뉴스들을 전문적으로 보도하는 맨해튼 지역의 뉴스 블로그 고커Gawker에는 그에 관해 재미난 촌평이 실렸다. "언론사 인턴십 한 자리가 그렇게 엄청난 가격에 거래된다면 부업으로 인턴십 장사를 하는 게 훨씬 수지맞겠다. 인턴십을 있는 대로 가져다 팔면 망해가는 신문사도 살릴 수 있을 것이다."

정규직 신입 채용 제도가 완전히 자취를 감추고 인턴십이 그 자리를 메우는 시대가 오면 직업 세계에 입문하려는 사람은 인턴십을 구입해야만 한다. 수요가 엄청난 판국이니 자연히 인턴십 가격은 솟구칠 것이고 특히 명문 인턴십은 보통 사람들에겐 그림의 떡이 될 것이다. 실제로도 그런 조짐이 이미 나타나고 있다. 2010년 4월, 미국 『보그』*Vogue* 편집장이자 패션계의 대모로 통하는 안나 윈투어Anna Wintour와 함께하는 단 일주일 동안의 인턴십이 무려 4만 2,500달러에 즉석에서 낙찰되었던 것이 대표적이다. 당시 경매 수익금은 '로버트 F. 케네디 정의 인권 재단'Robert F. Kennedy Center for Justice and Human Rights에 기부되었다. 그 모든 과정이 자유민주주의 수호에 헌신했던 위대한 영혼에 걸맞은 예우였다고 생각한다면 착각이다.[3] 채리티버즈닷컴의 CEO에 따르면 인턴십 옥션 입찰자들의 절반가량은 학부모들로서 자식에게 명문 인턴십에 참여할 기회를 만들어 주려는 것이 목적이라고 한다.[4] 정규직 일자리를 옥션에 붙이는 것은 불공정할 뿐 아니라 황당한 짓거리로 비난받을 소지가 다분한 반면 인턴십의 경우에는 정서적으로 얼마든지 용인될 수 있다. 게다가 명문 인턴십 경력은 단기간인 경우일지라도 전문 분야로 진출하는 데 있어서 상당히 유리한 변수로 작용할 수 있다. 따라서 여유가 있는 부모로서는 자식을 위해 얼마든지 투자할 수 있는 아이템인 것이다. 물론 돈이 있다고 어떤 인턴십이든 꿰찰 수 있는 건 아니다. 많은 인턴십 프로그램이 재학생 신분을 요구하고 있으며(특정 대학을 지정하는 인턴십도 있다) 특히 명문 무보수 인턴십의 경우에는 인턴 기간 생계유지에 전혀 문제가 없다는 직간접적인 증거는 물론이고 상당한 인맥까지도 동원할 수 있어야 한다. 결국 인턴십 옥션 제도란 명분이나 취지가 아무리 그럴듯하다 한들 돈과 권력을 한손에 쥔 특권계층들만의 잔치에 불과한 것이다.

## 청춘의 미래를 거래하는 시장

인턴십 옹호론자들 사이에서도 UD와 인턴 여왕의 속물주의, 혹은 경매대 위에 올려진 인턴십의 현실에 관해 비난의 목소리가 높다. 하지만 그들보다 더 큰 과오를 저지르고 있는 또 다른 대상에 대한 정당한 비난의 소리는 아직까지 터져 나오지 않고 있다. 그 대상은 다름 아닌 대학들이다. 오늘날 학생도 아니고 든든한 연줄도 없는 인턴 지원자들에게는 인턴십을 돈으로 사는 선택만이 남겨져 있다. 물론 그것은 서글픈 현실이다. 하지만 학점 인정 인턴십 프로그램에 참여하는 대부분의 학생들 역시 상당한 금액을 대학 측에 지불하고 있다. 대학은 학생들의 미래가 거래되는 인턴십 시장의 발원지이며 현재까지도 가장 큰 시장을 점유하고 있다. 우리가 5장에서 확인했던 것처럼 인턴십 복음 전파 대열의 최선봉도 대학이고 학생에게 돈을 받고 일부 인턴십에 필요한 학점인정서를 건네는 것도 대학이다. 오늘날 인턴십 시장이 대학의 관리 능력을 벗어나 파행적으로 확산되는 사태가 벌어지게 된 일차적 책임은 대학에 있다. 그동안 인턴십 시장의 최강자로 군림해오면서 고용주들의 불법적 행태를 오히려 두둔하고, 직접 나서진 않았다 해도 인턴십이 마땅히 지녀야 할 교육적 요소들이 사라지도록 방조한 그들의 과오는 지탄받아야 마땅하다.

인턴십 시장이 성장하고 인턴십이 하나의 상품이자 신분의 상징으로 변형되기 시작한 것은 지극히 최근의 일이다. 불과 10년 전만 하더라도 인턴십이 상업적인 거래의 대상이 되는 경우는 극히 드물었다. 인턴십을 상품화한 업체들의 등장을 누구보다 반긴 것은 사실 대학 취업센터 담당자들이었다. 그 업체들이 특히 국제 인턴십처럼 자신들이 감당하기 힘든 부문들을 해결해줄 것으로 기대했기 때문이다. 요즘엔 웬만한 대학들이라면 모두 국제 인턴십 프로그램만을 전담하는 직원을 배치해두고 있지만, 당시로선 오하이오의 궁벽한 오지에 위치한 소규모 대학의 인턴십 프로그램 담당자가 학생들을 부에노스아이레스나 바르셀로나 같은 곳의 인턴십 프로그램과 연결시켜준다는 건 현실적으로 불가능한 일이었다.

이제 상황은 뒤바뀌어 미국 내의 인턴십 알선 부문에서도 일반 업체들이 대학 취업센터보다 모든 면에서 앞서나가고 있다. 인턴 채용 공고만 해도 그렇다. 일반 업체들은 정보력을 총동원해서 전방위적으로 인턴 취업에 관한 정보를 수집하고 공급하는 데 반해서 대학 취업 센터는, 자의든 타의든, 대학의 영향력이 직접적으로 미치는 범위 내에서만 활동하는 전통적인 방식을 고수하고 있다. 그 밖에 많은 차이점들 가운데에서도 가장 두드러지는 것이 학생과 인턴십을 직접적으로 연결해주는 서비스의 유무이다. 일반 업체에 인턴십 알선을 의뢰하는 경우 '고객'은 일단 전화 통화나 이메일을 통해 필요한 정보를 건네고 나서 기다리기만 하면 된다. 어쩌다 최종 면접에 나가야 되는 경우도 있지만 대부분의 경우 업체에서 다시 걸려오는 전화나 이메일의 내용은 첫 출근 날짜이다. 물론 그 과정이 결국은 학생에게 해가 되는 경우가 많지만 당장에는 소비자의 권익을 마음껏 누릴 수 있는 호사에 다름 아니다. 그 호사가 대학 취업센터 담당자 앞에 앉는 순간 자취도 없이 사라져버린다. 아메리칸 대학의 인턴십 담당자 존 찰스John Charles는 그 상황에 관해 다음과 같이 설명한다.

"대학 취업센터는 늘 일손이 부족한 곳이다. 하지만 우리가 학생들을 직접적으로 인턴십과 연결시키지 못하는 데에는 더욱 구체적인 몇 가지 이유가 있다. 우선적으로 학생들은 혼자 힘으로 그들의 직장과 인턴십을 찾는 방법을 알아야 한다. 단 한 번으로 끝나는 일도 아니고 평생에 걸쳐 반복될 일을 언제까지나 다른 사람의 손길에 의존할 수는 없지 않은가? 즉 학생들 스스로 그 문제를 해결하는 법을 터득하도록 만들자는 교육적인 측면이 그 첫 번째 이유이다. 두 번째 이유는 형평성이다. 간단히 말해서 누구는 해주고 누구는 안 해주느냐의 문제이다. 모든 학생들을 직접 연결시켜주면 더할

나위가 없겠지만 그만한 업무를 감당할 여력이 없기에 그 반대 방법을 택하는 것이다. 세 번째 이유는 지극히 현실적이다. 인턴십 지원 절차와 관행은 끊임없이 변화할 뿐 아니라 조직마다 서로 다른 경우도 많다. 게다가 인턴십 지원자들은 대개 수백 수천 명씩 밀려 있다. 언제 어떻게 우리가 그 업무를 소화할 수 있겠는가?" 모두 공감이 가는 이유들이다. 특히 세 번째 이유는 다른 대학의 취업센터 담당자들도 똑같이 겪고 있는 고충이다. 어느 명문 사립대학의 취업센터 담당자는 그에 관해 이렇게 말한다. "이제 지금까지 해오던 방식으로는 이 업무를 처리할 수가 없다. 고용주들에게 아예 먹히질 않기 때문이다!"

앞으로 인턴십 시장의 판도는 어떻게 전개될 것인가? 일반 업체들은 상대적 약자의 입장으로 만족하고 틈새시장 공략에 전념할 것인가? 아니면 정면 승부를 통해 대학들을 완전히 제압하고 에릭 록테펠드의 주장대로 이제 갓 시작했을 뿐인 경기를 자신들의 페이스로 끌고 갈 것인가? 어떤 조직이 인턴십을 판매한다고 할 때 그 조직의 세법적 정체성, 즉 영리 조직이냐 비영리 조직이냐의 문제가 큰 변수로 작용할 것인가?

현재 대학 취업센터들과 인턴십 전문 업체들 모두 거의 예외 없이 무보수를 비롯한 불법 및 편법 인턴십의 확산을 저지하기 위해 특별한 조치를 취하려 들지 않고 있다. 결국 의도가 불순한 고용주들은 더욱 뻔뻔해져서 특히 무보수 인턴십이 대세를 이루게 될 것이다. 보수가 없는 인턴십 프로그램에 참여할 수 있는 건 누가 뭐래도 배경이 탄탄한 젊은이들뿐이다. 그 상황에서 인턴십을 사업 아이템으로 삼는 기업들이 시장을 장악하게 되면 그 시장의 하늘에는 인턴십의 새로운 개념을 굵게 적은 플래카드만이 펄럭이게 될 것이다. "인턴십은 특권 계층의 전유물이다!"

# 09

## 인턴 세계의 부익부 빈익빈

목청껏 소리쳐라.
"인턴십은 엘리트주의나 인종주의적 발상이 아니다!"
이 거짓말을 당신 스스로 믿게 될 때까지 반복하라.

**짐 프레더릭, 「인턴십, 포로수용소」**

"나는 스스로 선택한 분야에서 무보수로 열심히 일하는 내 친구들이 부럽기만 하다. 등록금부터 생활비까지 모두 책임져야 하는 나로서는 보수 없이 일한다는 건 꿈도 못 꿀 일이다. 학기 중에는 밤늦게까지 아르바이트를 해야 하고 여름방학 동안에는 일주일에 60~70시간씩 일을 해서 돈을 벌어야 학교를 다닐 수 있기 때문이다. 무보수 인턴십을 통해 꼭 필요한 경험을 쌓아나가고 있는 친구들과 갈수록 거리가 벌어지고 있다는 걸 느끼지만 어쩔 도리가 없다." 루시는 무보수 인턴으로 일할 여유가 있는 대학 동료들에 대한 부러움을 한숨과 함께 털어놓는다.

역시 대학 재학생인 시유는 학보와의 인터뷰에서 비슷한 처지를 하소연한다. "많은 친구들이 여름방학 동안 무보수 인턴으로 근무하며 이력서를 부풀려간다. 하지만 나는 형편상 그럴 수가 없다. 그들과 나의 격차는 갈수록 벌어지고 있다. 그들이 인턴십을 통해 쌓고 있는 경험이 졸업한 뒤 취직하는 데 큰 도움을 주리라는 사실을 나 역시 잘 알고 있다."

오리건에 거주하는 어떤 대학원생은 지역 라디오 방송국에 인턴십에 관해 다음과 같은 개인적 사연을 투고했다. "내 나이 열네 살 때 부모님을 따라 미국으로 이민 왔다. 당장에 입을 옷가지 몇 벌을 제외하고는 당시 우리 가족은 빈털터리였다. 여러 해 전 내가 대학에 입학할 즈음에도 집안 형편은 나아지지 않았다. 혼자 힘으로 대학을 다녀야 했던 것은 물론 가족들까지 보살펴야 했던 나로서는 아무리 실질적인 경험을 보장한다 한들 보수가 없는 인턴십 프로그램에 참가할 수가 없었다. 내 꿈은 정치가이고 전공 역시 정치학이다. 내 꿈을 다져가기 위해서는 내실 있는 인턴십 프로그램을 통해 경험을 쌓는 과정이 반드시 필요하다. 문제는 워싱턴 정치계나 주 정부의 인턴십 프로그램들 대부분이 보수가 없다는 점이다. 결국 나는 악순환의 굴레에 갇혀버리고 말았다. 가난 때문에 무보수 인턴십에 지원하지 못했고 경험 부족으로 취업 경쟁에서 부유한 동료들에게 뒤지게 된 것이다."

케이틀린의 경우도 마찬가지다. 그녀는 저널리스트가 꿈이지만 무보수 인턴십에 참가할 형편이 못 된다. 그녀는 매년 여름마다 인명구조원으로 일하며 돈을 벌고 있다. "나는 친구들로부터 무보수 인턴으로 일했던 경험에 관해 얘기 듣는 걸 좋아한다. 나는 그들의 여유를 부러워하지도 않고 내 처지를 비관하지도 않는다. 하지만 그들과 나 사이에 격차가 벌어지는 것만은 분명히 느끼고 있다."

레베카도 유사한 경험을 갖고 있다. 그녀는 원래 무보수 컨설팅 인턴십에 지원하려고 했다. 하지만 어머니가 직장에서 해고되고 주 정부의 장학금이 대폭 삭감된 뒤, 그녀는 계획을 수정해야 했다. 학비와 생활비를 벌기 위해 보수가 따르는 일을 해야 했기 때문이다. 컨설팅 회사들은 대부분 '적절한' 경험, 즉 인턴십 경력을 중시하기 때문에 그녀는 현재 자신의 미래를 불안해하고 있다.[1]

위에 언급한 젊은이들은 결코 '특별한' 경우가 아니다. 미국 젊은이들의 대부분은 그들과 마찬가지로 무보수로 일할 만큼 여유롭지가 않다. 물론 경제적으로 여유가 있는 젊은이들만이 무보수 인턴십에 참여하는 것은 아니다. 많은 젊은이들이 상당 기간 동안 경제적 어려움을 견뎌가며 무보수 인턴으로 일하고 있다. 그리고 그들의 희생은 얼마든지 보상받을 수도 있다. 하지만 그 사실을 뻔히 알면서도 인턴십 기간 동안의 경제적 어려움을 견딜 수 없어서 결국 꿈을 포기하는 젊은이들이 많다.

"어른이 되고 나면 무엇이든 네가 원하는 일을 할 수 있다." 아이들은 어른들로부터 이런 얘기를 듣고 자란다. 하지만 그 얘기대로 살 수 있는 사람은 선택받은 극소수에 불과하다. 모든 사람은 때가 되면 직업에 관해 현실적인 눈을 뜨게 된다. 이 세상에는 특권 계층에게만 허용되는 직업이 있다는 사실을 깨닫게 되는 것이다. "사람들은 어느 시점에선가는 자신들의 꿈을 현실에 맞추게 되어 있다." 아냐 카메네츠는 자신의 동료 한 사람의 경우를 예로 들면서 이렇게 말했다. 어느 언론사에서 무보수 인턴으로 교정 일을 보던 그 친구는 결국 경제적인 압박을 견디지 못하고 기자의 꿈을 접었다고 한다. 그는 현재 도서관 사서로 일하며 새로운 직업에 적응해가는 중이다.

4년제 대학을 졸업하지 않은 70퍼센트의 미국 젊은이들에게 인턴십은 한마디로 그림의 떡이다. 심지어 고등학생 대상의 인턴십 프로그램은 아직 활성화되지 않은 상태인데도 대부분 사립학교 재학생이나 부유한 학생들의 독무대가 되고 있다. 즉 고등교육을 받지 않거나 부유한 집안 출신이 아닌 젊은이들은 인턴십에 참가할 기회조차 찾기 힘든 현실인 것이다. 결국 그들이 인턴 경력을 필수로 요구하는 직장을 잡기란 불가능에 가깝다.

실제로 대학 진학률이 상대적으로 낮은 지역에서는 인턴십 프로그램도 활성화되어 있지 않다. 대학 중퇴자들의 인턴십 참여 기회는 극도로 제한되어 있으며, 특히 대부분 자기가 벌어서 학업을 계속해야 하는 전문대학 학생들에게 인턴십은 다른 세상 이야기이다. 4년제 대학생들 가운데에서도 80퍼센트가 경제적 필요에 의해 보수가 따르는 일을 하고 있다. 그들에게도 무보수 인턴십은 함부로 도전할 수 없는 영역이다. 델라웨어 대학의 언론학과 교수 벤 야고다Ben Yagoda는 그 상황을 다음과 같이 설명한다.

"졸업하기 전에 최소한 한 차례 이상의 인턴 과정을 수료해야 하는 현실은 가정 형편이 여의치 않은 학생들을 진퇴양난으로 몰아가고 있다. 더 이상 빚을 지지 않기 위해 여름방학 동안 돈을 벌어야 할지, 아니면 인턴십에 참가하는 대신 다시 또 융자를 받아야 할지 선택해야 하기 때문이다. 하지만 그 두 가지 가운데 어느 길을 선택하든 결국 학생들은 피해를 입게 된다. 전자를 택하면 취업 경쟁에서 불리해지고 후자를 택하면 빚을 감당하기 힘들게 된다."[2]

## 돈이 없으면 인턴을 할 수 없다

오늘날 화이트칼라 취업 시장에서는 인턴십이 경쟁의 관건으로 부상하고 있다. 대학 졸업장이 이미 기본이 된 그 시장에서 대학 성적보다 인턴십 경력이 갈수록 더 큰 비중을 차지하고 있는 것이다. 그런 여건 속에서 인턴십 붐 현상이 일어나는 것은 당연한 일이며 그에 따라 계층 간의 격차도 심화될 수밖에 없다.

그 이유는 간단하다. 앞에서도 여러 번 확인했듯이 '투자 가치'가 높은 인턴십 프로그램일수록 자리 경쟁이 치열하며 출세의 보증수표가 되는 소위 '명문' 인턴십 프로그램은 돈과 연줄이 든든한 극소수 특권 계층의 차지가 되기 때문이다. 결국 인턴십 제도가 계층 간의 격차를 심화시키는 하나의 요인으로 작용하게 된다. 명문 인턴십을 통해 기득권층은 대를 이어 더욱 부유해지거나 최소한 지속적으로 부를 누리게 되는 반면 빈곤층은 갈수록 더 어려워지게 된다. 특권층 부모들에게 있어서 명문 인턴십 프로그램은 고액과외나 명문 사립학교 등과 마찬가지로 자식들의 미래를 위한 일종의 투자이다. 반면 저소득층이나 중산층 부모들은 자식들을 무보수 인턴십 프로그램에 참여시키기 위해 허리띠를 졸라매야 한다. 하지만 그런 희생에도 불구하고 '평범한' 인턴 경력이 미래의 성공과 직결되는 경우는 드물다. 물론 아예 인턴십을 꿈도 못 꾸는 대다수 젊은이들에 비하자면 그나마 희망이라도 키울 수는 있겠다.

인턴십이 능력주의 사회 건설을 가로막는 요인으로 작용한다는 사실은 이미 충분히 확인했다. 하지만 그 영향력의 범위를 현재로서는 가늠할 길이 없으며 따라서 상당한 시간과 노력을 요하는 연구 조사 과정이 필요하다. 다만 인턴십 붐 현상의 초기 단계인 현재로서도 그 영향력이 이미 상당한 수위에 달했다는 사실만은 분명하다. 만일 현재의 추세가 지속된다면 20~30년 내에 화이트칼라 세계의 모든 중요한 일자리는 명문 인턴십 프로그램 출신자들의 차지가 될 것이며, 반면에 인턴 경력을 쌓지 못한 대다수 근로자들은 최소한 직업적으로는 미래가 없는 하루하루를 살아가게 될 것이다. 다시 말해서 인턴십의 부정적 영향력을 입증하는 구체적인 조사 자료가 완성될 때쯤이면 미국 땅에서 '능력 사회'라는 단어는 사전 속에서나 찾아봐야 한다는 얘기다.

오랫동안 미국 사회에서 교육과 취업에 인종과 성차별이 있어 왔으며 그에 따라 보수 체계도 차별이 있었다는 것은 누구도 부인할 수 없는 사실이다. 최근 들어 법적 제재가 강화되고 시민의식이 높아지며 전체적인 분위기는 상당히 쇄신됐지만 미국의 직장 문화에는 아직도 그 차별의 잔재가 남아 있다. 특히 계층에 따른 임금 차별은 일각의 노력에도 불구하고 근절되기는커녕 지속적으로 심화되고 있다. 현재 그 차별 기준은 인종과 성 중심에서 연령과 교육으로 옮겨가고 있으며 인턴십이 또 다른 변수로서 부상하고 있다. 물론 그러한 현상이 미국에서만 나타나는 것은 아니다. 최근 영국 정부에서 발표한 '밀번 보고서'Milburn report는 세계적으로 보편화되고 있는 임금 차별의 실상을 여실히 드러내고 있다.

노동 계층 출신으로서 중앙 정부의 각료를 역임한 바 있는 앨런 밀번Alan Milburn의 책임 아래 시행된 그 프로젝트는 '공정한 취업 기회'와 연관된 여러 사항들을 다루고 있으며 인턴십 또한 한 장을 따로 마련해서 집중적으로 조명하고 있다. 그 내용에 따르자면 "원하는 사람들이라면 누구에게든 기회가 주어져야 할 인턴십이 소수의 전유물이 되고 있다. 현재 고용주들은 인재를 놓치고 있으며 인재들은 발전할 수 있는 기회를 놓치고 있다. 결국 공정한 취업 기회가 보장되지 않고 있으며 나아가 사회 전체의 건강과 생산성이 위협을 받고 있다. 신속한 대책이 절실한 상황이다."

밀번 보고서를 작성한 정책 입안자들은 인턴십에 관한 문제점 해결을 위해 다음과 같이 세 가지 접근 방법을 제시하고 있다. ①인턴 채용 과정은 투명해야 하고 ②인턴십 프로그램은 일련의 인간적이고 상식적인 원칙에 따라 운영되어야 하며 ③산업계와 고용주들은 인턴들의 재정적 부담을 해소시키기 위해 노력을 아끼지 말아야 한다.[3]

밀번 보고서는 정부 문서로서 절제되고 온건한 형식을 갖추고는 있지만 영국의 불법적, 편법적 인턴십 실태를 엄하게 꾸짖는 양심의 목소리에 다름 아니다. 특히 구체적인 수치를 들어 인턴십의 실태를 지적한 부분은 사회적으로 큰 반향을 불러일으켰다. "해당 분야와 연관된 실무 경험, 즉 인턴십 경력이 없는 학생들의 취업이 갈수록 어려워지고 있다. 영국언론인조합 관계자에 따르자면 매년 신입사원 가운데 노동 계층 출신은 10퍼센트 미만이고 그중에서도 아예 인턴 과정을 겪지 않은 비율은 고작 3퍼센트에 불과하다고 한다." 많은 학자들의 주장대로 인턴십과 사회적 불균형의 비례 관계가 가설 혹은 기우에 불과하다고 할지라도 최소한 인턴십과 특정한 직종 간의 밀접한 상관관계는 여실히 드러난 대목이다.

미국에서도 취업에 미치는 인턴십의 영향력은 갈수록 커지고 있다. 특히 연예계와 언론계, 정치계처럼 화려하고 유망한 부문에서는 그런 경향이 더욱 두드러지고 있다. 50년 전, 아니 20~30년 전만 해도 노동 계층 출신들도 그런 부문에서 최소한 중간관리직까지는 진출할 수 있었다. 물론 그 당시의 차별 기준이 인종이나 성 문제였던 덕분이었다. 하지만 이제 상황은 완전히 변했다. 대니얼 브룩Daniel Brook은 그 상황을 다음과 같이 설명하고 있다.

"교육자나 예술가, 혹은 공공 부문 중간관리자 등을 비롯해서 즐기면서 일하는 중산 계층의 모든 직종들이 갈수록 생계 수단으로서의 기능을 잃어가고 있다. 당사자에게 즐거움이나 충일감을 안겨주는 일은 보수가 적거나 아예 없는 관행이 보편화되고 있기 때문이다. 즉 즐거움만으로도 충분한 보상이 된다는 관념이 사회적으로 뿌리내리고 있는 것이다. 이제 그런 직종들은 '피상적인 가치관은 원대하고 현실적인 시야는 편협하며 경제적으로는 무능력한 변종 인류', 즉 부모를 잘 만난 덕에 교양과 즐거움만을 추구하며 일생을 살아갈 수 있는 특권층 자제들의 전유물이 되고 말았다."[4]

폴로는 돈이 많이 드는 운동이다. 그렇기에 운동 신경이 뛰어난 도시빈민 계층의 아이가 유명한 폴로 선수가 될 수 있는 확률은 제로에 가깝다. 하지만 그 아이의 재능이 영영 빛을 보지 못한다고 해서 세상이 뒤바뀌는 건 아니다. 조금 더 재미있을 뻔했던 폴로 경기가 여전히 '그들'만의 게임으로 계속될 뿐이다. 하지만 인턴십의 경우는 다르다. 특히 앞서 언급했던 연예나 언론, 정치 분야의 인턴십이 특권층의 전유물이 된다면 세상이 뒤바뀐다. 영화감독이나 텔레비전 PD는 대중들의 희망이나 가치관만이 아니라 역사관에까지 지대한 영향을 미친다. 정보를 선점하는 언론인들은 일반인들의 눈을 가렸다 뗐다 할 수 있다. 정치인들의 결정에 의해 국민들은 살 수도 있고 죽을 수도 있다. 영화 제작자나 칼럼니스트, 혹은 시의회 의장 등 각자가 우리의 일상생활에 끼치는 영향력은 대수롭지 않을 수도 있겠지만 그 셋이 어우러지면 우리의 삶은 극과 극을 오갈 수 있다.

일반인들의 삶에 그처럼 결정적인 영향을 끼치는 분야를 특정 계층이 독점한다면, 그것도 인턴십이라는 '합리적인' 제도를 통해 대대로 세습한다면 이 세상은 특권층 자제들만이 누비는 폴로 경기장이 될 것이다.

인류학자 데이비드 그레이버David Graeber는 빈민 계층 출신은 인턴 경력을 필수로 요구하는 문화계에서 성공하기보다는 사업이나 군대에서 두각을 나타내기가 훨씬 쉽다고 말한다. "네브래스카에 살고 있는 기능공 아버지는 자신의 아이들이 엔론Enron의 임원이 될 가능성이 희박하다는 사실을 잘 알고 있다. 그래도 그건 가능한 일이긴 하다. 하지만 그 아이들이 아무리 재능이 있다 한들 국제 인권 변호사나 『뉴욕 타임스』 전속의 드라마 비평가가 될 수 있는 확률은 실질적으로 제로다. 여기서 우리는 고등교육 제도의 변화만이 아니라 무보수 인턴십의 역할에 대해 생각해야 할 필요가 있다. 현재 미국에서는 월급이 아닌 다른 목적으로 직업을 선택하는 경우, 처음 1~2년 동안은 보수 없이 일해야 하는 관행이 뿌리내리고 있다. 한편 자선사업이나 문학비평 등을 비롯해서 전통적으로 배타적인 성향을 지닌 직종들이 많은 것도 사실이다. 문제는 최근 20~30년 동안 그 울타리가 성채로 변해버렸다는 데 있다."[5]

다음은 워싱턴에서의 어느 인턴들의 오찬식장에서 실시한 여론조사를 토대로 로라 밴더컴Laura Vanderkam이 기고한 기사의 일부이다.

"거의가 무보수 인턴으로 근무하고 있는 이 젊은이들 가운데 60퍼센트가 연수입이 10만 달러 이상인 부유한 집안 출신이다. 미국 전체를 놓고 보자면 그 정도의 배경을 지닌 대학생들은 20퍼센트에 지나지 않는다."

그렇다! 앞에서 여러 차례 확인한 바와 같이 인턴들은 가녀린 피해자들인 동시에 특권 계층인 것이다. 그 모든 모순과 차별 대우에도 불구하고 인턴십이 많은 경우 미래의 성공에 긍정적인 영향력을 끼치는 것만은 틀림없는 사실이다. 차별 대우가 싫으면 그만둬도 되고 일이 마음에 안 들면 다른 프로그램을 찾으면 된다. 어쨌든 인턴 업무도 노동의 한 종류라는 사실만은 분명하고, 물론 불법이긴 하지만, 무보수 혹은 헐값이라는 이유 하나만으로도 노동 시장 전체로 급속히 확산되어간다. 결국 인턴십 붐 현상은 발생할 수밖에 없고 무보수 인턴으로 일할 만한 경제적 여유가 없는 젊은이들은 경쟁에서 도태되고 마는 것이다.[6]

## 연줄이 없으면 인턴을 할 수 없다

물론 경제적 여유가 있다고 해서 원하는 인턴 자리를 마음대로 꿰찰 수 있는 것은 아니다. 바로 이 시점에서 인턴십의 또 다른 단면, 즉 연줄이 대두된다. 일반적인 취업 시장에서 연줄의 역할이 윤활유 정도라면 인턴십 시장에서의 연줄은 휘발유 자체이다. 영국 전역에 걸쳐 여론을 수렴한 결과 밀번과 그의 동료들은 다음과 같은 문제점을 파악할 수 있었다. "인턴십이 점차 비중을 더해가는 제도인 것은 사실이지만 파행적으로 운영되고 있는 현실이 문제이다. 현재 인턴 채용에는 '무엇을 알고 있는가'보다는 '누구를 알고 있는가'가 더 큰 변수로 작용하고 있다."

미국에서도 그 사실을 부인할 수 있는 사람은 없을 것이다. 하지만 연줄은 인턴 시장 역학의 빙산의 일각에 불과하다. 그 밖에 대학 당국의 이해관계, 인턴 알선 업체들의 농간, 비영리 단체의 인턴십 경매 등 수많은 변수들이 작용하고 있는 것이다.

다음은 어떤 기업체의 임원으로부터 내가 직접 들은 얘기다. "인턴 채용에 관해서 힘 좀 써달라는 청탁이 끝없이 들어온다. 나로서는 대부분 수락할 수밖에 없다. 절친한 친구가 자기 아이를 부탁하는데 거절할 수가 없지 않은가. 게다가 정규직도 아니고 인턴십이니 말이다. 사실상 인턴십 청탁은 하는 사람 측에서나 받는 사람 측에서나 그다지 부담이 가지 않는 일이다. 나로서는 컴퓨터와 전화기가 딸린 책상 하나만 마련해주면 그만이다. 손해날 일은 전혀 없고 오히려 생색을 낼 수 있으니 득이 된다고 볼 수 있다. 물론 그 과정이 공개되는 법도 없다. 상대방과 나 사이에서 지극히 개인적으로 이루어지는 것이다. 물론 인턴들의 자질이 문제될 수는 있지만 인턴들의 업무라는 게 뻔한 것 아닌가? (사실은 스테이플러도 제대로 다루지 못하는 인턴도 있기는 했다.)"

그녀의 얘기는 연줄의 속성에 관한 주제로 바뀌면서 계속 이어진다. "청탁이라는 게 원래 꼬리에 꼬리를 물게 되어 있다. 어떤 고객이 의뢰한 프로젝트 가운데 교과 과정과 관계된 부분이 있었다. 우리는 회사 근처에 있는 천주교 재단의 학교를 대상으로 우리가 개발한 커리큘럼을 시험해보았다. 얼마 후 그 학교의 수녀님들이 나를 찾아와서 이렇게 말하는 것이었다. '귀사와 함께 일하게 되어 참 기쁘다. 우리 학생들을 인턴으로 채용해줄 수는 없는지….' 우리 회사에 유독 뿌리 의식이 강한 임원의 얘기도 빼놓을 수 없겠다. 매년 그는 모국 출신 젊은이들을 내게로 데려온다. 나보다 상급자인 그의 부탁을 거절할 수 없기에 나는 여름마다 책상 몇 개는 여분으로 준비해놓아야 한다."

작년까지만 해도 그녀 회사의 인턴들은 보수도 없고 학점 인정도 없이 '회사 일을 돌보며' 풀타임으로 근무해야 했다. 하지만 금년 들어 그 회사의 인턴십 프로그램은 전면적으로 개편됐다. 인사관리 담당자는 그 이유를 다음과 같이 설명했다.

"금년에 우리는 무보수 인턴십 프로그램을 폐지했다. 이제 우리 회사에서는 인턴들에게 최저임금을 지급한다. 인턴 지원자들을 찾기가 힘들어져서가 아니다. 사실상 계속해서 무보수 프로그램을 운영하고 싶었다. 하지만 금년 들어 언론이 무보수 인턴십을 계속해서 파고들고 노동부의 관리 감독이 강화돼서 어쩔 도리가 없었다."

그 회사의 입장에서는 결국 사회의 이목과 당국의 제재를 의식한 조치였지만, 파행으로 치닫고 있는 현재의 인턴십 붐 현상을 얼마든지 바로잡을 수 있다는 희망을 보여준 일례라 하겠다.

앞서의 임원은 다시 다음과 같은 설명을 덧붙인다. "인턴십에 관한 법조항들은 얼마든지 자의적인 해석이 가능하다. 하지만 우리는 법조항을 있는 그대로 따르기로 결정했다. 자의적인 해석으로 법을 위반하는 것보다는 그편이 낫다. 우리 회사의 인턴십 프로그램 규모는 25명 혹은 30명 수준이다. 그들에게 최저임금을 지급한다고 해서 회사 재정에 크게 무리가 가지는 않을 것이다. 더구나 보수가 책정되면 인턴들의 자세도 달라질 것이고 회사의 관리 감독도 강화되어 생산력이 늘어나게 될 것이니 오히려 득이 되는 측면이 크다."

대외적으로 자랑할 만한 조치였음에도 불구하고 그녀는 끝까지 익명을 요구했다. "노동부 관계자가 당신의 책을 읽고 우리를 추궁해올 것이라고는 생각지 않는다. 하지만 설마가 사람 잡는다는 말이 있지 않은가. 이해해주기 바란다."

이제 어느 노벨상 수상자가 설립한 빈민 구제 비영리 재단에서 근무하는 톰의 이야기를 들어보자. "우리 기구에는 자문위원회가 있다. 위원들은 물론 모두 쟁쟁한 인사들이다. 그들이 '조카'들을 부탁해오면 우리로서는 받아들일 수밖에 없다. 우리 기구의 각 사무실에는 정규직 여섯 명, 대졸 인턴 다섯 명, 'VIP들의 조카' 네댓 명이 근무한다. 그 조카들은 정말이지 책상만 차지하고 있는 불필요한 인력이다. 아니 불필요한 정도가 아니라 업무에 방해가 되는 존재들이다. 정규직들이 그들의 뒤치다꺼리를 하느라 제대로 일을 못할 지경이다. 실수투성이인 그들의 작업을 번번이 다시 해야 하기 때문이다. 그러면서도 성질 한 번 부릴 수 없다. 성질은커녕 미소를 지으며 칭찬까지 해야 한다. 상전도 그런 상전이 없다. 너무나 스트레스를 받기에 그들이 사무실에서 사라지기만 바랄 뿐이다. 하지만 그럴 가능성은 전혀 없다. 매일 접수되는 이력서만 열 통 혹은 열다섯 통이기 때문이다. 우리 조직을 위해 뭔가를 하겠다는 사람들이 천지다. 상당 부분 창업주의 명망 때문이라고 생각한다. 특히 우리 세대의 젊은이들은 영감을 얻을 수 있는 존재를 갈망하는 성향이 짙다." 톰은 비정부기구에 대한 자신의 견해를 마지막으로 나와의 인터뷰를 끝냈다. "그동안 일하면서 느낀 건데 비영리사업이란 본질적으로 부자들의 일이다."

톰의 지적대로 비영리사업은 물론 패션이나 영화, 혹은 예술 분야의 직종들에서 그 어느 때보다도 부유층의 진출이 두드러지고 있다. 몇몇 특정한 부문은 그들이 독점하고 있다고 해도 과언이 아니다. 선망의 대상이 될 만큼 화려한 직업일수록 연줄의 중요성은 강조되는 대신 보수 문제가 개입할 여지는 줄어든다. 그렇다고 부유층 자제들만 화려한 직업을 꿈꾸는 것은 아니다. 몇 년 전에 시행된 어느 여론 조사 결과에 따르자면 미국 대학 신입생 열여덟 명 가운데 한 명이 배우나 가수, 혹은 예술가가 되기를 바라고 있다.

"거의 모든 예술품 경매장의 인턴십은 무보수가 원칙이다." 미술사를 전공하는 존의 이야기다. 그가 인턴으로 일했던 경매장은 매년 5차례에 걸쳐 인턴십 프로그램을 운영했다고 한다. 존이 아는 한 그들 가운데 보수를 받는 사람은 하나도 없었다. "내 동료들 거의 대부분이 상당한 배경을 지니고 있었다. 그 가운데 한 여성은 거의 왕족 대우를 받았다. 그녀의 아버지가 회사의 최대 고객 가운데 한 사람이었기 때문이었다."

유지와 운영에 엄청난 자금이 소요되는 일류 경매장이나 고급 화랑, 혹은 유서 깊은 박물관은 그 속성상 부유층의 독무대가 될 수밖에 없다. 따라서 상당한 배경이 없으면 그런 곳에서 근무하기 어렵다는 사실이 놀랄 일은 아니다. 또한 앞서의 폴로 경기처럼 '그들'끼리의 세상이라고 치부하면 그뿐이며 사회적으로 큰 문제가 될 것도 없다. 하지만 그 경향이 확산되고 있다는 사실은 큰 문제가 아닐 수 없다. 실제로 출판, PR, 스포츠 매니지먼트, 그래픽 디자인, 심지어 법조계 일각에까지 그런 현상이 나타나고 있다.

"나와 함께 근무했던 동료 인턴들은 모두 부유층 자제들이었다. 무보수 인턴들이 풀옵션 벤츠나 렉서스를 타고 다닌다면 얘기는 끝난 것 아닌가? 판사 밑에서 인턴으로 근무하려면 막강한 배경이 있어야만 한다는 사실을 나는 그해 여름에 깨닫게 되었다. 일반 사무실의 사환과 같은 인턴 채용 인터뷰를 판사가 직접 주관하는 이유도 그때 알게 되었다. '판사 사무실의 사환'은 정말 대단한 자리다. 현역 판사들의 성향을 파악할 수 있다는 점이 법조인으로서의 미래에 엄청나게 도움되기 때문이다." 고등법원에서 인턴으로 근무했던 어느 젊은 변호사는 당시의 경험을 이렇게 회상하고 있다.

애니메이션, 연극, 사진 등 특수 분야의 인턴십 또한 자리 경쟁이 갈수록 치열해지고 있다. 일단 일자리에 비해 관련학과 전공자와 졸업생들이 너무 많이 배출되고 있기 때문이다.

"필요한 기술과 경험을 익히고 쌓는 동안 생계를 유지할 만한 경제적 여력이 없는 사람은 이 분야에서 인턴으로 일할 수가 없다." 무대 매니저를 꿈꾸는 샌디의 이야기이다. 그녀는 현재 최저임금에 훨씬 못 미치는 시급을 받고 하루 12시간에서 15시간씩 인턴으로 근무 중이다. 메인, 뉴저지, 플로리다, 캘리포니아 이렇게 4개 주, 4군데 극장에서 인턴 생활을 전전해왔지만 주급 150달러 이상을 받아본 적이 없다고 한다. 하지만 그녀는 인턴 세계에 발을 들여놓은 이후 지금까지 5년 동안 다른 일을 해본 적이 없다. 그녀의 인턴십 순례가 언제 끝이 날지는 그녀 자신도 모른다. 다만 그때까지는 계속해서 가족들의 신세를 져야 하는 것만은 분명하다.

얼마 전, 인터넷에는 다음과 같은 인턴 모집 공고가 올랐다. "상당한 경험과 기술을 지닌 자로서 최소 3개월 동안 무보수 인턴 근무를 자원하는 사람"을 구하는 그 공고를 올린 사업체는 이 시대 최고의 사진작가 제임스 낙트웨이James Nachtwey의 스튜디오였다. 하지만 그 공고는 이내 논란의 표적이 되었다. 당시 전문 사진작가들의 웹사이트인 제이미스 리스트Jamie's List에 올라온 글들은 대부분 실망과 분노를 담고 있었다. 포화가 빗발치는 전장과 전염병이 창궐하는 제3세계의 오지를 누비며 이 시대의 참상을 앵글 속에 담아온 제임스 낙트웨이에 대한 애정과 기대가 그만큼 컸기 때문이었다.[7]

"그 공고를 보고 모욕당한 느낌이 들었다. 결국 계층에 따른 차별 아닌가? 솔직히 그건 엄연한 불법이다."

"이건 전체 사진계의 수치다. 사회 정의를 주창하는 낙트웨이와 그의 스튜디오가 그런 치졸한 수법을 쓰다니…."

낙트웨이 측의 진정한 의도가 무엇이었든 이제 그의 제자들 가운데 그가 소재로 삼았던 제3세계 출신은 없을 것이다. '상당한 기술과 경험'을 쌓을 만큼 부유한 환경을 지닌 인턴들만이 그의 뒤를 잇게 될 것이니 말이다.

문화적 작품들은 대중들의 삶을 선도하며 문화계의 관행은 다른 분야로 확산되게 마련이다. 따라서 문화계 전반을 특권층이 장악하게 될 때 문제는 심각해진다. 특히 영화와 TV를 비롯한 연예오락 부문의 경우 돈과 연줄의 힘은 절대적이다. 현재 그 부문의 인턴십은 거의 부유층의 자제들이 독점하고 있다고 해도 과언이 아니다. 그들이 영화감독, PD, 혹은 극작가가 되고 나면 영화와 TV 작품들 속에 그들의 배경이 반영되지 않을 수 없다. 1970년대, 마틴 스콜세지Martin Scorsese와 우디 앨런Woody Allen 같은 빈민층 출신의 감독들이 자신들의 출신 배경을 소재로 삼은 사실적 작품들을 발표하면서 '새로운 할리우드' 시대가 열렸다. 이후 연예오락계는 개인적 경험과 뿌리에 입각한 작품들이 대세를 이뤄오고 있다. 즉 계층 간의 위화감이 조성될 여건이 충분히 마련된 것이다. 따라서 부유층 출신 인턴들이 메가폰을 잡게 될 가까운 미래에는 대부분의 미국인들의 삶과는 거리가 먼 호사스럽고 탐미적인 작품들이 스크린을 메우게 될 것이다. 아니 그런 현상은 이미 시작되고 있다.

꿈을 이루는 과정에 소요되는 비용은 당사자가 충당해야 한다는 발상은 연예계에서부터 비롯했다고 볼 수 있다. 대표적인 것이 스티븐 스필버그Steven Spielberg의 '아무 때나 인턴십'이다. 그의 인턴들은 유니버셜 스튜디오Universal Studios에서 일주일 내내 일하면서도 단 한 푼 받지 못한다. 연예정보 월간지 『배너티 페어』*Vanity Fair*에 따르면 "젊은 시절의 스필버그는 정장 차림에 아버지의 서류 가방을 들고 출근해서는 다른 하는 일 없이 감독들과 작가들에게 눈도장을 찍으며 하루를 보냈다"고 한다. 프랜시스 포드 코폴라Francis Ford Coppola가 연출한 뮤지컬에 등장하는 조지 루카스George Lucas의 젊은 시절 모습 또한 크게 다를 것이 없다.[8]

영화계 각 분야를 섭렵하며 오랫동안 인턴 생활을 해오고 있는 매트 싱어Matt Singer의 이야기를 들어보자. "일단 재능과 노동을 공짜로 제공하지 않고서는 이 업계에 발을 들여놓기조차 힘들다. 그렇다고 당장 재능을 발휘할 수 있는 기회가 주어지는 것도 아니다. 맨 처음 영화 편집 쪽에서 인턴으로 일했던 몇 달 동안 나는 단 한 번도 본격적인 편집 작업을 해본 적이 없었다. 동료들과 어울려 시내를 싸돌아다닌 것만 추억으로 남아 있을 뿐이다. 두 번째 인턴 과정에서는 일주일 내내 대형 필름 보관함 조립에 매달려야 했던 적도 있었다. 솜씨가 서툴다고 엄청 욕을 얻어먹었다. 세 번째는 어느 여성 제작자의 개인 비서, 아니 노예, 아니 그보다도 못한 생활이었다. 보수는커녕 미소 한 번 지어주지 않으면서 모든 일에 나를 부려먹었다. 캔에 입을 대는 걸 질색하는 그녀를 위해 음료수도 늘 잔에 따라 대령해야 했다."

이번에는 인턴십 과정을 여덟 차례나 수료했으며 현재 프리랜서 코미디 작가로 활동 중인 테일러의 이야기를 들어보자. 롱아일랜드의 어느 시골 마을 출신이라 연예계에 아무런 연줄이 없었던 그는 무작정 인턴십에 매달리게 된다. "비록 돈도 연줄도 없었지만 대학을 졸업하기 전에 인턴 경력을 많이 쌓기만 하면 길이 열릴 거라고 확신했다. 그래서 온갖 아르바이트를 전전하며 무보수 인턴 과정을 여덟 번이나 거쳤다. 하지만 그 모든 게 헛수고였다. 이 업계에서 돈 없고 연줄 없는 사람은 목숨이라도 걸어야 한다. 웬만한 각오로는 명함을 내밀 생각을 말아야 하는 것이다."

테일러의 경우처럼 '한 번만 더, 한 달만 더' 하고 나면 길이 열릴 것이라는 인턴들의 기대는 대부분의 경우 물거품이 되고 만다. 그럼에도 불구하고 배우들과 마찬가지로 연예계에는 '언젠가'를 기다리며 버티기 한 판에 인생을 거는 인턴들이 너무도 많다.

테일러의 얘기는 계속된다. "나는 '레이트 나이트 위드 코넌 오브라이언'Late Night With Conan O'Brien과 '새터데이 나이트 라이브'Saturday Night Live, SNL의 인턴으로도 일했다. TV 쇼의 거물들은 '아무것도 모르는 우리 젊은이들'에게 온갖 잔심부름을 떠맡기며 유명 인사들만이 누릴 수 있는 여유를 즐겼다. '코넌'에서 내 주 업무는 전화 받기와 우편물 배달을 포함한 잔심부름들이었다. 그곳의 위계질서는 엄격하기 그지없었다. 특히 작가들은 왕이나 다름없었다. 인턴들은 그들이 먼저 말을 걸기 전에는 절대로 말을 건네서는 안 되는 것이 그곳의 불문율이었다. 그나마 'SNL'의 분위기는 조금 느슨한 편이었다. 거기선 나도 가끔씩 작가 회의에 끼어 앉아 실제 업무를 견학할 수 있었다. 하지만 그곳에서도 내 주 업무는 허드렛일이었다. 어느 날엔가는 스모 선수 의상을 가지러 뉴저지까지 다녀와야 했다. 그날 차 안에서 나는 엄청난 회의에 빠져들었다. '내가 지금 뭘 하는 건가? 이런 일들이 코미디 작가가 되고 방송 일을 배우는 데 과연 도움이 된단 말인가?' 하지만 그러면서도 나는 포기할 생각이 없었다. 사실 그 정도는 약과일 뿐 그보다 더한 일도 겪어야 했다. 눈보라가 사정없이 몰아치던 어느 토요일 밤이었다. 작가 가운데 한 사람에게 원고를 가져다주라는 지시를 받고 걸어서 길을 나섰다. 두텁게 내려 쌓이는 눈길을 헤치고 살을 에는 추위에 온몸을 떨어가며 간신히 그의 고급 아파트 현관에 이르렀다. 나는 따뜻한 차 한 잔과 마른 수

건 한 장을 간절히 기대하며 벨을 누르고 용건을 밝혔다. 하지만 아무도 나오지 않은 채 목소리만이 대답하는 것이었다. '수고했어. 문 앞에 놔두고 가보게.' 인간이 한꺼번에 그렇게 많은 감정을 느낄 수 있는 존재인 줄은 그제야 처음 알았다."

"우리 인턴들 대부분은 임원들을 등에 업은 낙하산들이다." 어느 일류 방송국의 임원으로 재직 중인 로라는 이렇게 단언한다. "우리 업계는 같은 조직 내에서도 비밀이 많은 게 문제다. 인턴십도 그렇다. 예전엔 인턴 채용이 워낙 은밀하게 진행되었기에 내부 인사팀에서조차 그 실태를 정확히 파악하지 못할 정도였다. 어느 날 인턴이 다치는 사고가 일어나고서야 전모가 드러났다. 그때는 서로에게 상당한 배신감까지 느꼈었다."

현재 그 방송국은 표면적으로는 모범적 인턴십 프로그램을 운영하고 있다. 하지만 익명을 재삼 당부한 로라의 말에 따르면 공개 채용을 통한 인턴은 전체 30여 명 가운데 3분의 1에 지나지 않는다고 한다.

"돈이나 연줄이 없는 경우에는 이 바닥에서 버텨내기가 힘들다." 샐리는 이렇게 말하며 인터뷰를 시작했다. "꿈을 안고 LA에 왔다가 일자리를 찾지 못하든지, 아니면 무보수 인턴 생활을 견딜 수가 없어서 낙향하는 사람들을 수없이 보아왔다. 우리 집은 가난했고 연줄도 없었다. 나로서는 죽기 살기로 매달리는 수밖에 없었다. 대학 시절 인턴으로 일할 땐 거의 매일 밤 스튜디오에서 자면서 시키는 건 뭐든지 했다. 덕분에 조감독이 될 수 있었다."

물론 샐리로서는 엄청난 성공이다. 하지만 조감독 역시 힘들기는 인턴이나 마찬가지다. 방송 저널리스트 데이비드 롭David Robb의 이야기를 들어보자. "현장에서 조감독은 쉽게 알아볼 수 있다. 귀에 꼽은 이어폰을 통해 흘러나오는 고함소리에 쩔쩔매고 있다면 여지없이 그들이다. 조감독은 최저의 임금을 받는 방송계의 최저 계층의 노동자다. 물론 그것도 보수가 있을 때 얘기다. 그들은 노동조합이 없는 동시에 노동조합에서도 거들떠보지 않는 유일한 방송 노동자들이다. 한마디로 말하자면 그들은 할리우드 카스트 제도의 불가촉천민이다."

샐리는 최근 독립 프로덕션을 창업했다. 현재 그녀는 인턴 채용을 계획 중이라며 멋쩍게 웃었다.

## 인턴 청춘의 경제적 양극화

짐은 자신이 행운아라고 자부한다. 최소한 인턴 경력을 지니고 있기 때문이다. 2학년 여름방학 때 그는 뉴욕 NBC에 풀타임 무보수 인턴십 자리를 찾을 수 있었다. 경쟁에 뒤처질 것 같아 학교 취업센터 담당자들을 조르고 졸라 얻어낸 수확이었다. 하지만 그의 인턴 생활은 출발부터 순조롭지 않았다. 여름 동안 숙소를 제공하기로 한 친구가 약속을 깨버린 것이었다. 결국 짐은 인턴 기간 내내 홈리스 생활을 해야 했다. 모든 인연을 총동원해서 그가 신세진 소파만 스무 군데가 넘었다. "특히 주말에 신세질 곳을 찾아 헤맬 때면 정말 비참한 생각이 들곤 했다." 지방의 소도시에서 공익 변호사로 일하는 짐의 부모는 더플백을 매고 낯선 도시의 밤을 전전하는 막내아들이 너무도 안쓰러웠을 것이다. "한번은 집에 갔더니 아버지가 눈물을 보이셨다. 제대로 뒷받침해주지 못해 미안하다고 하셨다. 정말 마음이 아팠다."

NBC의 모회사인 제너럴 일렉트릭General Electric이 1,600억 달러가 넘는 시장 자본을 보유한 대기업임에도 힘들게 일하는 젊은이들에게 최저임금조차 지급하지 않는 이유를 짐은 모른다. 다만 이런 현실 속에서는 오직 든든한 배경을 가진 자들만이 마음 놓고 인턴으로 일할 수 있다는 사실만은 알게 되었다. 하지만 시간이 다시 주어진다고 해도 짐은 인턴십에 도전할 것이다. 원하는 일자리로 통하는 관문이 오직 인턴십뿐이라고 믿기 때문이다. 명문대를 우수한 성적으로 졸업하지 못한 대다수의 젊은이들은 인턴십 경력이라도 있어야 취업 시장에서 최소한의 대우나마 받을 수 있는 것이 사실이다.

"면접관 앞에서 이력서상에 공백으로 남아 있는 몇 번의 여름을 어떻게 설명할 것인가? 월마트나 주유소에서 일했다고? 무조건 탈락이다. 별 볼 일 없는 대학에 학점도 형편없고 인턴 경력까지 없는 친구들은 어떤 변명을 들이대도 통하지 않는다. 아니, 변명할 기회조차 주어지지 않는다." 한편 인턴 계층은 갈수록 양극화되어가고 있다. 부모 덕에 편안히 인턴 생활을 하는 소수 집단과 생계를 직접 책임져야 하는 다수 집단으로 나뉘고 있는 것이다. 후자의 경우, 짐처럼 남의 소파를 빌려 잠자리를 해결해가며 풀타임 아르바이트를 하거나 빚을 얻어 생계를 꾸려나가는 인턴들이 대부분이다. 심지어 푸드 스탬프(정부의 무상 지원 식권)에 의존하는 경우까지도 드물지 않다. 하지만 그런 악착같은 노력과 희생이 대부분 결실을 맺지 못하는 현실은 안타깝다 못해 분하기까지 하다. 후자 집단이 전자 집단에 비해 인턴 생활을 버티는 기간도 짧고 취업 경쟁에서 성공할 가능성도 낮기 때문이다.

인턴브리지의 보고서에 따르면 무보수 인턴 생활을 하기 위해 따로 돈벌이를 해야 하는 학생들의 비율은 전체의 4분의 3에 이르고 있다. 그중에는 풀타임으로 일하면서 생계를 꾸리는 경우도 적지 않은 것으로 드러났다. 얼마 전 『뉴욕 타임스』에 실린 어느 인턴에 관한 기사는 그들의 현실을 대변해주고 있다. 기사의 주인공인 대학생 수전 림Susan Lim은 공공 정책에 관한 리서치 전문기관의 인턴으로서 주당 89시간을 보수 없이 일하고도 일과가 끝난 뒤에는 생계를 위해 닥치는 대로 아르바이트를 해야 했다. 수전의 경우처럼 인턴십과 아르바이트의 과도한 병행은 당연히 학과 수업에 지장을 주게 된다. 결국 무보수 인턴십은 대학과 학생의 기능과 본분을 전도시키는 요인이 되는 것이다.

현재 미국인들 가운데 최소한 9분의 1이 소득에 따른 연방 정부의 구호 기준에 의해 푸드 스탬프에 의존해서 생계를 영위하고 있다. 농무부의 조사 자료에 의하면 그 가운데 20대 및 대학 수준의 교육을 받은 사람들의 비율이 갈수록 높아지고 있다. 대략 50만 명 남짓으로 추산되는 고학력 젊은 빈민층 속에는 인턴들이 상당수 포함되어 있다. 그들 가운데에는 명문대학을 우수한 성적으로 졸업한 뒤 문학 잡지의 무보수 풀타임 인턴으로 일하는 인턴도 있고 용돈 몇 푼 받아가며 어느 극단에서 일하는 인턴도 있다.

윌 스미스Will Smith가 주연한 〈행복을 찾아서〉The Pursuit of Happyness는 크리스 가드너Chris Gardner의 실제 이야기를 영화화한 작품이다. 딘 위터라는 회사의 무보수 주식 중개 인턴으로 근무하던 6개월 동안 그가 아들과 함께 보냈던 거리에서의 삶이 소재이다. 물론 극단적이기는 하지만 크리스의 일례는 무보수 인턴십으로 인해 개인의 삶이 철저하게 황폐해질 수도 있는 가능성을 경고하고 있다.

짐의 고향에서는 젊은이들이 인턴으로 일하는 경우가 드물다고 한다. 뒤를 받쳐줄 돈과 연줄도 없을뿐더러 대도시에서 생활할 엄두를 내지 못하기 때문이다. 따라서 뉴욕에서의 인턴 생활을 결심하고 시작했을 때 짐의 각오는 대단했다. 하지만 홈리스와 다를 바 없는 하루하루가 지나면서 그의 의지는 약해져갔다. "무보수 인턴으로 일하는 내 자신이 너무나 비참하게만 느껴졌다. 그 와중에서도 NBC의 요구대로 학점을 인정받아야 했다. 그러기 위해서는 인턴 근무 기간의 수입지출 명세서를 학교 측에 제출해야만 했다. 결국 나는 학점조차 인정받지 못했다." 그때가 짐이 저널리즘 인턴으로 보낸 처음이자 마지막 여름이었다. 이후 대학을 졸업한 그는 어느 신기술 회사에 취직했다.

여기서 우리는 한 가지 중요한 문제를 짚고 넘어가야 한다. 짐이 꿈을 포기한 과정은 단순히 그만의 문제가 아니라는 사실이다. 짐은 미국 소도시의 중산층 출신으로서 미국의 '평범한' 젊은이의 전형이다. 미국 언론계의 인턴십 제도는 확실한 비전 제시도 없이 무보수라는 불법과 학점인정제라는 편법을 통해 결국 특권층에게만 기회를 열어줌으로써 수많은 평범한 젊은이들의 꿈을 짓밟은 것이다.

예전에는 소규모 신문사에서 길어야 2~3년 동안 적당한 보수를 받으며 근무한 것만으로도 메이저 언론 매체에 지원할 수 있는 충분한 자격이 주어졌었다. 하지만 요즘엔 어떤가. 대부분 대학원 이상의 학력에 무보수 노동이 기본이다. 애초에 든든한 경제적 배경이 없으면 도전할 수 없는 영역이 되어버린 것이다. 언론계에서는 인턴이 정규직으로 특채될 수 있는 가능성은 아주 희박하다고 알려져 있다. 하지만 신문사, 잡지사, TV 방송국 할 것 없이 언론계에 종사하는 직장인들 가운데 상당수가 자체 인턴 출신이다.

"언론계의 인턴십은 특정한 사람들을 솎아내기 위한 수단으로 활용되고 있다." 『아웃사이드』의 라이언 크로는 이렇게 말한다. 이 잡지사의 편집진 12명 가운데 편집장을 포함해서 8명이 '『아웃사이드』 인턴' 출신이다. 『하퍼스』*Harper's*의 경우에는 18명 가운데 8명이 자체 인턴 출신이다.

아냐 카메네츠는 자신이 일하고 있는 『패스트 컴퍼니』*Fast Company*의 경우, 편집부 직원들은 모두 어디서든 한 번 이상 인턴으로 근무했던 경력을 지니고 있다고 말한다. 그 경제 전문 잡지사는 이번 경제 불황이 시작된 이래로 정규직보다 더 많은 숫자의 인턴들을 채용하고 있는 것으로 알려져 있다.

다른 부문들에서와 마찬가지로 언론 부문에서도 학점인정제는 인턴십 붐을 부추기는 요인으로 작용하고 있다. 현재 대부분의 언론대학원들은 학위 과정 중에 풀타임 인턴십을 수료할 것을 필수로 요구하고 있다. 실제적인 지원에 비해 턱없이 비싼 추가 수업료 부담은 물론 학생들 몫이다. 『뉴스데이』*Newsday*(이 신문사 역시 무보수 인턴십 프로그램을 운영하고 있다)의 편집장을 역임했고 현재 뉴욕 주립대학 언론대학원 학장으로 재임 중인 하워드 슈나이더Howard Schneider는 언론계의 불합리한 인턴십 제도에 대해 다음과 같이 일침을 가한다. "무보수 인턴십은 형평성에 어긋나는 제도이다. 재정적인 능력이 없는 학생들의 진출을 원천봉쇄하기 때문이다. 학생들을 볼모로 삼아 몸집을 불려가고 있는 이 '괴물'을 우리는 언제까지 지켜보고만 있을 것인가?"

새라는 150명의 노스웨스턴 대학 메딜 언론대학원 동급생들 대부분과 마찬가지로 3학년 때 이미 잡지사 인턴 과정을 한 차례 수료했다. 메딜 역시 학생들에게 풀타임 인턴십을 필수로 요구하고 있기 때문이다. "풀타임 인턴 과정 한 번에 거의 등록금과 맞먹는 수업료를 냈다. 완전히 바가지 쓴 기분이었다." 물론 학교 측으로부터 직접 인턴 자리를 소개받는 학생들도 있지만 새라의 경우, 고액의 수업료를 챙긴 대가로 학교 측에서 제공한 서비스는 두 차례에 걸쳐 인턴십 지원 절차를 도와준 것이 전부였다. 새라는 무보수 인턴십을 다섯 번 거치는 동안 미국 언론계의 모순과 인턴십의 부조리에 관해 깊이 깨달았다고 한다.

"언론 분야는 아직까지도 지나치게 보수적이다. 보도국 직원들이 대부분 백인 남성인 점만으로도 그 사실이 입증된다. 나는 그 분야의 인턴십 제도 역시 공정하지 않다고 생각한다. 『뉴욕 타임스』 『워싱턴 포스트』 『뉴요커』 『월스트리트 저널』 등 메이저 언론사의 인턴으로 일하는 내 동급생들은 대부분 특권층이나 돈 많은 집 자제들이었다. 그 친구들은 부모의 도움으로 아무 어려움 없이 무보수 인턴으로 일할 수 있었다. 나로서는 불가능한 일이었고 설사 가능했다 해도 받아들이지 않았을 것이다. 하지만 멋들어지게 꾸며진 그들의 이력서가 부러웠던 것만은 사실이었다." 언론계의 보수성에 관한 새라의 지적은 미국뉴스편집인협회American Society of News Editors, ASNE의 조사 결과와도 부합한다. 그 결과에 따르자면 미국 인구의 3분의 1을 구성하고 있는 소수 인종들이 언론계에서 차지하고 있는 비율은 고작 13퍼센트에 지나지 않는다. 한편 언론인의 꿈을 접은 새라는 현재 비영리 환경 단체에서 보람을 느끼며 일하고 있다.

이사벨은 공영 라디오 방송국 인턴 과정을 두 차례 수료하고 난 뒤 할 말이 많아졌다. "내가 아는 라디오 방송국 인턴들은 대부분 상류층, 아니면 적어도 상위 중산층 출신들이다. 그들은 또 거의 다 명문 사립대학을 졸업했다. 그 얘기는 앞으로 청취자들이 듣게 되는 목소리의 폭이 좁아진다는 걸 의미한다. 즉 그 인턴들이 본격적으로 마이크를 잡게 될 가까운 미래에는 방송국이 보도하는 뉴스의 범위가 제한될 수밖에 없다는 얘기다. 예를 들어 그 인턴들이 가난한 사람들을 인터뷰하는 장면을 생각해보자. 빈곤에 대해서는 간접적이고 피상적인 경험뿐인 그들이 그 인터뷰에서 과연 어떤 대화를 이끌어 낼 수 있으며 어떤 문제점을 지적할 수 있겠는가. 사실 이미 재난은 시작되고 있다. 공영 라디오 방송국의 보도 자세가 부유층에 편향되어가고 있는 것이다."

아델 월드먼Adelle Waldman은 「인턴 아니면 죽음을?」Intern or Die?이라는 제목의 기사를 통해 같은 문제점을 지적하고 있다. "비슷한 환경에서 비슷한 비전을 품고 성장한 사람들이 같은 도시, 같은 조직에서 인턴 생활을 함께하고 나면 그들의 시각이 비슷해지는 것은 너무도 당연하다. 그들이 언론계의 주류를 이루는 세상에서는 그들과 다른 시각은 소홀히 다뤄지게 될 것이다."[9]

인턴십이 취업의 최대 변수인 화려하고 창의적인 분야에서도 같은 논리가 적용된다. 예술가들은 정치적, 사회적 현안보다는 탐미적인 요소에 집착하게 되고, 변호사들은 구미에 맞는 소송만 수임하려 할 것이며, 정치가들은 빈부 갈등의 기본적인 원인을 이해하지 못한 나머지 비현실적인 해결책만을 끝없이 제시하게 된다. 그 가운데서도 정치계의 인턴십 현실은 우리의 삶을 좌우할 수 있기에 특히 문제가 아닐 수 없다. 금권주의와 정실인사의 온상이 된 정치계의 무보수 인턴십 제도를 이대로 놔둘 것인가? 정당한 보수 체계를 통해 우수한 인재들을 공개적으로 모집하는 대신, 보수를 요구하지 않는 극소수 부유층 자제들의 알량한 자원봉사 정신을 고스란히 반영하고 있는 그 실태를 방관만 하고 있을 것인가?

다시 한 번 강조하거니와 무보수 혹은 최저임금에 못 미치는 보수 체계의 인턴십은 본질적으로 형평성에 어긋나는 배타적 제도이다. 우수한 인재들이 공공 부문 대신 사기업 부문을 선호하는 현실을 높은 연봉과 성공의 기회가 보장된 탓으로 돌리려 하기 전에 정치계를 비롯한 공공 부문의 리더들은 스스로에게 한 가지 근본적인 질문을 던져야 한다. 과연 오늘날의 미국은 가난한 인재들에게 공공 부문에 입문할 기회를 허용하고 있는가? 진정으로 미국의 미래를 걱정하는 독지가나 교육가의 전폭적인 후원 없이는 불가능한 일이지 않은가?

얼마 전 『뉴욕 타임스』는 연줄주의 척결을 외치는 마이클 블룸버

그Michael Bloomberg 시장이 이끄는 뉴욕 시청의 인턴 약 1,500명의 신상을 분석했다. 그 결과 그들 가운데 5분의 1이 각계 저명인사들의 직접적인 청탁에 의한 낙하산 인사라는 사실이 밝혀졌다. 그들 가운데에는 심지어 중학생도 있다니 참으로 기가 막힌 일이 아닐 수 없다(뉴욕 시 대변인의 발표 내용에 따른 것이므로 축소라면 모를까 과장은 없을 것이다).[10]

진정으로 민의를 반영하는 정치판이라면 일단 그 구성이 다채로워야 한다. 즉 다양한 사회적 배경을 지닌 사람들이 각 집단의 의견과 권익을 대변해야 하는 것이다. 따라서 굳이 4년제 대학을 졸업하지 않은 사람도 얼마든지 정치에 입문할 수 있어야 한다. 하지만 현재 미국의 정치판은 변호사 출신들 일색이다. 정치계의 인턴십 역시 그 전철을 고스란히 답습하고 있다. 비슷한 환경에 비슷한 학력, 게다가 비전마저도 비슷한 상류층 자제들이 대세를 이루고 있는 것이다. 이대로라면 미국의 정치계는 영원히 진부한 엘리트주의의 틀을 벗어나지 못할 것이다. 연줄주의에 입각한 무보수 인턴십을 장려하는 정치판은 특권층의 배타적 전유물이다. 현재 미국의 정치계는 최악의 경우 그들만의 이익을 옹호하는 수단이며, 최선의 경우라고 해야 그들의 좁은 시야를 넓히기 위해 머리를 맞대는 사교 클럽으로 전락할 위기에 처해 있다.

## 인턴십의 또 다른 풍경

쿤다 무잠바친Kunda Musambacine은 잠비아에서 태어나 영국에서 학교를 다니다 열여섯 살 되던 해 미국으로 이민 왔다. 원래 꿈은 예술가였지만 현실적인 직업을 택하기를 바라는 가족들의 기대 때문에 그는 영업사원으로 사회에 첫발을 디뎠다. 하지만 닷컴 거품이 걷히면서 경기가 악화되자 그의 첫 직장 생활도 끝이 났다. 얼마 후 부동산 붐이 일어나면서 경기가 되살아나자 그는 건설 현장에서 일하게 됐다. 일과 학업을 병행하던 무잠바친의 당시 희망은 교사였다. "그때까지만 해도 내 사전에 인턴십이라는 단어는 없었다." 하지만 현재 인턴십은 그의 삶의 전부가 되었다.

오늘도 무잠바친은 오클랜드 시내의 어느 허름한 사무실로 출근한다. 그곳에서 그는 소수 인종계 대학생들에게 인턴 자리를 배분하는 업무를 맡고 있다. 그는 INROADS의 매니저이다. INROADS는 세인트루이스에 본사를 두고 있는 비영리 조직으로서 소수 인종계 대학생들을 유수한 기업의 인턴십 프로그램과 연결시키는 가교 역할을 해오고 있다. 북미 대륙 12곳의 지사에서 근무하는 총합 100명 남짓의 직원들의 노력 덕분에 창립 이후 현재에 이르기까지 100여 개의 대기업에 2만 6,000명이 넘는 인턴들을 취업시키는 성과를 쌓고 있다. "우리는 '한 번에 한 명씩, 인턴 세계의 풍경이 바뀔 때까지'라는 모토 아래 대학을 졸업할 즈음에는 모든 학생들이 취업할 수 있도록 최선의 노력을 다하고 있다." 태평양 북서부 지역 책임자인 미셸 닐Michelle Neal은 이렇게 얘기한 뒤 현재까지의 성공률은 50퍼센트 정도라고 덧붙인다.

무잠바친과 그의 동료들이 근무하는 오클랜드 지사는 카이저Kaiser, 구글Google, 타깃Target, IBM 등을 비롯한 초대형 기업들과 제휴를 맺고 있다. 그 기업들의 인턴십 프로그램에 결원이 생기면 아프리칸-아메리칸, 히스패닉, 아메리칸 원주민 등 소수 인종계 출신의 우수한 대학생들을 그 자리에 투입해서 업무의 공백을 최대한 신속하게 메우는 것이 그들의 주 업무다. INROADS는 미국 전역의 4년제 대학 소수 인종계 학생 동아리와 취업센터를 대상으로 적극적인 홍보 활동을 펼쳐오고 있다. INROADS의 관계자에 따르자면 매년 1만~1만 5,000명이 지원을 하며 그 가운데 15~20퍼센트가 소정의 심사 절차를 통과한다. INROADS는 그 통과자들을 대상으로 모의 인터뷰, 이력서 작성 등 취업에 필요한 제반 사항을 숙지시키는 집중 연수를 실시한다. 사기업적 관점에서 보자면 INROADS의 사업 분야는 인턴십 중개업이다. 하지만 INROADS는 학생들에게 수수료를 받지 않는다. 반면 조직 운영을 위해 고용주들로부터는 인턴 한 사람당 4,000달러의 소개비를 받는다. 기업 문화와 인력의 다양화라는 장점만 감안해도 고용주들이 충분히 납득할 수 있는 비용이다.

INROADS 출신의 인턴들은 누구나 시급 15달러 혹은 20달러의 보수를 받고 근무하게 된다. 근무 기간은 같은 회사에서 두 번의 여름이 원칙이다. 다시 닐의 설명을 들어보자. "우리는 고용주들에게 인턴 관리 담당자만이 아니라 멘토도 배정해주기를 요구한다. 인턴들에게 더 많이 투자할수록 고용주들은 그들의 생산성을 최대한 활용하려고 하는 법이다. 우리는 INROADS의 인턴들이 인턴십 경험을 통해 단순히 신입사원이 아니라 그보다 높은 수준에서 사회생활을 시작할 수 있는 만반의 준비를 갖추도록 모든 노력을 기울이고 있다."

현재 INROADS 주변에서는 선순환 현상마저 나타나고 있는 중이다. INROADS 인턴 출신으로서 조직 사회에서 성공을 이룬 선배들이 후배들의 인턴십을 책임지는 미담이 속출하고 있는 것이다. 마틴 루터 킹Martin Luther King의 "나에게는 꿈이 있습니다" 연설을 통해 감응을 받은 프랭크 카Frank C. Carr에 의해 설립된 뒤 40년 동안 충실히 외길을 걸어온 조직이기에 어쩌면 당연한 보상일 것이다.

"프랭크 카 이사장은 소수 인종계 학생들이 출발부터 차별을 받는 현실을 무척이나 아파했다. 학과 성적에서 두각을 나타낸 학생들도 취업 시장에서는 불이익을 당하고 있었기 때문이다." INROADS의 설립 취지를 간단히 설명한 뒤 닐은 10년 전 전성기 때는 한 해에 6,000명의 인턴을 배출하기도 했었지만 현재는 불경기의 영향으로 그때의 3분의 1 수준이라고 귀띔한다.

"아직까지도 대부분의 소수 인종계 학생들은 인턴십과 거리를 두고 있다. 인턴십을 그림의 떡으로 간주하고 포기하거나 주류 학생들의 통과의례로 치부하려는 경향이 짙다. 하지만 그들이 취업 시장에서 경쟁력을 갖추기 위해서는 인턴십이 필수 조건이다. 주류 학생들이 누리고 있는 연줄의 혜택에 필적하기 위해서는 내실 있는 인턴 경력을 쌓는 게 최선인 것이다." 한 차례 열변을 토하고 난 닐은 침착을 되찾은 목소리로 한 가지 부정적인 현상을 언급한다. 최근 들어 INROADS의 프로그램도 다소 특권적인 색채를 지니게 됐다는 고백이다. 그 점에 관해서는 무잠바친도 같은 생각이다. 창립 당시에 비해 중산층 출신의 비율이 눈에 띄게 증가했다는 것이다.

물론 비영리 부문에서 인턴십 알선을 전문으로 하고 있는 조직은 INROADS만이 아니다. 소수 인종계 젊은이들의 월스트리트 진출을 돕는 SEO, 라틴계 학생들에게 정부의 유급 인턴십 프로그램을 알선하는 HACU, 차세대 흑인, 히스패닉, 아메리칸 원주민 리더들의 양성을 목표로 하는 MLT 등 수많은 조직들이 인턴들의 자격 요건과 지역에 따라 약간의 차이를 보일 뿐 궁극적으로는 INROADS와 동일한 전략을 펼치고 있다. 인턴십을 필수적인 제도로 인정하고 그 제도를 활용해서 취업 시장으로의 진출을 도모하는 그들의 전략은 지극히 현실적이며 상당한 성과를 거두고 있다.

하지만 그들 앞에는 해결해야 할 문제점들이 산적해 있다. 대개 2~3년 동안 지속되는 소수 인종계 학생들의 인턴 기간은 과연 적절한가? 중산층 출신의 소수 인종계 학생들이 빈곤층 출신의 주류 인종계 학생들보다 더 많은 혜택을 받는 것이 과연 합리적인가? 4년제 대학생이 아닌 소수 인종계 학생들의 취업을 도울 수 있는 방법은 없는 걸까? 불투명하나마 기회를 제공하는 한 그 형평성이나 질적 수준에 관계없이 계속해서 인턴십을 추구해야 하는 걸까?

여기서 한 가지 주목해야 할 것은 그 조직들 역시 어느 사기업이나 공공기관에 못지않게 인턴십을 긍정적으로 받아들이고 있다는 사실이다. 대다수의 젊은이들 또한 인턴십을 직업 세계로 통하는 지름길 가운데 하나로 인식하고 있으며 감당할 여건만 마련되면 언제든 인턴 세계로 뛰어들 준비를 갖추고 있다. 하지만 문제는 모든 젊은이들이 인턴십 프로그램의 혜택을 누릴 수 없는 현실이다.

그렇다면 이런저런 사정으로 인해 인턴 과정을 겪지 못한 젊은이들의 운명은 어떻게 될 것인가? 물론 그들 가운데서도 성공적으로 사회생활을 하는 사람이 있을 수 있다. 하지만 대부분은 보람도 성취감도 느낄 수 없는 일을 하면서 나날을 보내게 될 것이다. 이렇듯 인턴십은 '우리'를 갈라놓고 있는 것이다.

# 10
# 청춘 착취의 세계화

난 정중해, 싹싹해, 내 이름표 줄은 유연해
너희 인턴들은 웃겨, 너희 보온병은 절반만 찼어

**시스코 시스템스의 인턴 그레그 저스티스,**
**"세상에서 제일 재미있는 인턴"이라는 랩의 가사 일부**

프랑스에서 복면을 쓴 무보수 인턴들이 거리를 점거하고 시위를 벌인다. 스웨덴, 파키스탄 그리고 한국에서는 심화되는 청년실업 문제 해결책의 일환으로 정부가 수만 명의 인턴을 고용하겠다는 발표를 한다. 대학생들의 인턴십 프로그램 참여 비율이 19퍼센트 남짓에 불과한 호주에서는 기술 인력의 부족을 해소하기 위해 정부가 국가 인턴십 제도를 궁리하고 있다. 독일에서는 일단의 행동주의자들이 슈퍼히어로 복장을 하고 상류층들이 애용하는 고급 식료품 상점들만 습격해서 고베 소고기, 루이나 샴페인, 세라노 햄, 발로나 초콜릿 등 소위 명품 먹을거리들을 약탈해 무보수 인턴들을 비롯한 여러 사람들에게 나누어주었다. 자타가 공인하는 인도 최고의 그룹 인포시스Infosys는 CEO의 진두지휘 아래 상당한 보수가 따르는 엘리트 인턴십 프로그램을 도입해 세계 전역에서 인재들을 유치하려고 노력 중이다. 중국에서는 10만 명의 학생들이 지방 정부의 명령으로 최근 노동자들의 자살이 빈발하고 있는 생산 현장에 3개월 기한의 인턴으로 동원되고 있다.[1]

최근 세계 전역에서는 그 규모조차 어림잡지 못할 만큼 너무도 급속하고 다각적으로 인턴십이 확산되고 있다. 노동관계법령이나 노동 문화, 혹은 주력 산업 부문이 각 국가마다 차이가 있으므로 그 원동력 또한 서로 다르지만 인턴십 붐이 전개되는 양상은 몇 가지 뚜렷한 공통점을 보이고 있다. 우선 인턴십 붐이 경제 구조가 상대적으로 안정된 국가들에서 일어나고 있다는 사실이 그렇다. 미국에서 40년에 걸쳐 완성된 인턴십 제도가 중진국 이상의 세계 모든 국가에서 저렴하고 유연한 화이트칼라 노동력의 공급원인 동시에 젊은이들이 부와 성공을 도모하는 수단이 되고 있는 것이다. 그와 동시에 인턴십은 젊은이들 사이에서 계층의 골을 더욱 깊게 만드는 바람직하지 못한 역할도 하고 있다. 인턴십을 선택할 만한 여유가 없는 젊은이들은 경쟁에서 뒤처질 가능성이 높기 때문이다.

유럽연합과 영연방에서 일고 있는 인턴십 붐 현상은 그 국가들이 엄격한 노동법과 강력한 노동조합을 갖추고 있다는 사실에도 불구하고 여러 면에서 미국의 전철을 따르고 있다. 재계나 정계의 지도자들은 인턴십을 젊은 노동력을 단기간 공짜로 혹은 저렴하게 활용함으로써 국가 경쟁력을 높일 수 있는 효과적 사업 수단으로 인식하고 있다. 미국의 고용주들이 너무도 소중하게 생각하는 인턴십의 장점이 프랑스에서부터 호주에 이르는 수많은 국가들에서도 인정받고 있는 것이다. 고용주들은 법의 저촉을 받지 않고 인건비를 절감할 수 있는 새로운 방법을 환영하고, 젊은이들은 다양한 부문을 경험해 가며 취업 경쟁에서 유리한 고지를 차지할 수 있는 기회를 마다하지 않는다. 이제 인턴십은 사회문화적 현상이자 사업 관행으로서 자본주의가 자리 잡고 있는 곳이라면 세계 어느 지역으로든 확산되어가고 있다.

하지만 인턴십의 세계화는 아직 초기 단계일 뿐이다. 앞에서 여러 차례 지적했던 것처럼 미국에서는 인턴이라는 단어의 모호성을 빌미로 고용주들이 특수를 누리고 있다. 하지만 세계의 다른 지역에서는 인턴의 해석에 관해 아직 어떤 분쟁도 일어나지 않고 있다. 인턴을 가리키는 단어들 또한 제각각이다. 일례로 프랑스에서는 스타지예르(연수생), 독일에서는 프락티칸텐(수습생), 중국에서는 쉬시셩(실습생)으로 불린다. 다만 미국식 인턴십 개념이 확산되고 있는 추세인 것만은 분명하다. 하지만 인턴십에 관한 연구나 정책이 종주국인 미국에서도 부족한 상황이니 그런 나라들에서 조만간 인턴십이 개념적으로 정립되기를 기대하기는 힘들 것이다.

수습 제도가 여전히 상당한 비중을 차지하고 있는 서유럽의 블루칼라 세계에서는 인턴십을 부실하고 비인간적인 화이트칼라 부문의 수습 제도라고 간주한다. 또한 대학들은 인턴십 프로그램들과 일정한 거리를 유지하고 있다. 대부분의 대학들이 학업 충실을 강조하며 노동 시장이 대학 사회로 파고드는 현상을 견제하는 자세를 취하고 있으며 특히 옥스퍼드의 몇몇 대학들은 학생들의 인턴십 프로그램 참여를 아예 금지하고 있다. 하지만 현재 유럽의 많은 학생들은 인턴십을 통해 새로운 직업관에 눈을 뜨고 있다. 즉 대학 졸업 후 취업이라는 전통적 과정과 직장은 곧 안정된 돈벌이라는 공식이 흔들리고 있는 것이다. 하지만 유럽의 젊은이들이 인턴십에 반응하는 자세는 미국 젊은이들과는 사뭇 다르다. 그에 관해서는 잠시 후 살펴볼 것이다.

아시아와 중동, 그리고 라틴아메리카 지역의 개발도상국에서는 인턴십이 더욱 집중적인 형태로 확산되고 있다. 다시 말해 거의 모든 인사 체계가 네트워크로 엮인 정부기관과 국제적 트렌드를 일단 따르고 보는 대기업의 사무실들이 몰려 있는 대도시를 중심으로 인턴십 제도가 활성화되고 있는 것이다. 인턴십이 종종 조직 문화의 세계화를 가늠하는 하나의 지표로 간주되기 때문이다. 그런 나라들에서는 장래가 촉망되는 일자리는 대부분 특권층 자제에게 돌아간다. 하지만 자카르타나 요하네스버그 같은 도시들의 1세대 인턴은 대부분 외국계 기업에 고용된 외국인 젊은이들이다. 직장인과 배낭족의 중간쯤이라고 설명하면 적합할 그들은 보잘것없는 보수를 환차익으로 만회하며 일과 여행을 병행한다. 하지만 이제 다국적 기업과 비영리 업체들이 국제 협력 팀을 활성화하는 추세가 확산되면서 인턴십이 국제 인재를 값싸게 유치할 수 있는 수단이라는 사실이 널리 알려지게 되자 그들의 입지는 갈수록 줄어들고 있다. 프랑스 출신의 컴퓨터 전문가가 인도 첸나이에서 인턴 생활을 하며 여행 경비를 모아 라오스 전역을 배낭 하나 메고 돌아다닌다든지, 홍콩에서의 대기업 직원 생활에 싫증이 난 젊은 영국 여성이 어느 날 갑자기 도시의 삶을 정리하고 짐바브웨 하라레의 인턴으로 새로운 삶을 시작했다는 일화들은 이제 모두 옛날 얘기가 되어가고 있다.

## 국제 인턴십 프로그램의 허상

국제교육학회Institute of International Education가 1,500여 개의 교육기관을 대상으로 실시한 어느 조사 결과에 따르면, 국제 인턴십 프로그램에 참여하는 미국 대학생들의 숫자가 2000년도 6,950명에서 2008년도 1만 3,658명으로 지난 10년 동안 두 배로 증가했다고 한다. 그 수치는 인턴 기간에 학점을 인정받은 대학 재학생들 기준이기 때문에 휴학생이나 졸업생, 혹은 일반인 인턴들을 감안하면 그 숫자는 훨씬 늘어날 것이다. 국제 인턴 숫자가 늘어나는 현상은 '국제무대에서 뛰고 싶으면 국제 인턴 과정이 필수'라는 최근의 추세를 반영하고 있다. 어느 대학 취업센터 관계자는 그에 관해 다음과 같이 말한다. "국제 인턴십이라고 특별한 업무 능력을 요구하는 건 아니다. 사실 인턴들에게 주어지는 일이란 세계 어느 곳에서나 큰 차이가 없다. 다만 자기 자신이 국제 인턴십을 선택한 이유만은 분명해야 한다. 물론 대부분의 경우 외국 경험을 쌓기 위해서이다."

인턴십의 세계화 추세가 본격화된 것은 외국 유학 프로그램의 폭발적 성장 때문이다. 많은 유학 업체들은 종종 외국 유학과 인턴십을 한데 묶어서 선전한다. 대부분의 대학들이 자체적으로 국제 프로그램을 개발할 수 없는 여건이기에 그 부문에 대행업체들이 몰려들고 있다. "'원거리 인턴십'에 매년 100만 명 이상의 대학생들이 몰릴 것"이라는 UD의 에릭 록테펠드의 예상이 맞아떨어질 것 같은 분위기이다. 그런 업체들은 대부분 인턴십 과정과 체류 비용, 그리고 비자 수속을 비롯한 절차 수수료를 한데 묶어 비용을 책정한다. 샌프란시스코의 인트락스 인턴십스 어브로드Intrax Internships Abroad의 경우, 유럽 4개국과 중국, 그리고 일본 패키지가 모두 옵션에 따라 6,000~8,000달러이다. 각 지역의 물가 차이는 아예 고려하지 않은 계산법이다. 업계의 선두 업체들도 비슷한 경영 방침에 유사한 상품들을 내걸고 있다. 한편 마사 이스라엘Masa Israel처럼 한 국가만을 대상으로 운영을 하는 업체도 있다. 마사 이스라엘은 2010년도 한 해에만 1,500명의 학생을 이스라엘 각지와 연결시켜 51퍼센트의 성장률을 기록했다. 국제실무연수협회Association for International Practical Training의 경우에는 비영리 사업체로서 전 세계 24시간대에 걸쳐 2,500명의 인턴을 다양한 프로그램과 연결하고 있으며 그 가운데 3분의 1이 대졸자라고 한다. 물론 현재까지는 재정적으로 뒷받침이 있는 학생들만 '원거리 인턴십'에 참가할 수 있는 상황이다. 대부분의 인턴십이 무보수이고 장학금도 받을 수 없으며 비행 요금까지도 본인 부담이기 때문이다.

인트락스나 UD 같은 알선 업체들은 그런 프로그램을 통해 유학도 하고 돈도 벌 수 있다고 선전하지만 보수가 따르는 인턴십 제도가 전혀 존재하지 않는 지역들이 많기 때문에 그들의 선전을 액면 그대로 믿었다가는 큰코다치기 십상이다. 어느 대학 취업센터 담당자는 그에 관해 이렇게 말한다. "인턴십이라는 시스템이 이미 세계적으로 널리 알려졌다고 생각하면 오산이다. 학생은 학교에 있는 것이 옳다는 문화적 관념을 고수하고 있는 지역이 생각보다 훨씬 많다는 사실을 명심해야 한다." 어느 국제 인턴십 전문가는 이렇게 얘기한다. "학생들은 인턴이라기보다는 자원봉사자로 일한다는 생각을 지니고 외국으로 진출해야 한다. 인턴십은 종주국인 미국에서도 문제의 소지가 많은 제도인데 하물며 외국에서는 두말할 것도 없다."

미국에서는 허드렛일뿐인 인턴십 프로그램들이 문제가 되고 있다. 하지만 국제 인턴십에서는 복사나 커피 심부름이 문제가 아니다.

보수가 따르지 않는 것도 상대적으로 작은 문제일 수 있다. 정작 큰 문제는 할 일이 없다는 것이다. "사람들이 나를 경원하는 것 같았다. 인턴십 기간이 끝날 무렵까지도 그들은 나를 어떻게 써먹어야 할지 모르는 눈치였다." 중국의 어느 로펌에서 인턴으로 근무했던 어느 미국 젊은이의 경험담이다. 난징의 국제 인턴십 프로그램에 참여했던 어느 캐나다 학생은 스폰서들이 서로 미루는 통에 댄스 교실, 잡지사, 제2금융권을 부질없이 전전하다가 인턴십 기간을 다 보냈다고 말한다. UN 사무실에서 브라질로 파견됐던 어느 인턴의 경험담은 웃음까지 자아낼 정도이다. "도착한 첫날, 그들은 내게 이렇게 말했다. '우리는 시킬 일이 없는데… 뭐든 하고 싶은 일이 있으면 마음껏 하시오.'"

제프는 러시아 타타르스탄 지역에 있는 중소도시 첼니에서 카잔카Kazanka라는 기업의 디젤 엔진 사업부 인턴으로 일했던 경험을 다음과 같이 이야기한다. "그곳에 있는 동안 거의 한 게 없었다. 하기야 두 달이라는 기간은 현지에 적응하기에도 턱없이 짧았다." 그의 인턴십을 알선한 업체는 AIESEC이었다. 매년 4,500명에 달하는 학생들을 해외 각지의 인턴십 프로그램과 연결해주며 문화 교류의 일익을 담당하고 있다고 자체적으로 홍보하는 업체이다.

"온라인을 통해 그 회사의 프로그램에 지원하고 나서 얼마 후에 이메일을 받았다. 러시아의 타타르스탄에 있는 어느 기업의 여직원으로부터였다. 그녀의 지시대로 첼니로 날아갔고 거기서 인턴으로 일하게 됐다." 그의 업무는 중국에 디젤 엔진을 판매하는 일이었다. 여러 해 동안 러시아어를 공부하기는 했지만 아무래도 언어가 큰 문제였다. "그들이 하는 얘기는 대부분 알아들을 수 있었지만 내 의견을 전달하는 게 힘들었다."

첼니 시의 경제를 좌지우지하는 국영기업 카잔카의 임직원들은 제프를 반가이 맞아들였다. 그곳에 머무는 내내 따뜻이 대해주었고 여러 차례에 걸쳐 루블화로 용돈 정도의 보수를 지급하기도 했다. 하지만 그들은 인턴십 자체에 관해서는 아무것도 모르고 있었다. "그들로서는 나를 고용한 것이 인턴십에 대한 일종의 실험이었다. 그래서 더욱 힘들었다. 중국의 여러 공장과 기업체에 이메일을 보내고 전화를 해서 사업 가능성을 타진하는 것이 내 일과였다. 하지만 별다른 성과는 없었다. 상대방의 관심을 끌 만한 홍보 자료조차 변변한 것이 없었으니 당연했다. 성능을 빼곡히 적어 넣은 디젤 엔진 사진 한 장이 전부였다. 그것마저 중국어로 번역된 상태가 아니었다. 내 나름대로 홍보 자료 제작에 착수했을 때에는 이미 계약 기간이 끝나가고 있었다. 결국 업무적으로는 아무런 성과를 올리진 못했지만 개인적으로는 그곳에서의 생활이 상당한 추억이 되었다. 러시아 생활 회화도 배울 수 있었고 특히 그 도시에 단 세 명뿐인 외국인 가운데 한 명이라고 지역 TV에 출연한 적도 있었다."

제프의 경우처럼 많은 국제 인턴십 참가자들이 현지 기업이나 관계자들로부터 상당한 환대를 받는다. 미국과 유럽의 고등교육 제도 전반에 대해 관심을 갖고 있는 세계 많은 나라의 엘리트들은 인턴십이라는 제도 자체에 대해서도 큰 관심을 갖고 있기 때문이다. 워싱턴 센터나 UD 같은 인턴십 전문기관들에 의하자면 최근 들어 '역방향' 인턴십이 증가하고 있는 추세라고 한다. 즉 파키스탄 장관의 자제들이나 사우디아라비아의 왕자들, 혹은 중국 재계의 2, 3세들이 워싱턴과 월스트리트에서 인턴으로 근무하는 경우가 빈번해졌다는 것이다. 인트락스와 같은 알선 업체들은 '미국 국무성이 지정한 공식 스폰서'로서 연간 30만 명의 80여 개국 출신 인턴들을 미국 내 인턴십 프로그램과 연결해줄 수 있다. 하지만 그것은 불법 혹은 편법이다. 우리가 1장에서 디즈니의 경우를 들어 살펴본 바대로 문제의 소지가 있는 J-1 비자 발급 조건을 멋대로 해석하기에 가능한 결과이기 때문이다. 또한 기업체들이 자신들이 운영하는 프로그램을 자의적으로 인턴십이 아니라 문화 교류로 해석할 때 불법의 소지가 불거지게 된다. 문화 교류 프로그램은 참가자들에게 보수나 체계적인 연수를 제공하지 않아도 무방하기 때문이다.

## 중국의 사례:
## 인맥, 노예 계약

인턴십의 세계화는 얼마나 신속히 확산되고 있는가? 그 확산의 매개체는 무엇인가? 그리고 실제적인 영향력은 어느 정도인가? 우리는 위와 같은 질문에 답을 얻기 위해 중국을 실험 대상으로 삼았다. 현대적 의미의 인턴십 역사가 고작 10년에 불과한 국가이므로 상대적으로 다양한 변수의 영향력 없이 인턴십의 원동력을 검토하기에 적합하다는 판단 때문이었다. 중국 노동 시장의 구조는 물론, 일에 대한 중국인들의 전통적인 개념과 인턴십의 역학 관계에 유념하면서 유학 프로그램들이 미치는 영향력, 인턴십에 대한 다국적 기업들의 반응, 세계화를 지향하는 현지 기업들의 사업 관행, 그리고 고등교육의 확산 추세 등을 면밀히 검토한 결과 우리는 한 가지 분명한 사실을 확인할 수 있었다. 미국에서는 수십 년이 걸렸던 과정이 훨씬 짧은 시간 내에 이루어지고 있다는 사실이다. 미래를 걱정하는 젊은이들은 취업 경쟁에서 유리한 고지를 차지하기 위해 현장 경력을 쌓으려 하고 있고, 고용주들은 그 노동력을 얼마든지 활용할 수 있다는 것을 깨달아가고 있었다.

쿤밍은 베이징에서 수천 마일 떨어진 중국 남서부의 (중국인들의 관점에서는) 소도시이다. 내세울 수 있는 산업이 없기에 변경의 요충지라는 점 말고는 누구의 관심도 끌 만한 것이 없는 궁벽한 곳이다. 적어도 2009년도까지는 그곳에서 국제 인턴들을 만난다는 것은 불가능한 일이었다. 그해 릭은 그곳에서 '쿤밍의 첫 번째 인턴십 프로그램'을 개설했다. 한 과정에 12명 남짓에 불과한 소규모 프로그램이지만 인턴들의 국적은 다채롭다. 미국은 물론 캐나다, 영국, 홍콩, 심지어 두바이 출신까지 있다. 그들 대부분은 18~19세이다. 그들의 부모들은 고등학교를 갓 졸업한 자식이 대학 생활을 시작하기 전에 그 산 속 도시에서 유익한 시간을 보낼 수 있도록 일주일에 1,000달러가 넘는 돈을 지원해주고 있다.

릭은 쿤밍 프로그램의 학부모들이 자신이 지금까지 관여했던 어떤 프로그램의 경우보다도 더 열성적으로 자식들을 후원한다고 말했다. "그들은 중국을 투자의 최적지로 생각하고 있으며 중국에서의 인턴 경험이 자식들의 미래에 큰 도움이 될 것이라고 믿고 있다. 두바이 출신 인턴의 아버지는 내게 여러 차례 보낸 이메일을 통해 그 사실을 확인시켜주었다. '내가 아이에게 바라던 활동이다. 중국에서 일을 하며 보낸 시간이 그 아이에게 반드시 도움이 될 것이다.'"

쿤밍의 인턴들 대부분은 예전엔 집에서고 밖에서고 일을 해본 경험이 없는 청소년들이다. 이력서를 작성해본 적도 없고 중국어도 모른다. 하지만 쿤밍 프로그램을 선택한 인턴들은 티베트의 초원 지대나 메콩 강 여행 프로그램을 선택한 학생들하고는 확실히 다르다고 릭은 말한다. "스폰서를 구하는 것부터가 힘들었다. 쿤밍이라는 도시에서 인턴십 프로그램을 개설한다는 것 자체가 모험이었다." 릭은 18년 동안 중국 대상의 유학 프로그램을 운영해왔던 그의 회사의 네트워크를 백분 활용해서 인턴십 프로그램을 개설할 만한 여건을 갖춘 쿤밍의 지역 사업체들을 끈질기게 물고 늘어졌다. 마침내 그가 접촉했던 사업체들 가운데 열 몇 군데에서 허락이 떨어졌다. 하지만 문제는 그 업체들 대부분이 인턴십 프로그램을 운영한 경험이 전혀 없었다는 데 있었다. "인턴을 처음으로 접해본 회사들이 대부분이었다. 따라서 초창기에는 인턴들이 전혀 일 없이 지내야 했다."

그런 상황이었으니 보수 얘기는 꺼낼 수도 없었다. 분위기가 하도 어색했던 나머지 릭은 하마터면 오히려 돈을 내겠다고 제안할 뻔했다고 한다. 어느 정도 시간이 흐른 뒤에도 인턴 프로그램의 효율성을 입증하기가 힘들었다. 언어 장벽 때문이었다. 영어를 구사하는 직원들이 근무하는 사무실에서조차 별반 다를 게 없었다. 결국 인턴들의 일과는 일주일에 나흘, 하루에 서너 시간으로 조율되었고 따라서 전체 프로그램 기간 동안 업무 시간은 실질적으로 고작 한 달에 지나지 않게 되었다. 언어의 장벽을 가능한 한 극복하고 스폰서들에게 긍정적인 이미지를 심어주기 위해 현재 릭은 현지 학생들을 통역으로 고용하고 있다.

그래도 릭은 쿤밍이라는 지역적 여건이 자기네 프로그램의 장점이라고 생각하고 있다. 일단 경쟁이 없기 때문이다. 실제로 베이징이나 상하이 같은 대도시에서는 인턴십 경쟁이 처절할 정도로 치열하게 벌어지고 있다. 하버드는 이미 2008년도에 자체적으로 중국 인턴십 프로그램을 도입했다. 그 프로그램에 참여하는 하버드 학생들은 수십 개의 중국 대기업들과 현지 외국 지사들에서 인턴으로 일할 기회를 갖는다. 그 밖에 미국의 여러 명문대학들과 기관들도 그와 유사한 프로그램을 속속 개설하고 있다. 게다가 연줄을 통해 인턴으로 일할 기회를 노리는 개인들의 숫자를 감안하면 중국 대도시에서 인턴십 스폰서를 구하기란 웬만한 커넥션으로는 불가능한 일이다.

"이곳에서는 웬만한 부모들은 모두 연줄과 인맥을 갖고 있다. 따라서 그들의 자녀들은 여름이나 겨울 방학 동안 그들이 원하기만 하면 비전 있는 인턴십 프로그램에 참여할 수 있는 기회를 얼마든지 가질 수 있다." 베이징에서 만난 중국인 경영 컨설턴트 제시카의 이야기다. 베이징의 모 텔레비전 방송국의 경우 매년 방학 때마다 영어로 작성된 뉴스 원고를 번역하는 인턴들을 고용한다고 한다. 하지만 네댓 명의 무보수 인턴으로 구성되는 그 프로그램은 단 한 번도 모집 공고가 난 적이 없다. 전원이 연줄을 통해 채워지기 때문이다. 제시카에 따르면 중국 직장 세계에서 비공식적인 경로를 통한 연줄 인사의 관행은 수십 년 동안 고질병처럼 도져왔다고 한다. 하지만 그녀는 여태까지의 관행이 그래왔기에 현재 일어나고 있는 변화가 더욱더 바람직하다고 덧붙인다. 인턴십 제도가 확산되면서 더욱 투명하고 공식적인 취업 경로가 자리 잡아가고 있다는 설명이다.

"지금으로부터 대략 10년 전, 내가 베이징 대학에 다니던 시절에는 인턴십에 참여하는 학생들이 드물었다. 극소수 학생들이 당시로서는 최고로 쳐주던 외국계 투자 기업들에서 인턴으로 일했던 것이 고작이었다. 하지만 대학원에 들어갈 무렵에는 상황이 완전히 변한 것을 느낄 수 있었다. 그러니까 중국에서는 2002~2004년 무렵부터 인턴십이 활성화됐다고 말할 수 있다."

제시카는 2004년 미국의 컨설팅 기업 베인앤컴퍼니Bain & Company의 베이징 지사에서 컨설팅 인턴으로 근무했다. 하지만 그녀의 얘기에 따르면 상당한 보수가 따랐던 그와 같은 특급 인턴십 프로그램도 그다지 체계적이지는 않았다고 한다. 당시 대부분의 경우 인턴들은 시급을 받고 보조적인 업무를 돌보는 임시직 같은 신분이었다는 것이다. 최근 인턴십 프로그램을 대규모로 확장한 베인은 미국의 MBA 출신들을 중점적으로 유치하려는 처음의 계획을 수정해서 중국의 대학 4학년생들에게 더 많은 기회를 주는 방침으로 선회했다. 현지의 인적자원을 활용하는 것이 여러모로 유리하다는 전략적인 판단 때문이었다. 그 결정은 '인턴 문화'를 현지의 제반 여건과 조화를 이루는 방향으로 키워나가려는 다국적 기업으로서의 베인의 이미지를 높였다. 베이징만이 아니라 도쿄, 토론토, 스톡홀름, 암스테르담을 비롯해서 세계의 27개 경제 중심 도시에 진출해 있는 베인의 지사들 역시 현지 친화적인 인턴십 프로그램을 운영하고 있다.

그 밖에 베이징과 상하이에 지사를 두고 있는 많은 다국적 기업들도 베인의 선례를 따라 중국의 명문대 학생들을 상대로 인재 유치 경쟁을 펼치고 있다. 기업들의 후원으로 대학 캠퍼스에 속속 들어서고 있는 미국식 취업센터들이 그 현실을 입증해주고 있다.

그렇다고 현재 중국의 모든 인턴십 프로그램들이 보수를 보장하며 합법적으로 운영되고 있는 것은 아니다. 제시카는 그 상황을 다음과 같이 설명한다. "현재 중국 기업의 인사 담당자들이 입사지원서에서 가장 눈여겨보는 부분이 인턴십 경력이다. 따라서 기업이 원하는 경력을 쌓기 위해 학생들이 무보수 인턴십을 자원하는 경우가 늘어가고 있다." 게다가 지원자들이 많다는 이유 하나만으로 학생들에게 무보수로 일할 것을 요구하는 기업들도 갈수록 많아지고 있다. 중국에도 엄연히 최저임금을 규정하고 있는 노동법이 있는 상황에서 불법적인 인턴십 관행이 자리 잡아가고 있는 것이다. 어떤 인턴은 만일 일이 잘못되면 "아버지한테 이를 거다"라고 말했다. 연줄과 인맥으로 얽힌 중국 사회의 현실을 감안할 때 그냥 웃어넘길 일만은 아니다.

어느 다른 중국인 인턴은 중국의 대학생들에 관해 다음과 같은 이야기를 들려주었다. "중국 대학생들은 크게 세 가지 집단으로 나눌 수 있다. 첫째, 방학 동안 인턴으로 일하는 집단, 둘째, GRE나 TOEFL 등을 비롯해 각종 시험 준비를 하느라 방학 동안에도 공부를 하는 집단, 셋째, 진즉에 앞날이 결정돼 있기에 학창 생활을 즐기며 보내는 집단."

베이징 인민 대학에 재학 중인 한이라는 이름의 대학생은 그의 학교 친구들 가운데 90퍼센트가 인턴이나 그 비슷한 일을 하고 있다고 내게 말했다. 그 자신은 인턴 과정을 네 번이나 이수했다고 한다. 첫 번째는 미국의 유수한 PR 기업의 베이징 지사 유급 인턴, 두 번째는 역시 미국의 신생 비영리 단체의 무보수 인턴, 세 번째는 정부 핵심 권력 기구의 인턴, 네 번째는 중국의 사교육 대기업 뉴오리엔탈의 무보수 인턴. 그의 배경을 짐작하고도 남을 만큼 화려한 경력이었다.

한편 근무 환경과 공간이 다를 뿐, 인턴들의 업무는 미국이나 중국이나 별반 다를 게 없다. 전화 받고 타자 치고 복사하고 번역하고 '차 심부름' 하기는 매일반인 것이다. 대체적으로 지역 기업체들은 인턴의 필요를 그다지 크게 느끼지 않고 있으며 따라서 보수를 지급하는 곳도 많지 않다. 웬만한 규모의 기업들은 대부분 어떤 식으로든 인턴십 프로그램을 운영하고 있지만 공공연히 홍보를 할 만큼 체계적인 프로그램은 찾아보기 힘들다. 정부기관도 인턴십 프로그램에 대해 소극적인 자세를 유지하고 있다. 따라서 중국의 인턴십 알선 사업은 아직 초기 단계에 머물러 있다고 볼 수 있다. 특권 계층의 자녀들을 국제 인턴십 프로그램과 연결해주는 정도의 수준에 머물러 있는 것이다. 다만 현재 그 부문에서 두각을 나타내고 있는 발 빠른 주자들이 있기는 하다. 홍콩 차이나 인턴십 어소시에이션Hong Kong China Internship Association, HCIA이 그 대표 격이다. HCIA는 자사의 대표적 프로그램인 홍콩에서의 '인턴십'에 참여하는 중국 본토의 학생들에게 일주일에 9,000위안, 즉 달러로 1,350달러의 참가비를 받고 있다. 결국 부유층 자녀가 아니고서는 구경도 하지 못할 프로그램이다.

어느 사회든 그렇듯이 중국에도 역시 그러한 부익부 현상을 견제하는 세력이 있다. 중국노동회보China Labour Bulletin가 그 선봉장 격이다. 중국노동회보는 홍콩에 본부를 두고 중국 노동자들의 인권 신장을 위해 투쟁하는 단체이다. 최근 그 단체는 대부분의 대졸자들이 어쩔 수 없이 선택해야 하는 인턴십 '계약'이 급증하고 있는 현상을 예의 주시하고 있다. 현재 중국에서 법대를 졸업한 젊은이들은 의무적으로 일 년 동안의 인턴십 과정을 거쳐야 한다. 기술자들 역시 어느 산업 분야에서든 안정적인 직장 생활을 하기 위해서는 '인턴십 수료증'이 필요한 실정이다. 석유화학 공장에서 일하기 위해 그 '수료증'이 필요했던 어느 기술자는 형편없이 낮은 보수 조건에도 불구하고 몇 달 이내에 '증'을 발급해주겠다는 말만 믿고 어떤 회사에 우선 취직을 했다. 취직하고 나서 6개월이 지나야 직원 신분이 인정되며 그 시점부터 다시 3년을 기다려야 '증'을 발급받을 수 있다는 사실을 알게 된 건 한참 뒤의 일이었다.[2]

미국에서와 마찬가지로 중국의 대졸자들 역시 블루칼라 세계의 깊은 협곡을 두려워한다. 그 협곡 속에 빠져들지 않기 위해서라도 그들은 상당한 시간과 돈을 투자해서 얻게 된 졸업장을 활용하려고 노력한다. 하지만 문제는 중국 전역을 휩쓸고 있는 고등교육 열풍 때문에 매년 상아탑에서 쏟아져 나오는 엄청난 숫자의 젊은이들을 수용할 수 있는 신규 일자리가 턱없이 부족하다는 데 있다. 결국 그들 가운데 상당수가 인턴 시장으로 유입될 수밖에 없는 환경이 조성되고 있는 것이다. 노동 착취 실태나 석탄 광부들의 열악하고 위험한 작업 환경을 주로 다루는 중국노동회보가 이례적으로 인턴십과 취업에 관한 문제를 파고드는 이유가 바로 거기에 있다. 그 단체의 보고 자료에 따르자면 "중국 기업들이 운영하고 있는 인턴십 프로그램들 가운데 상당수가 명목만 연수일 뿐, 인턴들을 실제 업무에 투입하면서도 무보수, 혹은 최저임금 이하의 보수를 지급하고 있으며 노동법에 명시된 혜택이나 권리는 물론이고 인턴 과정 수료 후의 취업 또한 보장하지 않고 있다. 경우에 따라서는 18개월을 근속한 뒤에야 휴가를 신청할 자격이 생기는 등 근로 조건 또한 노예 계약을 방불케 할 정도로 심각하기 그지없다. 게다가 인턴들은 별다른 이유 없이 해고되어도 마땅히 하소연할 곳조차 없다." 앤드루 로스는 그러한 비합법이자 반사회적 인턴십이 앞으로 한 세대 이내에 화이트칼라 세계 전반으로 확산될 것이며 중국의 젊은이들이 가장 큰 피해자가 될 것이라고 예견한 바 있다.[3]

한편 중국노동회보는 또한 고용주들이 마음대로 인턴십 계약 내용을 바꾸거나 부당한 이유로 인턴을 해고해도 사법적 제재를 받지 않는 현실을 지적하고 있다. 왕이라는 이름의 이공계 학과 졸업생은 '8개월간의 실무 연수'를 다짐 받고 다른 10명의 인턴과 함께 어느 프로그램에 참여했다. 하지만 계약 기간 내내 그들이 한 일은 청소와 짐 나르기뿐이었다. 그런데도 그들은 그만둘 수 없었다. 만일 중간에서 그만두면 모든 '연수 과정'에 소요된 경비를 변상하이야 한다는 회사 측의 으름장 때문이었다. 베이징의 국립극장에서 근무했던 또 다른 인턴은 건강 검진에서 B형 간염 양성 반응이 나타나자 즉시 해고당했다. 극장을 상대로 위자료 소송을 준비 중이던 그에게

법원에서 소송 기각 통지가 날아들었다. 그가 정식 직원이 아니라는 것이 그 이유였다. 한편 학생들에게 반드시 필요한 졸업 증서를 담보로 교수들이 자의적으로 인턴십을 배정하는 경우도 있다. 어문학을 전공한 어떤 학생의 예가 대표적이다. 그는 학과 교수의 지시에 따라 두 달 동안 농촌의 초등학교에서 새벽 다섯 시부터 밤 10시까지 일주일에 6일, 어린 학생들을 지도해야 했다.

하지만 그 정도는 약과다. 중국에서는 인턴십과 관련해서 훨씬 더 기가 막힌 일들이 벌어지고 있다. 허난성의 '인턴 인해전술' 사태도 그 가운데 하나이다. 허난성 정부가 타이완 굴지의 전자회사 폭스콘Foxconn에 10만 명의 인턴을 파견한 사건이다. 당시 폭스콘은 허난성 지역에 새로운 공장 단지를 설립할 가능성을 타진하고 있었다. 기존의 광둥 단지에서 종업원들이 자살하는 사태가 잇달아 발생해 대내외적으로 물의를 빚고 있었기 때문이다. 폭스콘으로서는 당장에 공장 인력이 급했고 허난성 정부가 앞장서서 그 문제를 해결해준 것이었다. 중국의 유력 일간지 『차이나 데일리』*China Daily*의 기자조차 놀라움을 여과시키지 못한 채 그 사건을 보도하고 있다. "실로 파격적으로 10만 명에 달하는 허난성의 직업학교 학생들이 3개월 동안 폭스콘에서 인턴으로 일하기 위해 이번 주말을 기해 선전으로 떠나라는 명령을 하달받았다. 준비를 위해 학생들에게 주어진 시간은 고작 9일뿐이었으며 일단 선전에 가게 되면 그들은 전공에 관계없이 아이폰이나 플레이스테이션, 혹은 킨들을 조립하는 업무에 투입될 것이다. 스캔들로 얼룩진 그 제조 업계의 거인을 위한 이번 임무를 거부하는 학생은 허난성 당국의 명령에 의해 무조건 퇴학 조치될 것이라고 한다."

그러고 나서 몇 주 후, 『차이나 데일리』에는 폭스콘에서 또 다시 발생한 자살 사건이 실렸다. 회사 기숙사 6층 창문에서 투신했다는 자살자는 열여덟 살짜리 인턴이었다.

단지 규모의 차이만 있을 뿐 폭스콘의 '인턴 대이동'은 허난성의 경우가 처음도 아니었고 마지막도 아닐 것이다. 폭스콘은 인턴들의 노동력을 착취하기로 세계적인 악명을 떨치고 있는 기업이다. 최근 중국 본토와 홍콩, 그리고 타이완의 관련 단체들은 그동안 면밀히 조사해온 바에 따라 폭스콘의 주력 공장 단지들 가운데 최소한 다섯 군데에서 인턴들에 대한 착취가 자행되고 있다는 사실을 발표했다. 인턴들에게 아무런 근무 혜택도 없이 월 200달러에도 못 미치는 최저 수준의 임금만을 지급하면서 야간 근무와 잔업을 강요하는 만행은 설사 편파적인 법망은 피할 수 있다고 해도 사회적 지탄을 모면할 수는 없다. 폭스콘은 정규직들에게 지급해야 할 의료보험이나 연금을 절약하기 위한 전략으로 일부 공장의 생산 직원의 절반 이상을 인턴으로 채우고 있다. 인턴의 공급에는 아직까지 차질이 없다고 한다. 수수료를 챙기려는 수많은 학교들이 열성적으로 지원해주고 있기 때문이다. 악질적인 인턴십 프로그램에 대한 세간의 비난을 모면할 요량으로 폭스콘에서 내세운 구실 또한 가관이다. 93만 7,000명의 중국인 직원들 가운데 인턴의 비율은 현재 '고작' 7.6퍼센트에 불과하며 인턴십 프로그램을 도입한 이래로 그 비율이 15퍼센트를 넘어선 적이 없다는 것이다. 보통 때는 7만 명, 바쁠 때는 15만 명의 젊은이들이 쥐꼬리만 한 보수를 받고 온종일 작업대에서 피땀을 흘리고 있다. 그 숫자가 '고작'이란 말인가?[4]

## 유럽의 사례: 연합 전선, 유연안정성

"실오라기 한 줄에 매달려 살아가는 모든 체인점 직원들과 콜센터 직원들, 언제 다시 거리로 내몰릴지 모르는 임시직 직원들, 그리고 그 밖에 모든 일용직과 비정규직 노동자들의 영혼을 보살피소서."

성 프레카리오San Precario에게 바치는 기도문이다. 기도문에 드러나 있듯이 성 프레카리오는 모든 임시직 노동자의 성인이다. 2004년 밀라노의 어느 슈퍼마켓에서 세상에 처음으로 모습을 드러낸 이후로 그는 유럽 젊은 노동자들의 정신적 지주의 역할을 해오고 있다. 유럽의 많은 임시직 노동자들은 그에게 바치는 기도를 통해 안정적인 삶을 갈구한다. 하지만 그는 여느 가톨릭 성인들처럼 실존했던 인물이 아니다. 성 프레카리오는 미디어 액티비즘과 노동조합주의를 표방하는 밀라노의 행동주의 집단 체인워커스Chainworkers가 창조한 이미지이다. 그들에게 성 프레카리오는 불안정한 일자리와 그에 따른 생활고에 신음하는 모든 임시직 노동자의 권익을 위해 싸우는 투사의 상징이다. 원래 성 프레카리오의 축일은 2월 29일이지만 퍼레이드를 비롯한 경축 행사는 매년 5월 1일, 유로메이데이EuroMayDay에 개최된다.[5]

유로메이데이는 유럽의 많은 행동주의자들이 21세기 노동계의 가장 심각한 문제라고 지적하는 '불안정 고용' 상태에 대한 경각심을 높이고 노동자들의 권리를 보호하자는 취지로 시작된 행사이다. 5,000여 명이 참가한 가운데 2001년 5월 1일 밀라노에서 개최됐던 제1회 대회 이후로 지속적으로 규모를 키워온 유로메이데이 행사는 오늘날 유럽 각 지역의 20여 개 도시에서 연인원 수십만 명이 참가하는 대규모 노동자 축제로 성장했다.

안정적인 직장이 갈수록 사라져가는 노동 시장의 실태를 바로잡고 고용주들의 횡포에 대항하기 위하여 유럽 행동주의자들은 이민자들과 중산층까지 포함하는 연합전선을 형성하는 전략도 구상하고 있다. 취업 시장에서 갈수록 더 소외되고 있는 이민자들과 인턴십을 비롯한 임시직 진출이 눈에 띄게 늘어난 중산층들도 이제 노동 운동의 보호 대상이라는 판단 때문이다.

주류 노동계에서는 비정규직 노동자들에 대해 특별한 관심을 기울이지 않고 있기 때문에 고용주들의 불법 행위에 완전히 노출되어 있는 인턴들의 권익을 보호해줄 수 있는 세력은 사실상 불안정 고용에 대항하는 행동주의자 단체들뿐이다. 프랑스 불안정 고용 저항 운동의 선봉장 격인 '제네라시옹 프레케르'Generation Précaire는 "인턴십은 대표적인 불안정 고용 제도"이기에 인턴들은 마땅히 그들의 운동에 동참해야 한다는 취지의 성명을 발표한 바 있다.[6] 사실상 비정규직 노동자 집단들 가운데 어떤 형태로든 조직을 구성하지 못하고 있는 집단은 인턴들뿐이다. 따라서 인턴들은 나름대로 조직이 있는 프리랜서들이나 이민자들보다도 더욱 쉽게 착취의 대상이 될 수 있는 위험에 처해 있다. 게다가 인턴들 대부분이 사회 경험이 없는 젊은이들이고 미래를 지향하는 인턴십의 투자적 속성상 불이익을 참고 견딘다는 점을 감안하면 '제네라시옹 프레케르'의 주장은 충분히 설득력 있게 들린다.

불안정 고용 저항 운동의 궁극적 목표는 "임시직, 절기직, 간헐직, 일시직, 일용직, 호출직, 일용직, 프리랜서직" 등 모든 비정규직 노동자를 아우르는 연합전선을 형성하는 것이다. 현재 많은 행동주의자 단체들이 그 운동에 동참하고 있으며 그 숫자는 계속 증가할 전망이다. 현재 서유럽의 전체 노동자들 가운데 3분의 1이 비정규직이다(미국은 30%다. 2장 참조). 따라서 불안정 고용 저항 운동의 주도 세력들은 엄청난 잠재 자원을 보유하고 있는 셈이다. 하지만 그 자원을 모두 끌어들여 체계적인 세력을 형성한다는 것은 현실적으로 불가능한 일이다. 그에 관한 앤드루 로스의 설명을 들어보자. "모든 비정규직 노동자들이 불안정한 고용 상태에 처하게 된 원인이 다를 수 있다는 것이 문제이다. 무조건 고용주들의 강요에 의해서만이 아니라 자청하는 경우도 많다는 얘기다."

인턴들의 문제가 바로 거기에 있다. 착취에 완전히 노출되어 있는 상태이지만 상당수가 여유로운 배경을 지니고 있으며 대부분이 스스로 그 길을 선택한 노동자들인 것이다. 따라서 각각의 인턴십 프로그램 내에서 인턴들끼리 결속을 다지는 일은 얼마든지 있을 수 있겠지만 전체 인턴들이 통일된 세력을 형성하는 일은 가능하지 않을 것이다. 더구나 당장의 생계가 아니라 미래를 위해 인턴십을 선택한 그들이 이민자 출신 노동자들이나 일용직 근로자들과 어깨동무를 하고 불안정 고용 타파를 연창하며 시가행진을 하는 모습은 상상하기도 어렵다. 물론 그렇다고 유럽의 인턴들이 고용주나 기성 사회의 횡포를 항상 참고 견딘 것은 아니었다.

2006년, 도미니크 드 빌팽Dominique de Villepin 총리가 이끄는 프랑스 내각은 고용 계약의 새로운 '대안'을 발표했다. 역사상 최악의 노동 정책 가운데 하나로 혹평받고 있는 CPE가 바로 그것이다. '제1고용계약'으로 알려진 CPE는 많은 고용주들이 오랫동안 꿈꾸어오던 제도였다. 26세 이하의 노동자들은 의무적으로 입사 후 2년의 '시험기간'을 거쳐야 하며 그 기간 동안 고용주들은 언제든, 어떤 이유로든 그들을 해고할 수 있다는 것이 CPE의 핵심이기 때문이다. CPE로 인해 미래를 위협받게 된 프랑스의 젊은이들은 분연히 일어섰다. 물론 그들 가운데 인턴들도 대거 포함되어 있었다. 파리 시내에서는 CPE의 부당함과 정부의 횡포를 성토하는 크고 작은 시위가 인턴들의 선도 아래 몇 개월간 계속되었다. 결국 정부는 손을 들 수밖에 없었다. 인턴들이 그때의 시위를 통해 얻은 것은 CPE 백지화 조치만이 아니었다. 인턴들의 힘을 새삼 깨닫게 된 프랑스 정부는 경제사회위원회의 성명을 통해 "그동안 80만 명에 달하는 프랑스 인턴들의 대부분이 무보수, 혹은 보잘것없는 임금을 받으며 노동력을 착취당해 왔다는 사실"을 시인했다. 현실적인 후속 조치도 뒤따랐다. 2개월 이상 근무하는 인턴들에게는 최소한 420유로(520달러), 혹은 프랑스 최저임금의 3분의 1에 해당하는 금액이 지불되어야 한다는 행정 명령이 시행된 것이다.

독일에서도 인턴들이 주축이 된 일련의 실력 행사가 정부로 하여금 인턴들의 현실을 직시하게 만든 일이 있었다. 2008년, 2,600명의 젊은이들을 대상으로 한 조사 결과 대졸 인턴들 절반 이상이 전혀 보수를 받지 못하고 있으며 인턴 경력이 정규 채용으로 이어지는 사례가 극히 드물다는 사실이 드러났다. 이에 불안정 고용 실태에 항의하는 시위가 연일 일어나고, 6만 명이 연대 서명한 탄원서가 제출됐으며, 인턴들 편에 선 언론 매체들의 고발성 보도가 계속되었다. 마침내 올라프 숄츠Olaf Scholz 노동사회부 장관은 인턴들의 노동력 착취 행위를 근절시킬 수 있는 조치를 본격적으로 강구하게 되었다.[7]

한편 스탠퍼드 대학과 옥스퍼드 대학에서 인턴십에 관해 오랫동안 연구해온 나탈리 룬드스틴은 영국의 인턴십에 관해 다음과 같이 설명하고 있다. "현재 영국의 인턴십은 그 확산되는 속도나 관심도 면에서 미국의 인턴십을 고스란히 닮아가고 있다. 미국에 비해 5년쯤 뒤쳐져 있는 상태라고 말하면 정확할 것 같다. 하지만 인턴의 권리 보장 측면에서는 영국이 미국보다 훨씬 앞서 있는 것 같다. 영국에서는 최근까지도 인턴십이란 '기업체나 공공기관에서 제공하는 보수가 따르는 실무실습 기회'라는 의미로 받아들여지고 있었다. 그런 배경 속에서 무보수 인턴십 프로그램이 급속히 증가하고 심지어 미국식 인턴십 옥션마저도 빈번해지자 사회적으로 물의가 일기는 했지만, 유럽 대륙과는 달리 불안정 고용에 대한 저항 운동은 거의 일어나지 않았다. 상황이 비교적 평온하게 진행된 데에는 일단 사법부의 역할이 컸다. '런던 드림 모션 픽쳐'를 상대로 인턴이 제기한 소송에서 법원은 피고 측에게 체불 임금과 비용을 합산한 2,000파운드를 배상하라고 판결했다. 영국의 인턴들이 국가최저임금법의 보호 대상이라는 판례가 생긴 것이다. 인턴을 자원봉사자로 규정하고 보수를 지급하지 않는 관행은 더 이상 발붙일 곳이 없어졌다."

이상에서 확인한 것처럼 유럽과 영국에서는 상당 부분 불안정 고용에 대항하는 운동에 힘입어 인턴들의 권리가 나날이 신장되어가고 있다. 그와는 달리 인턴십 종주국인 미국에서는 인턴십이 포화 상태인데도 불구하고 어째서 비난의 목소리가 터져 나오지 않는 것일까? 밀라노의 불안정 고용 반대 운동의 리더들 가운데 한 사람인 알렉스 포티Alex Foti는 다음과 같은 얘기를 한 적이 있다. "우리가 지금 행동하지 않으면 조만간 불안정 고용 실태는 전 유럽에 뿌리내릴 것이다. 그렇게 되면 우리는 새로운 유럽이 아니라 또 다른 아시아, 또 다른 '미국'의 시민이 되는 것이다."

자칫 모호하게 들릴 수도 있는 그의 발언의 배경을 해석하자면 이렇다. 2차 세계대전 이후 최근에 이르기까지 서유럽 국가들의 국민들은 세계 다른 지역 국민들의 부러움을 살 만큼 튼실한 사회보장제도의 혜택 속에서 안정적인 사회생활을 누려왔다. 따라서 그들에게 '안정'이란 삶의 본질적인 요소이다. 즉 그들은 '안정'을 위협하는 어떤 자극에도 예민하게 반응한다는 얘기다. 유럽에서 일고 있는 불안정 고용 반대 운동을 면밀히 관찰해온 미국 학자 스티븐 슈카이티스Stevphen Shukaitis는 그에 관해 이런 글을 남기고 있다. "불안정 고용이 서유럽에서 큰 문제로 부각되는 현상은 그 지역의 국가들이 미국과는 전혀 달리 오랫동안 복지 국가와 사회민주주의 국가로 국민들에게 봉사해왔다는 사실과 깊은 연관이 있다."

실제로도 서유럽에서 인턴들에 대한 노동력 착취 실태를 널리 알려서 국민들을 경각시키고, 정치가들에게 적절한 조치를 취하도록 만든 시작은 결국 정부 보고서였다. 그와는 정반대로 미국 정부는 인턴십이 포화 상태에 이르고 불법과 편법이 활개를 치고 있는 상황에서도 적절한 조치를 취하기는커녕 변변한 통계 자료 하나 마련하지 않고 있다. 사회적 분위기도 심드렁하기는 마찬가지다. 위험 수위를 넘어선 청년실업 사태와 '청소년기'가 연장되는 현실, 그리고 불안정한 고용 제도의 확산 등을 지적하며 대책 마련을 요구하는 목소리가 반향을 일으키기는커녕 쫀쫀한 집단이기주의의 발로라고 매도당하는 실정이다. 사법적, 행정적, 사회적 제재가 현실적으로 전무하다시피 한 상황에서 많은 고용주들은 화이트칼라 세계에 끼어들게 해준 대신 인턴들에게 무보수로 일할 것을 당당하게 강요하고 있다. 노동력 과잉 공급으로 인해 노동에 대한 정당한 대가가 주어지지 않는 노동 시장에서는 노동자들이 서로 가격을 낮추는 경쟁이 벌어지게 된다. 적절한 중재가 없다면 그 경쟁의 끝은 결국 무보수일 수밖에 없다. 온갖 허드렛일을 도맡아하면서도 임금 한 푼 못 받고, 애써 모아온 은행 잔고를 바닥내며 고대해온 취업도 대부분의 경우 물거품이 되고 마는 미국 인턴들의 비극은 그렇게 예정되어 있는 것이다.

미국 노동계의 행동주의자들과 개혁주의자들이 그런 비극을 막기 위해 유럽의 동지들로부터 배울 수 있는 방법은 비정규 노동자들의 연합전선을 형성하는 것만이 아니다. 유럽의 불안정 고용 반대 운동주의자에게는 '유연안정성'이라는 비장의 전략이 있다. 유연성flexibility과 안정성security의 합성어인 '유연안정성'flexicurity은 고용주들에게는 해고할 권리를 인정하고, 해고된 노동자들에게는 정부 지원과 재취업 기회의 확산을 통해 직업 안정성을 도모하는 전략이다. 유럽의 행동주의자들이 유연안정성을 노동 문제 해결의 열쇠로 활용한다는 것은 그들의 투쟁의 목적이 포드주의적 직업 안정 구조로의 회귀가 아니라는 사실을 보여주고 있다. 그들은 가변적인 노동 계약이 노동자들에게 언제나 불리한 것은 아니며, 특히 자신의 실제 역량을 확인하고 미래의 가능성을 여러모로 타진하기 위해서는 불안정 고용 상태가 오히려 이로울 수 있다는 사실을 잘 알고 있다. 따라서 그들은 고용주들보다 정부의 적극적인 개입을 원하고 있다. 즉 비정규직 노동자들의 급여와 사회복지 혜택을 늘리고, 다음 일자리를 찾는 수입 공백기에 생계를 유지할 수 있는 제도적 장치를 마련해달라고 요구하는 것이다. 그에 관해 앤드루 로스는 다음과 같이 주장한다.

"유럽의 불안정 고용 반대 운동의 중점은 '직업 안정'에 있는 것이 아니라 '고용 안정'에 있는 것이다. '유연안정성'은 그 취지를 가장 효과적이고 합리적으로 구현할 수 있는 접근 방법이다. 고용 계약상의 신분에 관계없이 모든 노동자에게 기본적인 권리를 보장해줄 수 있기 때문이다."

물론 유연안정성이 오직 '성 프레카리오'의 독창적 산물인 것은 아니다. 덴마크와 네덜란드를 비롯해서 북유럽의 여러 국가들에서는 이미 1990년대 초반부터 유연안정성과 유사한 노동 정책을 시행해 오고 있다. 논란의 여지는 있지만 오바마 대통령의 의료보험 법안도 의료보험에 가입한 부모의 자녀들이 26세까지 자동적으로 같은 수준의 혜택을 받을 수 있다는 점에서 유연안정성과 동일한 철학을 내포하고 있다고 볼 수 있다.

일각에서는 고용주와 노동자들 모두에게 호혜 조건을 부여하는 접근 방법은 그 자체로 한계를 지닌다는 지적도 일고 있지만, 유연안정성 시스템이 현재 험하고도 험한 노동 시장에서 대부분의 노동자들을 보호해줄 수 있는 한 가지 효과적인 방법이라는 사실에는 의문의 여지가 없다. 물론 유연안정성 시스템에 의거하여 고용주들은 법적인 제재 없이 노동자들을 해고할 수 있다. 또한 그 시스템으로도 이를테면 일용직 건설 노동자들처럼 육체적 노동 시장에서도 최하부 직종에 종사하는 노동자들의 위험한 노동 환경이나 임금 착취 문제까지 감당하기는 어렵다. 그러나 유연안전성 시스템을 활용하고 있는 국가들이 무보수 인턴십을 사법적, 행정적, 사회적으로 용인하고 있지 않는다는 사실은 시사하는 바가 크다.

지금까지의 인턴십 역사는 온갖 시행착오로 점철돼 있다. 급속히 진행되고 있는 인턴십 세계화 시대의 역사도 크게 다르진 않을 것이다. 인턴십과 관련된 법률이나 사회적 조건은 각 지역마다 다르다. 인턴십에 대한 교과서는 꿈속의 얘기일 뿐이고 당장에 참고할 만한 통계 자료를 비롯한 제반 정보마저 턱 없이 부족한 상황이다. 다만 한 가지 사실만은 분명하다. 젊은이들이 실질적인 경험을 쌓을 수 있는 실습 현장이자 그들을 직업 세계로 안내해주는 교량인 인턴십을 제공하는 것은 고용주들이지만, 그에 대한 대가로 인턴들의 노동력을 착취하는 그들의 횡포를 용인해서는 안 된다는 것이다.

세계로 무대를 넓혀가면서 더욱더 치열한 양상을 보이고 있는 인턴십 경쟁과 끝을 알 수 없는 경제 불황을 고려하며 인턴들의 희생을 묵인하는 사람들이 있는가 하면, 할 수 있는 모든 방법을 동원해서 인턴들을 위해 싸우는 사람들도 있다. 성 프레카리오가 미소를 보내고 있다. 이제 런던에서 생계를 걱정하며 무보수로 일하는 패션 디자이너는 없어질 것이다. 비인간적인 노동 계약에 부대끼다 스스로 목숨을 끊는 기능공의 이야기는 중국 신문에서 사라질 것이다. 세상의 젊은이들 어느 누구도 기약 없이 인턴 과정을 전전하는 일은 다시는 없게 될 것이다. 그의 미소는 그런 메시지를 전하고 있다. 아직 인턴십을 올바른 길로 되돌려놓을 시간은 남아 있는 것이다!

# 11

## 만약 당신이 인턴이라면

"인턴들이 모두 권총을 가졌나?"

"아니, 그 친구들은 총 한 자루로 나눠 쓰는데?"

**영화 〈스티브 지소와의 해저 생활〉 중에서**

책상 위엔 분류되지 않은 우편물이 켜켜이 쌓여간다. 한참 동안 접속하지 않은 웹사이트엔 이메일이 홍수를 이룬다. 커피를 타다 줄 사람도, 복사 심부름을 해주는 사람도 없다. 휴가로 자리를 비운 정규직들의 공백을 메워줄 사람도 없고 약간은 엉뚱하고 부족하지만 창의적인 아이디어로 신선한 분위기를 제공해줄 사람도 없다. 디즈니 월드의 환상적인 꿈은 악몽으로 바뀌고, 폭스콘의 아이팟 조립 라인은 정지하고 만다. 미국 의회에서는 일선 공무원들이 잡다한 행정 사무를 처리하느라 본 업무를 제대로 돌보질 못해 결국 나라 일이 엉망이 된다. 비영리 업체들은 심각한 고민에 빠져든다. 활동 범위를 대폭 줄이든지, 아니면 없는 예산을 짜내어 인력을 보충해야 한다. 기업체들은 임시직을 대거 채용하고도 일손이 모자라 정규직들에게 야근을 강요한다. 폐업하는 업체들이 속출하고 남아 있는 것들도 제자리걸음을 하며 명맥만 유지할 뿐이다.

이상은 인턴들이 파업에 들어간 뒤의 시나리오이다. 인턴들이 얼마나 중요한 역할을 수행하고 있는지 새삼 확인할 수 있을 것이다. 그럼에도 불구하고 오늘날 인턴들은 형편없는 대우를 받고 있다. 하지만 인턴십의 현실이 암울한 것은 단순히 그 이유 때문만이 아니다.

요즘 학생들은 인턴십 프로그램의 실질적인 측면을 따지지 않는다. 갈수록 치열해지는 경쟁 속에서 일단 자리부터 찾아야 하기 때문이다. 결국 젊은이들의 사회 경험은 시작부터 삐걱거리게 된다. 인턴십의 유통기한은 짧다. 그리고 그 속성은 대단히 부정적이다. 즉 인턴십 과정을 거치지 않으면 불안해지고 실제로도 불이익을 받게 되는 경우가 많다는 얘기다. 더구나 인턴십을 통해 젊은이들은 해야 할 일이 아니라 하지 말아야 할 일을 배우게 되는 경향이 있다. 고용주들은 인턴십과 연관된 젊은이들의 강박관념을 철저히 파악하고 불순한 목적을 위해 이용하려고 혈안이다. 인턴 채용 통로 또한 불공정하다. 명문 프로그램일수록 돈과 인맥이 더욱 깊숙이 개입하고 있다.[1]

현재 미국의 젊은이들은 인턴십에 관한 한 전문가적인 경지에 도달해 있다. 다른 모든 자기계발 통로를 스스로 폐쇄해버리고 여름방학도 반납한 채 인턴십에만 매달리고 있다. 신경제주의 이론으로 무장한 젊은이들이 노동 시장으로 대거 밀려들어오고 있는 것이다. 그들이 내미는 자기소개서는 눈부시게 화려하다. 아주 어렸을 때부터 깨어 있는 모든 시간을 '자기계발'에 투자해온 세대이기 때문이다. 태권도 학원, 피아노 학원, 스페인어 학원 등등 때로는 주위의 강요로, 또 때로는 스스로 원해서 그들이 받아온 특수 교육 목록은 끝없이 이어진다. 부모와 교사들이 이끄는 대로 명문 사립학교와 특별, 특수 프로그램들을 순례하듯 섭렵하고, 유명 과외선생들의 지도 아래 AP 테스트와 SAT를 우수한 성적으로 통과한 뒤 외국 연수나 유학을 통해 국제 감각까지 갖춘 그들이, 이제 마치 통과의례처럼 인턴이라는 과정으로 몰려들고 있는 것이다. 그들은 새로운 직업 세계에 대한 호기심이라기보다는 세속적인 성공을 위해 인턴십 프로그램에 지원하며, 인간관계에서는 우정보다는 연줄을 중요시하고, 미지의 가능성을 찾아 광야를 헤매기보다는 한시 바삐 안락한 사무실 의자에 몸을 파묻고 싶어한다. 인턴십은 그들을 질리게 만들고 인턴십에 매달리는 동안 그들도 남을 질리게 만드는 존재로 변해간다.

지난 한 세기 동안 전인격적인 미래 시민을 양성하려는 노력은 끊임없이 이어져왔다. 미성년자의 노동력 착취를 금지하는 제반 법령들, 여름 캠프와 여름방학, 고등학교와 대학에서의 의무적인 교양교육 등이 모두 그런 노력에 속한다. 이제 갈수록 치열해져가는 취업 경쟁 속에서 우리는 얼마나 많은 것을 포기해야 하는가? 오늘날 우리의 젊은이들은 치열하다 못해 처절한 경쟁 속에서 피로를 하소연하며 주변의 관리 감독을 벗어나 쉴 짬을 찾아 두리번거린다. 몇 달, 혹은 몇 년씩이나 자신들만의 시간을 포기했던 그들이 이제 자신이 원하는 일을 하며 진정한 자아를 찾아가는 시간을 원하고 있는 것이다.

물론 창의적이고 자율적인 자기계발 과정에 적합한 인턴십 프로그램들도 있을 수는 있다. 하지만 대부분의 인턴십이 그와는 거리가 먼 것이 오늘날의 현실이다. 교육 수단으로서의 인턴십은 학교 교육에 견줄 수 없다. 연수 수단으로서의 인턴십은 수습 제도에 비해 수준이 낮다. 근로 형태로서의 인턴십은 기대를 충족시키기는커녕 종종 불법의 경계까지 넘나들며 우리를 실망시킨다. 이제 인턴십은 취업 경쟁에서 유리한 고지를 차지하기 위해 반드시 거쳐야 하는 과정으로 인식되고 있다. 인턴 과정을 여덟 차례나 수료한 테일러는 코미디 작가가 되고 싶다는 자신의 꿈을 밝히며 이렇게 탄식한다. “다른 사람들의 동정을 살피며 시간을 허비하기보다는 나 혼자만의 시간을 갖고 독창적인 소재에 전념했어야 했다.” 인턴 생활을 세 차례 겪었던 앤디 역시 똑같은 후회를 하고 있다. “진정한 해답은 익숙한 환경 속에서 찾아야 하는 건지도 모른다. 그 시간 동안 마음의 여유를 갖고 인생의 멘토를 찾았다면 얼마나 좋았을까! 아니면 한 가지 일에 파묻혀 지냈던지, 어디 여행이라도 다녀왔다면! 속절없이 세월만 보내고 말았다.”

테일러나 앤디처럼 후회하고 싶지 않다면 인턴십 경쟁 대열에서 빠져나와야 한다. 인턴 경력 없이도 얼마든지 취직이 가능하다. 그러니 실속 없는 허드렛일을 거부하고 잃어버린 시간을 되찾아야 한다. 그동안 ‘인턴십’이라는 주문에 홀려 판단력을 잃었던 부모들은 이제라도 마음을 단단히 먹고 인턴십과 연관된 일에는 정신적이든 물질적이든 어떤 지원도 하지 말아야 한다. 수십 년 동안 기성세대들은 자식 세대들이 학교를 벗어나 화이트칼라의 세계로 옮겨가는 인턴십 과정을 무조건 지원해왔다. 물론 강의실과 사무실이 곧바로 연결되는 일은 무척 드물다. 하지만 오직 무보수 인턴십만이 그 연결 과정인 것은 아니다. 정당한 보수를 받는 노동, 외국어 연마, 사회봉사 활동, 학문적 연구, 수습 프로그램 참여, 현장 견학 및 실습, 심지어 일상적인 학습과 짜임새 있는 생활도 더욱 확실한 미래로 이끌어주는 징검다리가 될 수 있는 것이다.

중요한 것은 인턴 세계에 대한 미련을 떨쳐버리는 일이다. 외국어 강좌를 수강하거나 솜씨 좋은 친구에게 자동차 정비 기술을 배우는 것도 좋은 방법이다. 어떤 기술이든 반드시 앞으로의 삶에 도움이 되는 법이니 말이다. 인턴십 경쟁 대열을 이탈한다고 해서 큰 불이익을 당하는 것도 아니다. 변변치 못한 일자리만이 남게 되는 것도 아니며, 남보다 오랜 실업자 생활을 거쳐야 하는 것은 더더욱 아니다. 인턴십 경력이 거의 필수가 된 분야에서일지라도 고용주는 인재를 알아보게 되어 있다. 즉 인턴 과정을 거치지 않았다고 해도 다양한 활동을 통해 창의력과 진취성을 가다듬어 왔다면 반드시 기회는 오게 되어 있다. 다시 한 번 강조하거니와 인턴십만이 안정된 미래로 통하는 관문이 아니라는 사실을 기억해야 한다.

사회생활의 첫걸음을 내딛을 때는 앞으로의 여정에 얼마나 많은 간이역을 거쳐야 할지, 혹은 어떤 시련들이 기다리고 있을지 아무도 모른다. 분명한 것은 어떤 인생길도 곧게 뻗어 있지는 않다는 사실이다. 따라서 모든 변수를 주의 깊게 살펴야 한다. 하지만 한 가지 왜곡된 관행에는 곁눈길 한 번 주지 말아야 한다. 취업을 위해서는 보수 없는 노동도 감수해야 한다는 전혀 터무니없는 관행 말이다.

## 인턴은 노동자다

이 책을 쓴 이유는 인턴십에 관한 여러 가지 의문들을 정리하기 위해서였다. 인턴십은 새로운 노동 유형인가? 화이트칼라 세계에 입문하기 위해 반드시 거쳐야 할 관문인가? 사회적 불평등을 조장하는 인턴십이 과연 조만간 노동 시장의 대세를 이룰 것인가? 이런 의문들을 해결하기 위해 디즈니 월드에서 실리콘밸리까지, 아이비리그의 교정에서 중국 본토의 산업 현장까지, 그리고 중세의 도제 제도에서 뉴딜을 거쳐 신경제주의에 이르기까지 시공간을 넘나들며 연구와 조사에 나름대로 최선을 다했다.

경험 교육, 자원봉사, 연수, 수습, 현장 실습 등 인턴십 제도를 가리키는 용어들은 많고도 많지만 결국 대부분의 인턴들은 노동자의 범주에 속한다. 다시 말해 어떤 호칭과 개념을 내세우든 인턴들에게서 노동자의 권리를 앗아갈 수 없다는 얘기다.

미국 의료계의 전유물이었던 인턴십 제도는 20세기 중반, 포드주의가 절정에 달하던 시기에 산업계 전반으로 확산되었다. 숙련된 인력의 대량 공급을 통해 경제성장을 촉진시키려는 산업계의 필요에 적절히 부합하는 제도였기 때문이다. 이후 인턴십은 지속적인 성장을 거듭하여 오늘날 화이트칼라 세계로 통하는 관문으로 간주되기에 이르렀다. 하지만 그 눈부신 성장은 단지 양적인 팽창이었을 뿐 질적으로는 오히려 퇴보해왔다고 볼 수 있다. 인턴십을 통하지 않고는 바람직한 일자리를 구하기 힘들다는 그릇된 믿음 때문에 인턴 시장에 공급 포화 상태가 지속되고 있는 것이 가장 큰 원인이다. 결국 인턴은 어느 때, 어느 조건으로든 활용할 수 있는 값싼 인력이라는 편견이 특히 고용주들 사이에서 확산되었다. 고용주들에게 인턴십 프로그램은 한마디로 남는 장사다. 숙련된 인력을 무보수 혹은 헐값에 조달할 수 있고 신규 채용 절차에 소요되는 비용을 절감할 수 있기 때문이다.

결국 젊은이들과 고용주들 모두가 각자의 계산에 의해 인턴십을 추구하게 되자 인턴십 붐이 일어나게 되었고 포화 상태가 지속되면서 불법과 편법이 기승을 부리기에 이르렀다. 하지만 정부 당국은 수십 년 전의 공정근로기준법 적용 면제 6개 조항만을 내세우며 관리 감독에 적극적으로 나서지 않고 있다. 노동조합 또한 미온적인 태도를 견지하고 있다. 인턴들과 같은 임시직 노동자들을 조직화시킬 역량도 없고 열정도 없으며 특히 화이트칼라 세계에 교두보가 취약하기 때문이다.

이렇듯 혼란스럽기 그지없는 상황에서도 인턴십은 양적인 팽창을 거듭하고 있다. 오늘날 미국에서는 인턴으로 일하는 고등학생들이나 대학 저학년생들을 어렵지 않게 만나볼 수 있다. 인턴 세계에 입문하는 젊은이의 연령대가 갈수록 낮아지는 것은 청춘 특유의 호기심 때문일 수도 있고 일찌감치 스펙을 쌓아두려는 새로운 추세 때문일 수도 있다. 하지만 그 이유에 관계없이 어린 노동자들이 착취와 부당 대우에 시달리지 않도록 특히 교육 당국의 철저한 관리 감독이 다시 한 번 절실한 시점이다.

내가 만났던 인턴들 가운데 상당수가 자신들의 근로 환경에 대해 불만을 품고 있었다. 하지만 그들은 그 불만을 공개적으로 토로하기를 극도로 꺼렸다. 보복이 두려워서일 수도 있고 구체적인 증거를 내세우기가 어려워서일 수도 있다. 하지만 그 이유가 중요한 것이 아니다. 뒤에 숨어서 불평이나 토로를 하는 대신 모두가 힘을 합쳐서 인턴십 제도를 개선하면 되는 것이다. 한사코 최저임금을 지급하지 않으려는 고용주들의 반발에 부딪힐 수도 있고 인턴십 프로그램을 아예 폐지하겠다는 협박에 직면할 수도 있다. 하지만 그 모두 알

맹이와 쭉정이를 구분하는 과정이라고 생각하면 된다. 고용주가 고작 그 정도 비중을 두고 있는 프로그램이라면 언제 폐지돼도 폐지될 것이니 미련을 둘 필요가 없다는 얘기다. '돈이 없다는' 핑계 또한 고려할 가치가 없다. 인턴들의 보수 때문에 망한 회사는 역사상 없었다. 열심히 일한 젊은이들에게 고작해야 최저임금에 해당하는 보수를 지급하는 것조차 부담을 느낄 정도라면 어떻게 사업을 운영할 수 있겠는가. 인턴십 프로그램에 가치를 부여하는 고용주라면 인턴들의 보수를 예산에 편성하는 성의 정도는 보여야 하지 않겠는가.

우리에게는 또한 불법적인 인턴십 개선을 요구하는 우리의 목소리에 힘을 실어줄 두 건의 소중한 자료가 있다. 첫 번째 자료는 앞에서 확인한 바와 같이 인턴 최저임금제의 실현이 인턴십 시장을 결코 위축시키지 않는다는 사실을 역사적 사례를 들어 입증하고 있다. 두 번째 자료는 인턴들에 대한 불법적 차별 철폐 조치가 인턴십 제도를 퇴화시키기는커녕 오히려 전체 업계에 긍정적인 영향을 불러일으킨 건축업계의 생생한 경험담을 담고 있다. 그에 관해서는 잠시 후에 자세히 살펴볼 것이다.

이 책에서 지적하고 있는 인턴십에 관한 문제점들을 한 방에 해결할 수 있는 비법은 없다. '인턴'이라는 단어가 노동 시장이나 취업 시장에서 관계자들의 이해관계에 따라 다양한 의미로 해석되기에 문제 해결을 위한 접근 방법 또한 개별적일 수밖에 없는 것이다. 인턴십 세계에도 수요와 공급의 역학이 작용하고 각 부문마다 서로 다른 관행들이 계속해서 뿌리내려 갈 것이다. 다만 한 가지 원칙만은 반드시 지켜야 한다. 화이트칼라 세계에 발을 들여놓기 위해 공짜로 자신의 노동력을 제공하는 일은 없어야 한다는 것이다. 그것은 노동의 신성함을 모욕하는 행위이며 정규직 노동자의 입지를 위협함으로써 노동 시장의 질서를 어지럽히는 불법적 행위인 동시에, 돈과 연줄이 없는 수많은 젊은이들로부터 공정한 경쟁의 기회마저 박탈하는 비윤리적 행위이다. 그 원칙을 여실히 구현하기 위해서는 인턴들과 그들의 가족들은 물론 고용주, 산업계, 학교 당국, 그리고 정부를 비롯한 모든 이해관계자들이 각자의 역할을 성심껏 수행해야 한다. 그 모든 노력들이 어우러질 때야 비로소 인턴십을 에워싼 지금까지의 모든 불법적이고 비윤리적인 관행은 종지부를 찍게 되고, 합리적이고 전문적이며 인간적인 측면까지 가미된 새로운 인턴십 시대가 열릴 것이다.

우선 고용주들이 수행해야 할 역할은 다음과 같이 정리할 수 있다. 인턴 채용 과정을 공개하고 인턴십 프로그램에 실질적인 연수와 멘토링 측면을 보강하며, 인턴들의 능력과 수준에 맞는 임무를 부과하고 최소한 수개월의 근무 기간을 보장하며 인턴들과 정규직들이 화합할 수 있는 기업 문화를 조성하는 것이다. 업무에 관해서는 인턴들의 수준과 능력에 맞추면 될 뿐 특별히 신경을 쓸 필요는 없다. 처음부터 법안을 기초하고 업계의 트렌드를 선도할 패션을 디자인하려고 덤비는 인턴은 없으니 안심해도 좋다. 물론 커피 심부름이나 우편물 배달 같은 잔심부름도 충분히 시킬 수 있다. 하지만 별도로 채용한 직원들의 입지를 위협하는 수준을 넘어서서는 안 된다. 인턴십 프로그램 때문에 사환이나 경비원, 혹은 배달부 등 임시직 노동자들이 일자리를 잃게 되는 일이 생겨서는 안 되는 것이다. 인턴들은 실무 경험을 통해 업무에 관한 원리 원칙들을 익히는 한편 적절한 멘토링을 통해 자신의 가치를 높일 수 있어야 한다. 한편 인턴들의 수준에 맞는 별도의 프로젝트를 부과하면 인턴들의 생산성을 최대한 활용할 수 있다. 인턴들을 미래의 매니저로 키우기 위해서는 순환근무제를 도입하는 것도 좋은 방법이다. 어느 경우에든 업무의 양이나 질만큼이나 업무 환경도 배려해야 한다. 회사와 업무에 애정을 갖게 된 인턴은 필요한 순간에 큰 도움이 될 수 있다. 기발한 신제품 아이디어를 제시하거나 효과적인 마케팅 전략을 개발해서 위기에 빠진 회사를 구할 수도 있고 갓 출범한 기업을 정상 궤도에 올려놓을 수도 있는 것이다.

인턴들에게 무슨 일을 시키든 가장 중요한 문제는 역시 보수다. 보수는 정직한 노동에 대한 응당한 예우인 동시에 인간답게 생활할 수 있는 여건을 제공하는 배려이다. 적절한 보수가 따르는 인턴십 프로그램에는 우수한 인재들이 몰리고 자연히 생산성은 물론 사기도 향상된다. 프로그램과 회사의 지명도가 높아지는 것은 보너스다.

굳이 이런 장점들을 거론하지 않더라도 인턴들의 노동에 대한 보수는 반드시 지급되어야 한다. 사람들은 늘 보수의 중요성을 강조하는 내게 이렇게 묻곤 한다. '모든 인턴에게 반드시 임금을 지급해야 하는가? 부유한 배경을 지닌 인턴들에게까지 굳이 보수를 지급할 필요는 없지 않은가?' 얼핏 듣자면 합리적인 지적인 것 같지만 실상은 본말이 전도된 발상이다. 인턴들의 임금은 그들의 노동에 대한 응분의 대가 이상도 이하도 아니다. 배경을 고려한 보수 체계는 그 자체로 차별 행위에 해당하며 인간적이라는 미명 아래 사사로운 감정이 개입될 소지를 남기게 된다.

우리가 앞에서 여러 차례 확인한 바대로 인턴십을 통해 고용주들은 상당한 비용을 절감할 수 있다. 하지만 오늘날의 불합리한 인턴십 제도가 지니고 있는 부정적인 측면들은 그 장점마저 불식시켜버린다. 일례로 무능력하고 비인격적인 철부지가 오로지 돈과 연줄을 통해 인턴이 된 경우 자산의 일종인 회사의 이미지에 먹칠을 하거나 엄청난 비용이 소요되는 법률 소송을 야기해서 큰 손해를 입힐 수 있다.

따라서 인턴십을 통해 고용주와 인턴 모두가 이익을 누릴 수 있는 가장 좋은 방법은 '모범적 인턴십 프로그램'을 운영하는 것이다. 구체적으로 말하자면 인턴 채용 과정을 투명하게 공개하고 인턴들에게 적절한 보수를 지급하며 나아가 인턴십 프로그램을 통해 회사의 미래를 이끌어나갈 인재를 발굴하고 양성하는 것이다.

한편 인턴십이라는 단어의 지나친 혼용과 남용도 인턴십 운영을 파행으로 몰아가는 요인이 된다. 물론 그것은 그 단어가 근본적으로 지니고 있는 모호성 때문이기도 하다. 하지만 이 역시 세심하게 주의를 기울이면 상당 부분 바로잡을 수 있는 문제이다. 예를 들어 젊은이들이 보고 배울 수 있는 '인턴십 프로그램'을 운영하지만 이런 저런 사정으로 보수를 지급할 수 없는 선의의 고용주가 있다고 하자. 유감스럽게도 그런 경우 그의 '인턴십 프로그램'은 불법의 소지를 의심받게 된다. '인턴십'이라는 단어 대신 '현장 실습'이라는 적절한 단어를 사용했다면 아무도 그의 선의를 의심할 수 없었을 것이다. 상당수의 비영리 단체들의 경우도 마찬가지다. 젊은 세대들의 관심을 유발하려는 고육책이기는 하지만 '자원봉사'라는 적절한 단어를 놔두고 '인턴십'이라는 단어를 남용하는 바람에 법적인 논란을 자초하고 있으니 말이다.

## 미국 건축업계의 혁신 운동

이상에서 바람직한 인턴십 문화를 정착시키기 위해 고용주들이 해야 할 일들을 정리해보았다. 하지만 솔직히 고용주들의 입장에서 보자면 실행에 옮기기에 만만치만은 않은 사항들이다. 마음이 있어도 경쟁자들의 눈치를 살피고 있는 고용주들 또한 많은 것도 사실이다. 따라서 업계 전체에 동시다발적인 변화가 일어나는 것이 가장 바람직하다. 1990년대 중반, 미국 건축업계에 실제로 그런 변화가 일어났다. 인턴들의 노동력을 보수 없이 과도하게 착취하던 그동안의 관행을 바로잡자는 혁신 운동에 전체 건축업계가 참여한 것이다. 당시 미네소타 건축대학 학장이었던 토머스 피셔Thomas Fisher의 기록을 살펴보자. "건축업계에 노동력 착취 행위가 대대로 이어지고 있다. 임금과 업무 시간에 관한 법률을 제대로 알고 있는 사람도 없고 알고 있다고 해도 지키는 사람이 없다. 더구나 인턴들을 독립 컨설턴트로 간주하고 보수를 지급하지 않는 불법적 관행이 너무도 자연스럽게 용인되고 있다. 어떤 조사 자료에 따르자면 소규모 건축회사들 가운데 절반 이상이 인턴십에 관해 불법을 저지르고 있다."[2]

미국건축협회American Institute of Architects, AIA의 케빈 피츠제럴드Kevin

Fitzgerald는 그 상황에 관해 이렇게 말하고 있다. "일차적인 책임은 잘나가는 건축회사들에게 있었다. 당시 건축회사들은 대부분 주먹구구식으로 운영되었다. 특히 확보한 예산에 맞춰 직원들의 임금을 정확히 지급하는 회사는 거의 없었다. 결국 인턴들의 노동력이 착취당할 수밖에 없는 상황이 조성되었던 것이다." 다시 피셔의 주장을 들어보자. "공짜 노동력 제공을 강요하는 야비한 관행은 건축계에 깊이 뿌리내리고 있다. 그 근원은 1930년대의 프랭크 로이드 라이트Frank Lloyd Wright의 무보수 '탤리신 펠로우십'Taliesin Fellowship, 그리고 르코르뷔지에Le Corbusier와 브루스 고프Bruce Goff를 비롯한 전설적인 건축가들의 보수 체계라고 볼 수 있다. 1990년대의 일류 건축회사들에서도 정도의 차이만 있을 뿐 여전히 그와 같은 착취 행위가 자행되고 있다. 인턴들에게 전혀 보수를 지급하지 않는 행위, 인턴들을 독립 도급업자 혹은 컨설턴트로 규정하고 연장근무를 인정하지 않는 행위, 그 밖에 현장에서의 모든 차별 행위 등 전체 건축업계의 명예를 실추시키는 엄연한 불법이 자행되고 있는 것이다. 그러면서도 자성의 움직임이 일지 않고 있는 업계의 현실이 개탄스러울 뿐이다."

한편 미국 건축업계에는 한 가지 불문율이 있다. 소위 IDPIntern Development Program라고 불리는 다년간의 인턴십 과정을 거쳐야 업계에서 건축가로 인정받을 수 있는 것이다. 본격적으로 업계에 도입된 1976년 이래로 IDP는 건축 관련학과 졸업생들이 업계로 진출하기 위해서는 반드시 거쳐야 할 관문으로 자리매김해오고 있다. 그 프로그램에 따라 예비 건축가들은 3~5년 동안 현장에서 풀타임 근무를 하며 필요한 모든 기술을 익혀야 한다. 직원 규모 10명 미만의 소규모 건축회사들은 IDP 인턴들을 한두 명 고용하는 것이 일반적이지만 여러 개의 사무실을 운영할 정도로 규모가 있는 회사들은 30~40명의 인턴을 고용하는 것이 보통이다. 물론 건축업계에서도 일반 업계와 마찬가지로 방학 동안 스펙을 쌓으려는 젊은이들을 위한 여러 가지 인턴십 프로그램들이 활발히 운영되고 있다. 하지만 대부분의 현역 건축가들이 IDP 출신이었기에 건축업계의 인턴십 혁신 과정은 비교적 수월하게 진행될 수 있었다.

1990년대 초반 건축업계 인턴들은 AIAS American Institute of Architecture Student의 인도 아래 불법적 인턴십 관행 철폐를 위해 조직적 투쟁을 펼치기 시작했다. 당시 AIAS의 주무기는 하소연 전략이었고 그 전략은 적중했다. 앞에서 지적했듯이 건축계의 주요 인사들 또한 대부분 IDP 출신이었기에 젊은 건축가들의 애환과 고충을 깊숙이 이해하고 있었기 때문이다. 마침내 AIA를 비롯한 업계와 학계의 대표기관들이 AIAS의 개혁 운동에 동참하게 되었고 이후 건축업계의 인턴들은 다른 분야의 인턴들이 부러워할 만한 혜택을 누리게 되었다.

다음은 AIAS의 현 회장 제넨 체스테인 Je'Nen Chastain의 이야기이다. "고용주들은 모든 종업원들에게 합당한 보상을 지급해야 한다. 그것이 우리의 원칙이다. 여기서 합당하다는 것은 노동법에 위배되지 않는 범위를 말한다. 과거에는 건축학과 재학생이나 졸업생들이 충분한 경험을 쌓을 때까지 무보수나 보잘것없는 보상을 받고 일을 하는 것이 당연하게 여겨졌다. 하지만 그것은 회사에 대한 인턴들의 기여도를 고려하지 않은 불합리한 관행이었다. 우리의 목적은 건축업계에서 그런 관행을 몰아내는 것이다. 우리는 종업원들에게 적절한 보상을 지급하지 않는 개인이나 조직을 성토하며 그런 불법적 근무 조건을 거부하는 건축학도들을 지원한다. 건축학도든 인턴이든 아니면 건축사이든 AIAS의 활동에 참여하려면 보수가 따르지 않는 직장에는 절대로 몸담지 않겠다는 서약을 해야 한다."

AIAS의 부단한 노력과 기성 건축계의 지원 덕분에 건축업계에는 무보수로 노동력을 착취하려는 시도가 더 이상 발붙일 수 없는 분위기가 조성됐다. 건축계의 거물들 가운데 한 사람인 피터 아이젠만Peter Eisenman이 중요한 컨퍼런스에서 발언대에 서지 못했던 사건이 한 가지 좋은 예이다. 그의 건축회사에서 운영하는 인턴십이 적법하다는 증거 자료를 제출하지 않았기 때문이었다. 체스테인에 따르면 AIAS는 "무보수 인턴십의 해악과 그에 대처하는 방법을 회원들에게 홍보"하고 있다. 이제 공정한 보수를 지급하지 않고 노동력을 착취하는 건축가는 협회 회원 자격을 박탈당하거나 심지어 업계에서 추방될 수도 있다.

하지만 굳이 그런 극단적인 처방을 동원할 필요도 없다. AIA의 케빈 피츠제럴드는 이렇게 단언한다. "현재 건축업계의 분위기는 몰라볼 정도로 쇄신되었다." AIAS의 부회장 브렛 로스Brett Roeth는 다음과 같이 자부한다. "오늘날 건축업계에서는 무보수로 젊은 노동력을 착취하는 관행은 거의 자취를 감추었다. 인턴십에는 반드시 보수가 따라야 한다는 인식이 건축업계에 단단히 뿌리내린 것이다."

물론 최근 들어 지속되고 있는 불황을 틈타 건축업계에도 또다시 무보수 인턴십 프로그램들이 속속 출현하고 있다. 하지만 그런 프로그램들은 발견 즉시 AIAS에 보고되어 제재를 받게 된다. 로스에 따르면 “AIAS는 기성 업계의 든든한 지원을 받고 있는 건축학도들의 자치 단체이며 신세대 건축가들의 목소리를 대변하는 강력한 조직”이다.

“건축회사들은 건축학도들을 빨아먹고 산다.” 오래전부터 건축업계에 돌고 있는 얘기이다. 그 얘기는 다른 부문에 비해 길고도 고된 수습 생활을 해야 하는 건축학도들의 현실을 풍자한 것이다. 하지만 이제 그 얘기는 단순한 유머일 뿐이다. 오늘날 건축업계에서 생계를 걱정해야 하는 인턴들은 없다고 해도 과언이 아니다. 그들이 세상을 디자인하는 일에 전념할 수 있는 기반이 조성된 것이다.

## 대학과 정부가
## 반드시 해야 할 일

건축업계의 조직들처럼 교육기관들 역시 긍정적이고 중차대한 변화를 주도할 수 있는 역량을 얼마든지 지니고 있다. 그런데도 비전을 추구하려는 학생들의 순수한 노력이 갈취당하고 있는 현실을 그들이 방조하고 있는 이유는 무엇일까? 정당한 보수를 받고 일하기에도 시간이 부족한 학생들을 무보수 인턴십으로 내몰면서 욕심 많은 사기업들과 실속 없는 비영리 단체들을 지원하는 까닭이 무엇일까? 학점인정제 인턴십 프로그램을 통해 흘러들어오는 수입 때문인가? 아니면 연줄 때문인가? 그 어느 질문에도 분명한 대답을 얻을 수는 없지만 일단 교육기관들이 자신들의 인턴십 관리 능력을 자만하고 있는 것만은 분명하다. 물론 그들이 인턴십 프로그램들을 관리하고 있는 것은 사실이다. 하지만 그 관리가 너무도 허술하다는 것이 큰 문제다.

한편 학계와 교육계의 수많은 인사들이 인턴십 포화 현상을 지지하고 있는 것도 문제다. 그들은 각자 체계적인 논리를 내세우며 인턴십 프로그램과 연관된 실질적인 연수의 필요성과 노동에 따른 합당한 보수를 부정한다. 가정 환경이 넉넉지 않은 학생들, 혹은 학자금 융자로 인해 엄청나게 빚이 늘어가는 학생들의 현실은 그들의 학문적 연구에는 전혀 영향을 미치지 않는 모양이다.

사회학자 돌턴 콘리Dalton Conley를 일례로 들어보자. 그는 인턴십 프로그램들을 투명하게 운영하기 위한 노력은 불필요하며 인턴십으로 인해 사회적 불평등이 심화되어가는 현상 또한 걱정할 일이 아니라고 주장하는 인물이다. 인턴십 붐은 인턴들의 필요로 인해 나타난 현상이며 정실과 인맥 위주의 인사는 너무나 자연스러운 일이라는 것이다. 『아메리칸 프로스펙트』*American Prospect*와의 인터뷰에서 그는 "여름방학 동안 모든 학생들은 인턴십에 참여해서 이력서를 부풀려 나가야 한다"고 주장하기까지 했다.

하지만 현재 중요한 것은 학자들의 이론이 아니라 대학들의 책임의식이다. 대학들은 인턴십이 바람직한 방향으로 발전해나갈 수 있도록 맡은 바 사명을 다해야만 한다. 우선적으로 대학들은 학생들이 인턴으로 일하기 위해 별도의 재정적 부담을 떠안아야 하는 관행을 종식시켜야 한다. 물론 실질적으로 유용한 세미나 참가자들에게 수강료를 받는 것은 대학 측이 제공하는 행정 서비스에 수수료를 부과하는 것만큼이나 정당한 일이다. 하지만 학교를 떠나 다른 조직을 위해 무보수로 일하는 학생들에게 수천 달러에 달하는 수업료를 거둬들인다는 건 너무나 지나친 처사이다. 물론 강의를 듣지 않고도 인턴십을 통해 졸업에 필요한 학점을 취득하는 관행을 견제하기 위한 고육책이라는 변명도 있을 수 있다. 하지만 그것은 대학이 자초한 문제이며 고액의 수업료를 징수한다고 해서 해결될 수 있는 게 아니다. 인턴십을 통한 학점 취득을 아예 인정하지 않거나 학점 인정 기준을 훨씬 까다롭게 만드는 것이 훨씬 효과적일 수 있다. 상당수의 대학들이 그렇듯 더욱 쉬운 방법을 외면하고 저의를 의심받으면서까지 무보수로 일하는 학생들에게 재정적인 부담을 가중시키는 관행을 고수하고 있는 까닭을 알 수가 없다.

무보수 노동을 정당화시키기 위해 학점제를 도입하는 것은 독소적인 관행이다. 다행히 갈수록 많은 대학들과 취업센터 관계자들도 그 사실을 깨닫고 있다. 하지만 학점 인정이 인턴십 프로그램의 교육적 측면을 입증하는 하나의 기준이 될 수 있음을 시사한 노동부의 최근 성명은 자칫 큰 혼란으로 이어질 수도 있다. 우리가 앞에서 확인했듯이 오늘날 학점은 디즈니의 인턴들, UD의 등록생들, 혹은 J-1 비자에 운명을 맡긴 외국인 학생들에게 어떤 제재도 없이 판매되고 있다. 어떤 대학들은 이름과 주소만이 등록되어 있을 뿐 단 한 번도 얼굴을 본 적 없는 학생들에게 학점을 수여하고 그 대가로 그들이 보내온 수표를 챙긴다. 고용주들은 학점을 인정받을 것을 학생들에게 요구하고 학생들은 학교 당국을 졸라서 결국 고용주들이 사법적 제재를 모면할 수 있는 명분을 만들어주게 된다. 대학 관계자들은 계속해서 고용주들의 얄팍한 편법을 방조할 것인가? 탐욕스러운 어른들의 술수에 넘어간 학생들을 처벌하라는 얘기가 아니다. 학생들을 보호하기 위해 고용주들에게 맞서야 한다는 것이다.

고등교육의 보편화 추세를 타고 인턴들의 공급이 기하급수적으로 늘어가고 있다. 그에 따라 노동 시장에 대한 고등교육 기관들의 관리 능력은 위축되어간다. 더군다나 일자리를 고려하지 않은 채 새로운 학과를 경쟁적으로 개설하는 대학들의 미시적인 시각이 노동 시장을 악화시키고 있다. 대학들은 인턴십 프로그램이 활성화되면 취업 문제 또한 해결될 것이라고 철석같이 믿고 있다. 취업센터 상담자들은 학생들에게 인턴십을 적극 추천하고 교수들은 학점 인정을 비롯해서 필요한 지원을 제공하며 대학 웹사이트들은 인턴 구인 광고 게재를 여과 없이 허락하고 있다. 다시 한 번 강조하거니와 불법적 인턴십 프로그램을 방조 혹은 홍보하는 대학 측의 관행은 하루빨리 바뀌어야 한다. 사실상 전문 변호사를 고용할 만한 일도 아니다. 아주 기본적인 활동만으로도 상당한 효과를 거둘 수 있다. 교육적 측면을 결여한 무보수 인턴십 프로그램은 원천봉쇄를 하거나 특별한 표기를 통해 견제하면 되는 것이다. 인턴십 지침서나 취업 박람회, 그리고 그 밖에 다양한 인턴십 설명회의 내용은 단순히 인맥관리 기술이나 인턴 세계로의 성공적인 진출법을 설명하는 데 그쳐서는 안 된다. 정당한 보수를 비롯한 근로 현장에서의 제반 권리에 대한 상세한 설명이 반드시 포함되어야 하는 것이다.

대학 측에서는 종종 학문적 필요에 의해 학생들에게 인턴십을 요구하곤 한다. 화학과 학생들이 대학의 요구에 따라 상당한 실험 장비를 갖춘 화공회사에서 인턴으로 실무 경험을 쌓는 것이 좋은 일례이다. 하지만 학생들의 실무적인 경험이 그렇게도 절실하다면 대학 측은 그러한 경험을 쌓을 수 있는 여건을 조성하려고 우선적으로 노력해야 할 것이다. 물론 여러 가지 사정으로 그런 여건을 조성하기가 불가능할 수도 있다. 하지만 그런 경우라고 할지라도 무보수로 일하는 학생들에게 수업료 부담을 가중시킨다는 것은 너무도 불합리한 처사이다. 인턴십을 필수로 요구하는 대학들은 학생들에게 보수가 따르는 프로그램을 찾아주기 위해 노력을 아끼지 말아야 한다. 필요하다면 고용주들과 담판이라도 벌여야 한다. 무보수 프로그램을 선택할 수밖에 없는 경우에는 그 선별에 각별히 주의를 기울여야 하며 학생들이 그 프로그램을 통해 실질적인 도움을 얻을 수 있도록 관리에 만전을 기해야 한다.

너무도 오랫동안 정부는 인턴십 문제를 대학의 재량에 일임해왔다. 대법원이 규정한 공정근로기준법 적용 예외 6개 조항도 수습 제도(인턴십 제도)를 학교 교육의 일종으로 간주하는 시각에 기초하고 있다. 하지만 학교 교육에 버금갈 만큼 교육적인 측면에 충실한 인턴십 프로그램은 애초에 존재하지 않는다. 사법 당국은 인턴십 프로그램을 학교 교육의 연장으로 간주하는 시각부터 교정해야 한다.

대법원이 무보수 수습생을 회사에 '즉각적인 수익'을 안겨주는 노동자로 간주하지 않는 데에는 나름의 이유가 있다. '즉각적인 수익'이란 그 수익을 안겨주는 노동자에게 반드시 보상을 해야만 하는 가치이기 때문이다. 결국 사법부의 규정은 수습생과 인턴들에게서 노동자로서의 권리를 박탈한 것에 다름 아니다. 물론 고용주들은 인턴들의 노동을 통해 실질적인 수익을 거두기를 기대한다. 사법부의 해석과는 달리 그들에게 있어서 인턴들은 공짜 혹은 저렴한 가격에 활용할 수 있는 엄연한 노동자들인 것이다.

노동 당국은 한시바삐 관계법령에 기초한 관리 감독 업무를 강화해야 한다. 올바른 인턴십 관행이 정착되기 위해서는 사찰 담당자들이 최저임금을 지급하지 않거나 인턴들에 대한 차별 행위 등 현장에서 발생하는 고용주들의 모든 불법적 행위에 신속하고 적절하게 대처할 만반의 태세를 갖춰야 한다. 사실상 공정근로기준법 적용 예외조항 6개 항목을 모두 충족시키는 인턴십 프로그램을 운영하는 기업은 찾아보기 힘들다. 즉 인턴들에게 무보수는 물론 최저임금에 못 미치는 보수를 제공하는 고용주들은 불법을 저지르고 있는 것이다. 고용주에게 '즉각적인 수익'을 안겨주는 인턴들의 노동은 그에 상응하는 보상을 마땅히 받아야 하는 것이 원칙이다. 무보수 인턴십 프로그램을 고수해야 할 필요가 있는 비영리 단체들의 경우에는 노동법의 자원봉사 조항을 원용해야 한다. 또한 대부분의 인턴들이 정규직과 동일한 업무에 투입되고 있는 현실에 부합하도록 노동법은 '인턴'을 학생이 아닌 노동자로 해석해야 한다. 국회의원들은 '남의 인턴과 내 인턴'을 구분하는 이중적 잣대를 버리고 당장 국회의사당에서부터 불법적 인턴십 관행을 몰아내야 한다.

한편 연방이나 주 정부, 혹은 지방자치단체에서 정부기관 인턴십 프로그램을 지원하기 위해 소요되는 예산을 적절히 사용하면 아주 바람직한 결과를 얻을 수 있다. 경제정책연구소Economic Policy Institute, EPI의 2009년도 건의안 「보수가 따라야 하는 인턴십」의 내용에 따르면 16~24세의 대학생들 가운데 4인 가족 기준으로 연 가계 수입

6만 7,000달러에 미달하는 노동 계층 출신이 400만 명을 넘어서고 있다. 그들이 여름 몇 주 동안 몇 천 달러에 달하는 수업료 부담을 안고 무보수로 일한다는 건 쉬운 일이 아니다. EPI는 공공기관의 인턴들 가운데 그런 형편에 처해 있는 대학생들을 2만 2,000명 남짓으로 추산하고 그들에게 보조금을 지급할 것을 강력히 제안하고 있다.[3]

워싱턴이나 주 정부의 인턴십에 참여하는 저소득층 대학생들에게 여름 동안 3,500달러씩을 지원한다면 정치계나 공공 부문은 더 많은 인재들을 확보하게 될 것이다. EPI에 따르면 5억 달러의 예산만 있으면 공공 부문에 근무하는 10만 명의 인턴들을 지원할 수 있다고 한다. 현재 당국의 필요로 도입된 '연방 산학 프로그램'Federal Work-Study Program은 미국 전역에 걸쳐 3,400여 대학을 대상으로 인턴십 프로그램을 운영하고 있다. 그 기금을 일정한 기준을 갖춘 인턴십 프로그램에 적절히 분배하기만 해도 상당한 효과를 거둘 수 있을 것이다. EPI에 따르면 그 결과로 전체의 약 4.3퍼센트에 해당하는 학생들이 재정적인 부담 없이 공공 부문의 인턴십 프로그램에 참여할 수 있게 된다고 한다.

정부 당국의 적절한 지원 조치와 더불어 입법부의 노력도 절실하다. 연방과 주 의회에서는 한시바삐 노동자로서의 인턴의 권리를 보장하는 법령(인턴 권리장전)을 제정해야 한다. 피츠제럴드 법령이 수습 제도에 미친 영향력이 그 효과를 웅변적으로 입증하고 있다. 간단한 법 조항 하나와 그 시행을 관리하는 워싱턴의 작은 사무실이 미국의 수습 제도를 바람직한 방향으로 이끌어가고 있지 않은가.

## 인턴들의 나라

20세기 초반, 온갖 우여곡절 끝에 근대 산업 사회는 노동의 개념에 대한 합리적이고도 윤리적인 결론에 이르게 되었다. 세금, 복지, 낙태, 혹은 동성혼 등 온갖 사회 문제를 놓고 서로 간의 의견이 충돌하고 있는 현실 속에서도 아직까지 그 결론만은 흔들리지 않고 있다. 열 살짜리 아이가 있어야 할 곳은 광산이 아니라 학교이며, 모든 사람들이 주말과 방학, 혹은 휴가를 즐길 수 있어야 하고, 최저임금을 비롯해서 노동자들의 기본적인 권리를 보호하는 것이 공정한 사회의 의무이며, 노동자들은 자신들의 공통된 이익을 위해 이익집단을 구성하거나 참여할 권리를 보장받아야 한다는 것이 그 결론의 요지이다.

"사람이 하루에 8시간 동안 계속할 수 있는 것은 노동뿐이다. 우리는 8시간 동안 먹어댈 수 없고 8시간 동안 마셔댈 수도 없다. 섹스 또한 마찬가지다. 8시간 동안 계속할 수 있는 건 오로지 노동뿐인 것이다." 노동의 중요성을 재미나게 표현한 소설가 윌리엄 포크너William Faulkner의 명언이다. 하지만 비정규 노동이 포화 상태를 이루면서 노동 착취가 다시 횡행하는 오늘날의 현실 속에서 인턴십은 바람직한 노동의 개념으로부터 갈수록 멀어지고 있다. 이대로 간다면 인턴십 붐 현상은 연줄과 정실이 난무하는 불평등한 경쟁 구도 속에서 아무리 열심히 일해도 보상이 줄어들기만 하는 끔찍한 미래 사회로 이어지게 될 것이다.

과거에 인턴 생활을 경험했던 사람들, 현재 인턴으로 일하고 있는 사람들, 그리고 앞으로 인턴으로 일할 사람들은 이제 나의 이야기에 귀를 기울이고 그 내용을 실행에 옮겨야 한다. 그 프로그램이 실질적이든 무의미하든, 그 기간이 한 달이든 일 년이든, 혹은 보수가 있든 없든 모름지기 인턴이라면 모쪼록 주의를 기울이기 바란다.

당신들은 대부분 노동자로서 스스로의 권리를 지킬 수 있다고 자신한다. 하지만 고용주에게 애걸을 하고 취업센터 상담원에게 불만을 늘어놓거나 부모에게 고자질하는 것이 자신을 지키는 행동인가? 당신들 가운데 노동쟁의 화해 절차나 단체교섭권, 혹은 퇴직수당에 대해 알고 있는 사람은 얼마나 될까? 알고 있다고 해도 그 권리를 실제로 행사해본 사람은 몇이나 될까? 고용주들의 불법 행위에 맞서서 당신들이 해왔던 일은 오직 한 가지뿐, 그만두는 것이다.

현재까지 당신들은 오로지 화이트칼라 세계에 속하고 싶다는 일념으로 많은 것을 참고 양보해왔다. 이제 맹목적으로 인턴십을 추구하는 관행은 종식되어야 한다. 당신들의 노동력이 지닌 가치를 결코 평가절하해서는 안 된다. 학생증을 지니고 있고 대학 기숙사에 살고 있다고 해도 노동을 하는 한 당신은 또한 노동자이다. 노동자로서의 정체성을 확인하고 그 권익을 보호해줄 수 있는 단체를 조직한 뒤, 비슷한 상황에 처해 있는 임시직 노동자들이나 프리랜서 조직들과 유대를 강화해야 한다. 그리고 인턴 생활을 마치고 다음 단계로 나아간 뒤에도 무보수와 허드렛일에 시달리는 후배들을 기억해야 한다. 당신들이 보고 듣고 겪었던 모든 불법적 행태들을 더 이상 참아 넘겨서는 안 된다. 옆집 사는 청년이건 1만 2,000킬로미터 떨어진 곳에 사는 젊은이이건 정직하게 흘린 땀에 대해 보수를 받아야 할 그들의 당연한 권리를 지켜주어야 한다.

오랫동안 인턴 세계의 모순을 파헤쳐온 블로그 '불공정한 인턴십' Unfair Internships에 다음과 같은 의미심장한 글이 올라 있다. "당신은 과연 처음으로 떨치고 일어나 이 모순을 세상에 외칠 수 있는가?"[4] 신원 미상의 글쓴이는 그럴 수 없는 이유를 다음과 같이 제시하고 있다. "인턴들이 당면한 문제는 집단행동의 딜레마이다. 인턴십은 잠시 거쳐 가는 과정이기 때문이다. 젊은이들은 길어야 1, 2년 정도 그 세계에 머물다가 인생의 다음 단계로 넘어간다. 인종이나 성 문제는 평생 동안 늘 가까이에 있기에 언젠가는 관심을 가지게 된다. 하지만 인턴십에 관한 문제들은 차원이 다르다. 대부분 지나가고 나면 그만인 것이다. 더구나 인턴십은 그 특성상 젊은이들에게 국한된다. 따라서 나이를 먹게 되면 더 이상 신경을 쓰지 않게 된다. 문제점들이 고착될 수밖에 없는 것이다."

인턴들의 권익을 보호하기 위한 법적 제도를 마련하는 것은 결코 어려운 일이 아니다. 사실상 손만 뻗으면 될 만큼 간단한 일일 수도 있다. 어떤 직업에 관해 경험을 쌓으려면 당연히 그 업무의 본질을 배워야 한다. 또한 그 직업에 종사하는 노동자로서의 권리와 혜택도 알아야 한다. 오늘날 인턴십의 세계화가 가속화되고 있는 현실 속에서도 대부분의 기업들은 물론 학교와 정부 당국들조차 인턴십 세계에서 자행되는 엄연한 불법 행위들을 수수방관하고 있다. 이제 인턴들이 뭉쳐야 할 때이다. 비슷한 처지에 있는 다른 노동자 집단들은 이미 오래전부터 프리랜서 노동조합 같은 조직을 결성해서 자신들의 권익을 보호해오고 있다.

물론 인턴십의 한시성과 다양성 때문에 하나의 조직을 구성하기가 상대적으로 어려운 것은 사실이다. 하지만 마음만 다져 먹으면 불가능할 것이 없다. 당신들은 미래 직업 세계의 주인공들이다. 이제 곧 심각한 문제들이 불거질 것이다. 정직한 노동에 대가가 따르지 않는 관행이 보편화되면 최상류층 집단을 제외하고는 모두가 피해를 입게 된다. 현재 인턴들은 누구나 거저 집어다 쓸 수 있는 공짜 노동력이다. 한마디로 밥이다. 인턴들의 정직한 노동이 제대로 보상받게 될 날은 언제 올 것인가?

## 들어가는 글

1 Willem Marx, "I Was a PR Intern in Iraq," *Harper's Magazine*, September 18, 2006, reprinted by Alternet at alternet.org/story/41479.

2 BNO News, "Dutch teenage girls take 'internship' as prostitutes," December 15, 2010, channel6newsonline.com.

3 Jeffrey Tucker, "War on Internships: Should Unpaid Internships Be Regulated?", *The Christian Science Monitor*, April 7, 2010.

4 The Census Bureau's "Current Population Survey" (CPS), October 2008.

5 Elizabeth Pope, "Testing the Waters with Internships," *New York Times*, April 21, 2008 and Amy Farnsworth, "Rise of the 40-Something Intern," *The Christian Science Monitor*, June 26, 2009. Steven Greenhouse, "Growth of Unpaid Internships May Be Illegal," *New York Times*, April 2, 2010 and "Fact Sheet #71: Internship Programs Under the Fair Labor Standards Act" issued by the U.S. Department of Labor's Wage and Hour Division in April 2010 and accessible at dol.gov/whd/regs/compliance/whdfs71.htm.

## 01 디즈니랜드, 인턴의 왕국

1 Wesley Jones, *Mousecatraz: The Walt Disney World College Program,* 2006, Lulu.com.

2 "Disney Internships Draw Students, Criticism," The Associated Press, July 5, 2005.

3 Erving Goffman, *Asylums: Essays on the Condition of the Social Situation of Mental Patients and Other Inmates*, Harmondsworth: Penguin, 1961.

4 Thomas Doherty, "The Wonderful World of Disney Studies," *The Chronicle of Higher Education*, July 21, 2006.

5 Joshua Wolf Shenk, "Hidden Kingdom: Disney's Political Blueprint," *The American Prospect,* March 21, 1995.

6 Bruce Nissen, Eric Schutz, and Yue Zhang, "Walt Disney World's Hidden Costs: The Impact of Disney's Wage Structure on the Greater Orlando Area," Research Institute on Social and Economic Policy, Center for Labor Research and Studies, Florida International

University, March 19, 2007.

7 Jane Kuenz, Susan Willis, Shelton Waldrep, Stanley Fish, eds., *Inside the Mouse: Work and Play at Disney World,* Durham: Duke University Press, 1995, pp. 110–63.

## 02 인턴이란 무엇인가?

1 The American figures are drawn from T*he Debate Over Unpaid College Internships,* published by Intern Bridge in 2010. The U.K. research, announced in mid-2010, was produced by the Chartered Institute of Personnel and Development and included a recommendation for paying interns at least a low training wage. The German figure, published in 2008, comes by a survey undertaken by the country's International Institute for Empirical Socioeconomics (INIFES).

2 Jim Frederick, "Internment Camp: The Intern Economy and the Culture Trust," *Baffler,* no. 9, 1997: 51–8. The numbers concerning game design and law enforcement internships come from "2010 Internship Salary Report," published by Intern Bridge.

3 Philip Gardner, Georgia Chao, and Jessica Hurst, "Ready for Prime Time? How Internships and Co-ops Affect Decisions on Full-time Job Offers", White Paper, Fall 2008, MonsterTRAK.com.

4 Rosemary Stevens, "Graduate Medical Education: A Continuing History," *Journal of Medical Education,* vol. 53, January 1978: 1–18.

5 For education, Rosemary Stevens, "Intern System Urged for Schools," *The Science News-Letter,* vol. 14, no. 403, Dec. 29, 1928, Reports of AAAS New York Meeting, 399–400. For accounting, S. G. Winter, "The Next Decade in Accounting," *The Accounting Review,* vol. 3, no. 3, September 1928, 311–22. For marketing, D. J. Duncan, "The Teaching of Advanced Marketing Courses in Specialized Programs," *The Journal of Marketing,* vol. 1, no. 4, April 1937: 379–82.

6 Otis Theodore Wingo, "Interneship [sic] Training in the Public Service," *Annals of the American Academy of Political and Social Science,* vol. 189, January 1937: 154–8; Otis Theodore Wingo, "Training for Public Administration," *The Journal of Higher Education,* vol. 8, no. 2, February 1937: 84–8; and Henry Reining, Jr., "Internship Training for Public Service", *Journal of Educational Sociology,* vol. 14, no. 5, January 1941: 286–91. Herbert Kaufman, "Music of the Squares: A Lifetime of Study of Public Administration," Public Administration Review, vol. 56, no. 2, March–April 1996: 127–38.

7 Anne E. Polivka and Thomas Nardone, "On the Definition of 'Contingent Work,'" *Monthly Labor Review,* vol. 112, 1989. Andrew Ross, *Nice Work If You Can Get It: Life and Labor in Precarious Times,* New York: NYU Press, 2009.

8 James N. Baron, Frank R. Dobbin, and P. Devereaux Jennings, "War and Peace: The Evolution of Modern Personnel Administration in U.S. Industry," *American Journal of Sociology,* vol. 92, issue 2, September 1986: 350–83. Pamela S. Tolbert and Lynne G. Zucker, "Institutional Sources of Change in the Formal Structure of Organizations: The Diffusion of Civil Service Reform, 1880–1935," *Administrative Science Quarterly* 28, 1983: 22–39.

## 03 수습 제도 vs 인턴십

1 The Registered Apprenticeship website (21stcenturyapprenticeship.workforce3one.org). Bob Lerman, Lauren Eyster, and Kate Chambers, *The Benefits and Challenges of Registered Apprenticeship: The Sponsors' Perspective,* The Urban Institute Center on Labor, Human Services, and Population, March 2009.

2 "Washington State Workforce Board 2008 Evaluation of Apprenticeship," available at 21stcenturyapprenticeship.workforce3one.org/view/2000911459872740346/info.

3 Ilana Krausman Ben-Amos, "Failure to Become Freemen: Urban Apprentices in Early Modern England," *Social History,* vol. 16, no. 2, May 1991: 155–72; Margaret Pelling, "Apprenticeship, Health, and Social Cohesion in Early Modern London," *History Workshop Journal Issue* 37, 1994; and Gillian Hamilton, "The Decline of Apprenticeship in North America: Evidence from Montreal," *The Journal of Economic History,* vol. 60, no. 3, September 2000.

4 Robert Darnton, *The Great Cat Massacre,* New York: Vintage Books, 1985.

5 Media Monkey, "Grazia Staffers in a Froth," *Guardian,* December 21, 2009.

6 Benjamin Franklin, *The Autobiography of Benjamin Franklin,* New York: Dover Publications, 1996.

7 Daniel Jacoby, "The Transformation of Industrial Apprenticeship in the United States," *The Journal of Economic History,* vol. 51, no. 4, December 1991: 887–910, and Bernard Elbaum, "Why Apprenticeship Persisted in Britain but Not in the United States," *The Journal of Economic History,* vol. 49, no. 2, June 1989: 337–49.

## 04 청춘은 어떻게 착취당하는가?

1 *The Point Reyes Light,* the newspaper in question, see Josh Chin's blog post "Point Reyes Light: Appalling Hubris of a Young Editor (OR Take this Internship and Shove It Right Up Your Ass)," chinfamous.com.

2 David C. Yamada, "The Employment Rights of Student Interns," 35 Conn. L. Rev. 215, 217, 2002 is the most comprehensive treatment of the legal issues bearing on internships.

3 Elena de Lisser, "Firm in Atlanta Settles Dispute over Interns," *Wall Street Journal,* March 1, 1995.

4 Avakian's comments were made on the Oregon Public Broadcasting show *Think Out Loud,* which ran a segment called "Internships 101" on April 26, 2010.

5 Jethro Mullen, "Interns in French Firms Stage Protest," *New York Times,* November 24, 2005.

6 The National Employment Law Project, *Just Pay: Improving Wage and Hour Enforcement at the United States Department of Labor,* New York: NELP, 2010.

7 Michael Walsh's blog is at californiawagelaw.com.

8 Cynthia Grant Bowman and MaryBeth Lipp, "Legal Limbo of the Student Intern: The Responsibility of Colleges and Universities to Protect Student Interns Against Sexual Harassment," *Harvard Women's Law Journal,* vol. 23, 2000. The economics professors at Bates is quoted in Sara Lipka, "Would You Like Credit with that Internship?", *Chronicle of Higher Education,* May 9, 2010.

9 Craig J. Ortner, "Adapting Title VII toModern Employment Realities: The Case for the Unpaid Intern," *Fordham Law Review,* vol. 66, 1998.

## 05 대학, 방관자 혹은 공모자

1 Sara Lipka, "Would You Like Credit with that Internship?"

2 Donald T. O'Connor, "The Price of Free Labor: Companies Using Interns as Unpaid Employees May Run Afoul of Wage Laws," *ABA Journal,* January 1997.

3 David Gregory, "The Problematic Employment Dynamics of Student Internships," *Notre Dame Journal of Law, Ethics and Public Policy,* vol. 12, 1998: 227–64.

4 Tom Peter, "Unpaid Interns Struggle to Make Ends Meet," *The Christian Science Monitor,*

March 5, 2007. The survey of 713 colleges was conducted by the National Association of Colleges and Employers(NACE) in May 2010.

5 Lindsey Gerdes, "Goldman Picks Former Interns for Jobs as Hiring Drops," Bloomberg.com, December 11, 2009.

6 G. Jeffrey MacDonald, "International Internships Propel Students," *USA Today,* April 26, 2007. Jonelle Marte, "Creating Internships Out of Thin Air," *Wall Street Journal,* May 18, 2010.

7 Paul Hager, "Conceptions of Learning and Understanding Learning at Work," *Studies in Continuing Education,* vol. 26 (1), 1994.

8 Luc Boltanski and Eve Chiapello, *The New Spirit of Capitalism,* London: Verso, 2005.

9 Bill Ferris, "Cooperative Education: Neglected Winner," *Journal of Higher Education,* vol. 40, no. 6, June 1969, pp.480–3, and Ann Carlson, "Co-op Planet: Organizations at NU Plant Co-op's Seeds Far and Wide," *Northeastern University Magazine* 24(5), May 1999. Richard Walter, "The Rebirth of Cooperative Education," *Journal of Industrial Teacher Education,* vol. 32, no. 1, Fall 1994.

## 06 오늘의 희생은 내일의 보상?

1 Politico Staff, "D.C. Interns by the Numbers," July 14, 2009, politico.com.

2 Andrew Morton, *Monica's Story,* New York: St. Martin's Press, 1999, p. 70.

3 Andrew Sullivan, "Sex and this City: Even Without the Harsh Glare of Scandal, Washington's Sexual Dynamic Has Always Had a Uniquely Predatory Cast," *New York Times Magazine,* July 22, 2001.

4 Rowenna Davis, "House of Poshos," *New Statesman,* February 18, 2010.

5 Joe Davidson, "Obama to Shut Down Federal Career Intern Program," *Washington Post,* December 26, 2010.

6 Sharlet discussed the intern's situation on "The RachelMaddow Show" in April 2010. See "C Street House Used Interns as Servants, Author Tells Rachel Maddow," *Huffington Post.*

7 Rob Reich, Lacey Dorn, and Stefanie Sutton, *Anything Goes*: Approval of Nonprofit Status by the IRS, Stanford University Center on Philanthropy and Civil Society, 2009.

8 Karen Gieselman and Wendy Smith, "Do Your Internships Comply with Wage-Hour Law?", *Education Labor Letter,* Fisher and Phillips' Education Practice Group, November–December 2007.

## 07 청춘 착취의 경제학


1 Anya Kamenetz, "Take This Internship and Shove It," *New York Times,* May 30, 2006.

2 Chris Anderson, *Free: The Future of a Radical Price,* New York: Hyperion, 2009.

3 Gary S. Becker, *Human Capital: A Theoretical and Empirical Analysis, with Special Reference to Education,* Chicago: University of Chicago Press, 1964.

4 Mary Pilon, "What's a Degree Really Worth?", *Wall Street Journal,* February 2, 2010.

5 Michael Spence's famous paper on this subject is "Job Market Signaling," *Quarterly Journal of Economics,* vol. 87, no. 3, 1973: 355–74.

6 Derek Neal, "The Complexity of Job Mobility among Young Men," *Journal of Labor Economics,* vol. 17, issue 2, April 1999: 237–61. Tony Doukopil, "Why I Am Leaving Guyland," *Newsweek,* September 8, 2008 and Don Peck "How a New Jobless Era Will Transform America," *Atlantic Monthly,* March 2010.

7 Bibi S. Watson, "The Intern Turnaround," *Management Review,* 9–12, June 1995.

8 Dustin Walsh, "Internships on Front Lines in Fight to Keep College Grads in Michigan," *Crain's Detroit,* June 6, 2010.

9 "Internship Hiring Falls 21 Percent," naceweb.org.

10 The global surge in higher education has been documented by the U.S. Department of Education, the Census Bureau, and UNESCO. chronicle.com/article/Chart-More-College-Students/48516/.

11 David Card's major contributions to the minimum wage literature include "Do Minimum Wages Reduce Employment? A Case Study of California, 1987–89," *Industrial and Labor Relations Review* 46, October 1992; "Using Regional Variation in Wages to Measure the Effects of the Federal Minimum Wage," *Industrial and Labor Relations Review* 46, October 1992; and "Minimum Wages and the Teenage Labor Market: A Case Study of California, 1987–89," *Annual Proceedings of the Industrial Relations Research Association,* December 1990. In addition, there are "A Re-analysis of the Effect of the New Jersey Minimum Wage with Representative Payroll Data," *American Economic Review* 90, December 2000; "Time-Series Minimum Wage Studies: A Meta-Analysis," *American Economic Review* 85, May 1995; "Minimum Wages and Employment: A Case Study of the Fast Food Industry in New Jersey and Pennsylvania," *American Economic Review* 84, September 1994 all three written with Alan Krueger. See also Barbara Kiviat, "Why Do People Care So Much about the Minimum Wage?", *Reuter's,* 20 October 2010. The estimate from EPI is in Laura Fitzpatrick, "A Brief History of the Minimum Wage," *Time,* July 24, 2009.

12 Madeline Zavodny, "Why Minimum Wage Hikes May Not Reduce Employment," *Federal Reserve Bank of Atlanta Economic Review,* Second Quarter 1998, pp. 18–28. The popularity of the minimum wage is discussed in Adam Cohen, "Could the Courts Outlaw the Minimum Wage?," *Time,* October 20, 2010.

## 08 인턴십 장사꾼들

1 Sara Lipka, "Dream Internships and Dubious Academic Credit for Sale: $9,500," July 18, 2008.

2 Don Peck, "How a New Jobless Era Will Transform America," *Atlantic Monthly,* March 2010.

3 The $42,500 *Vogue* internship was widely reported. For a broader look at intern auctions in the U.S., see Sue Shellenbarger, "Do You Want an Internship? It'll Cost You," *Wall Street Journal,* January 28, 2009; for the U.K., see Harriet Meyer and Graham Snowdon, "What Price Work Experience," *Guardian,* December 5, 2009.

4 The CEO of CharitzBuzz.com is quoted in Beth Harpaz, "Thank You, Momand Dad, for LandingMyInternship," *The Ledger,* May 10, 2010.

## 09 인턴 세계의 부익부 빈익빈

1 Greenhouse, "The Unpaid Intern, Legal or Not"; Amita Parekh, "Invaluable experience has a price tag," *Daily Trojan,* February 25, 2010; a reader comment to Oregon Public Broadcasting's "Internships 101" segment; Liz Seasholtz, "Unpaid Internships: No Pay, No Gain," Wetfeet.com, wetfeet.com/undergrad/internships/articles/unpaid-internships.aspx; and Julie Halpert, "Can You Afford to Be a Summer Intern?," *Newsweek,* April 5, 2010.

2 Ben Yagoda, "Will Work for Academic Credit," *Chronicle of Higher Education,* March 21, 2008.

3 The full title of the Milburn Report is *Unleashing Aspiration: The Final Report of the Panel on Fair Access to the Professions,* released in July 2009 and available at cabinetoffice.gov.uk/accessprofessions.

4 Daniel Brook, *The Trap: Selling Out to Stay Afloat in Winner-Take-All America, New York*: Henry Holt, 2007.

5 David Graeber, "Army of Altruists: On the Alienated Right to Do Good," *Harper's Magazine*, January 2007.

6 Laura Vanderkam, "With Interns, You Get What You Pay For," *USA Today,* April 19, 2004.

7 To get more sense of the "Nachtwey Intern Ad Kerfuffle," as one photographer blog called it, see the discussion at Jamie's List: jamieslist.wordpress.com/2009/12/15/the-james-natchwey-internship-follow-up-harrington-smith/.

8 Jim Windolf, "Keys to the Kingdom," *Vanity Fair*, February 2008. Matt Singer, "Mr. Coffee," *Village Voice*, January 3, 2006.

9 Adelle Waldman, "Intern or Die," *New Republic*, June 25, 2008, tnr.com/article/politics/intern-or-die.

10 David W. Chen and Michael Barbaro, "To Get an Internship at City Hall, It's Not Always What You Know," *New York Times*, July 19, 2010.

## 10 청춘 착취의 세계화

1 Jethro Mullen, "Interns in French Firms Stage Protest," *New York Times*, November 24, 2005. Tommie Ullman, "135,000 unemployed Swedes will be offered internships," *Stockholm News*, February 26, 2010. "Youth Ministry to Launch Internship Programme," *Nation* (Pakistan), April 8, 2009. Ha Jung-yun, "The Internship Illusion," *The Yonsei Annals,* August 9, 2010. Caroline Milburn, "Push for Intern Scheme," *The Age* (Australia) April 26, 2010. Luke Harding, "A Merry Band," *Guardian*, May 17, 2006. For more on the Infosys program, visit the official InStep site: infosys.com/InStepWeb/default.asp.

2 "The Intern Trap—Graduate Job Seekers Cheated and Exploited by Employers," *China Labour Bulletin*, January 26, 2010, china-labour.org.hk/en/node/100662.

3 Andrew Ross, *Nice Work If You Can Get It: Life and Labor in Precarious Times*, New York: NYU Press, 2009.

4 Hu Yinan, "Students 'Forced' to Work at Foxconn," *China Daily*, June 26, 2010, as well as Liu Linlin, "Foxconn 'Abuses, Kidnaps' Interns: Universities' report," *Epoch Times*, October 9, 2010, and Kathleen McLaughlin, "Silicon Sweatshops: Foxconn Refutes Accusa-

tions," *Global Post*, October 12, 2010.

5 Marcello Tari and Ilaria Vanni, "On the Life and Deeds of San Precario, Patron Saint of Precarious Workers and Lives," *Fibreculture*, vol. 5, December 1, 2005. More on the Chainworkers at chainworkers.org/faq.

6 The documentary is Charlotte Buchen and Singeli Agnew, "France: The Precarious Generation," FRONTLINE/World, April 19, 2007; see pbs.org/frontlineworld/rough/2007/04/france_the_prec.html.

7 "Labor Minister Scholz Wants to Help a Bit" [in German], *Der Spiegel*, March 18, 2008, spiegel.de/unispiegel/jobundberuf/0,1518,542233,00.html.

## 11 만약 당신이 인턴이라면

1 David Brooks, "The Organization Kid," *Atlantic*, April 2001.

2 Thomas Fisher, "The Intern Trap: How the Profession Exploits Its Young," *Progressive Architecture*, 1994, pp. 69–73.

3 Kathryn Anne Edwards and Alex Hertel-Fernandez, "Paving the Way Through Paid Internships: A Proposal to Expand Educational and Economic Opportunities for Low-Income College Students," *Demos and Economic Policy Institute*, March 23, 2010.

4 The "Unfair Internships" blog is at unfairinternships.wordpress.com.

| 부록 |

# 인턴 권리장전

**제안자: 로스 펄린**

'인턴'이라는 단어의 의미를 정확히 규정할 수 없고 현실적으로 그 단어가 다양한 의미로 혼용되고 있다는 점을 감안하고,

대부분의 인턴들이 경제적 가치를 창출하는 실질적인 노동자임을 감안하고,

인턴십에 관한 법률과 제반 규율이 상당히 모호하며 사법 당국의 해석이 통일되지 않고 인턴들을 독립적으로 구분하는 경우가 극히 드물다는 점을 감안하고,

인턴십의 중요성이 전 세계적으로 높아지고 그 운영이 사회 각 분야로 확산되어가고 있는 현실을 감안하고,

합법적이고 공정하며 혜택을 주는 인턴십이 있는 반면 불법적이고 비윤리적이며 착취적인 인턴십도 있다는 점을 감안하고,

취업을 위한 방편으로 공짜로 노동력을 제공하는 일이 더 이상 없어야 한다는 점을 감안하여,

우리는 '인턴 권리장전'을 선언하는 바이다. 앞으로 인턴 권리장전은 인턴들은 물론 고용주들과 사회 전체의 유익을 위해 인턴십을 평가하고 향상시키는 기준이 될 것이다.

제1조. 모든 인턴은 노동에 대해 정당한 보상을 받을 권리가 있다. 이때 보상은 임금의 형태로 지급되는 것이 원칙이나 경우에 따라 실질적인 연수로도 대체 가능하다.

제2조. 다른 모든 노동자처럼 인턴 역시 노동법의 보호를 받을 권리가 있으며 차별 대우, 성희롱, 부당 해고의 대상이 되어서는 안 된다. 상기와 같은 피해를 당했을 경우 인턴의 소송권 및 모든 법률적 권리는 다른 노동자의 경우에 준한다.

제3조. 인턴은 병가, 휴가, 특별 포상, 잔업수당 등 직장 생활의 모든 혜택을 누릴 권리가 있다.

제4조. 인턴의 채용 과정은 정규직 채용 과정과 마찬가지로 공정하고 투명해야 한다.

제5조. 누구도 무보수 인턴으로 일할 것을 강요받거나 일을 하기 위해 경제적인 지출을 요구받아서는 안 된다.

제6조. 공공기금으로 지원되는 인턴십은 특히 법적, 윤리적 규범에 합당해야 한다.

제7조. 정책 입안자들과 행정 담당자들은 인턴십을 하나의 직종으로 인정해야 하며, 그에 상응하는 관리 감독과 향상 노력을 이행할 의무가 있다.

제8조. 인턴은 정규직원과 직장 상사로부터 인격적인 대우를 받을 권리가 있다.

제9조. 윤리적이고 공정한 견지에서 인턴십은 실질적인 교육과 멘토링, 그리고 실무 교육적 측면을 포함해야 한다.